Lo que la Biblia nos enseña sobre la

GUERRA ESPIRITUAL

Lo que la Biblia nos enseña sobre la

GUERRA ESPIRITUAL

ROBERT DEAN, hijo
y THOMAS ICE

La misión de *Editorial Portavoz* consiste en proporcionar productos de calidad —con integridad y excelencia—, desde una perspectiva bíblica y confiable, que animen a las personas a conocer y servir a Jesucristo.

Título del original: *What the Bible Teaches About Spiritual Warfare*, © 2000 por Robert Dean, hijo, y Thomas Ice, y publicado por Kregel Publications, Grand Rapids, Michigan 49505.

Edición en castellano: *Lo que la Biblia nos enseña sobre la guerra espiritual*, © 2004, 2013 por Robert Dean, hijo y Thomas Ice, y publicado por Editorial Portavoz, filial de Kregel Publications, Grand Rapids, Michigan 49505. Todos los derechos reservados.

Traducción: José Luis Riverón

EDITORIAL PORTAVOZ
2450 Oak Industrial Dr. NE
Grand Rapids, Michigan 49505 USA

Visítenos en: www.portavoz.com

ISBN 978-0-8254-0529-7

2 3 4 5 6 edición / año 19 18 17 16 15

Impreso en los Estados Unidos de América
Printed in the United States of America

A nuestros padres
—Alton y Vesta Ice,
Bob y Gloria Dean—
quienes pelearon la buena batalla
para conducirnos al conocimiento
salvador de Jesucristo, y que con
el amor y apoyo que nos dieron
han hecho posible que peleemos
la buena batalla.
Los amamos.

Instruye al niño en su camino, y aun cuando fuere viejo no se apartará de él.

—Proverbios 22:6

CONTENIDO

AGRADECIMIENTOS

No se puede hacer un libro sin la ayuda y apoyo de un número de personas. El Dr. Charles Ryrie proporcionó útiles sugerencias y resultó una fuente de conocimiento en nuestro afán por refinar nuestro entendimiento de las Escrituras. También les estamos agradecidos a nuestras respectivas iglesias por permitirnos la libertad y el tiempo para trabajar en este libro. Finalmente, deseamos agradecer a la *Grace Bible Church* (Iglesia Bíblica de la Gracia) en San Marcos, así como a Gordon y David Whitelock y a los amigos del Campamento Peniel, quienes nos facilitaron refugio para cobijarnos de las exigencias apremiantes de nuestras iglesias de modo que pudiéramos escribir. ¡Sin la ayuda de todas estas personas, todavía nos encontraríamos en el capítulo uno!

1

LA GRAN GUERRA

Pues aunque andamos en la carne, no militamos según la carne; porque las armas de nuestra milicia no son carnales, sino poderosas en Dios para la destrucción de fortalezas, derribando argumentos y toda altivez que se levanta contra el conocimiento de Dios y llevando cautivo todo pensamiento a la obediencia a Cristo.

—*2 Corintios 10:3-5*

Otro día largo y deprimente en el trabajo, ¡y ahora esto! El automóvil de alguien se había sobrecalentado y había bloqueado una de las dos sendas izquierdas que quedaban disponibles en la autopista mientras las otras tres sendas se encontraban en construcción. Susana estaba indignada. No bastaba con que su día en la oficina hubiera sido un desastre total para ahora tener que soportar esto. Se retrasaría al menos una hora en llegar a la guardería infantil para recoger a Julián, su hijo de tres años y las cuentas extras de la reparación del acondicionador de aire no le habían dejado dinero para salir a comer fuera. Después de un día como este, Susana no quería ni pensar en tener que preparar comida cuando llegara a la casa. Se sentía atada de pies y manos. No lograba comprender por qué su vida no había mejorado ahora que había renacido como cristiana.

Al parecer, durante los últimos meses muchas cosas habían salido mal. Primero, al auto hubo que repararle las válvulas, luego Julián se fracturó el brazo de tal manera que hubo que someterlo a cirugía para componérselo. Luego se rompió el compresor del acondicionador de aire. No podía creer cómo habían aumentado las cuentas. Le tomaría al menos un año, quizás dos, para saldar todas esas cuentas. Y sabía con certeza que entretanto surgirían otros gastos inesperados. Necesitaba desesperadamente algo que la animara.

Mientras esperaba en su auto a que se descongestionara la autopista, decidió encender el radio; quizás serviría de ayuda. En ese momento lo escuchó: un anuncio publicitario sobre el nuevo restaurante especializado en bistec que se había inaugurado. Mientras lo pensaba, soñaba con lo maravilloso que sería poder recoger a Julián e ir allí a comerse un bistec bien grande y delicioso y un postre de chocolate bien rico. Pero ella sabía que no podía darse el lujo de una comida como esa y que debía desechar una idea así. Mas una voz persistente en su interior le decía que ella se lo merecía. Después de todo, ¿qué importaban aproximadamente treinta dólares más en su tarjeta de crédito? ¡Ella se lo merecía! Se ocuparía luego de las deudas.

¿Es esta una respuesta lógica a las presiones y circunstancias de la vida? ¿O pudiera ser que la vocecita sea en verdad la influencia del sistema del mundo? ¿Qué podría hacer Susana para evitar pensamientos como estos?

¿La oración puede exorcizar una ciudad?

Hacía solo dos años que José y María se habían convertido al cristianismo. Durante ese tiempo, se habían mantenido muy activos en su iglesia. Durante varios meses, el pastor había predicado sobre la lucha espiritual, fundamentalmente sobre la oración. Hizo énfasis principalmente en que Satanás y sus demonios ejercían dominio sobre ciertas regiones y que en Miami (donde vivían ellos) uno de los motivos de la gran incidencia del narcotráfico, la prostitución y la violencia era la opresión demoníaca sobre la ciudad. Para liberar a Miami del dominio de estos demonios, los cristianos tendrían que reunirse y orar. Solo a través de la oración eficaz de los cristianos los santos ángeles podrían derrotar a los demonios y Miami podría experimentar un renacimiento espiritual.

El programa sobre lucha espiritual culminó con un maratón de oración de una semana. Se había alentado y exhortado a las personas de la iglesia a participar en vigilias de oración de seis y diez horas y a orar y ayunar las veinticuatro horas del día. Al concluir la semana, en la iglesia se pronunciaron mensajes proféticos, que alentaban a las personas al decir que sus oraciones habían surtido efecto y que muchos de los demonios habían sido derrotados.

José y María vivían en el sector colombiano de Miami y muchos de sus familiares y amigos se encontraban involucrados en el negocio de la droga. José y María se encontraban entusiasmados porque esta liberación finalmente les proporcionaría la oportunidad de dar testimonio a familiares sin las trabas de la oposición satánica.

Cuando su testimonio recibió la misma hostilidad familiar, ellos no cuestionaron a Dios mas aguardaron con fe. Aún así, a medida que transcurrían los días, notaron que había muy poca diferencia en el clima moral de Miami. El narcotráfico continuaba, la inmoralidad era igual de incontrolable y los disparos continuaban escuchándose en la noche.

¿La oración puede liberar a una ciudad o vecindario de la influencia demoníaca?

¿Los cristianos pueden quedar poseídos por demonios?

Julia tenía aproximadamente cuarenta y cinco años. Era divorciada y luchó para criar a sus dos hijos con un solo salario. Aún así, siempre tuvo confianza en que Dios proveería. La vida había sido difícil, pero la única esperanza que le daba fuerzas para seguir adelante era su fe sincera en Dios. A pesar de esta confianza, había luchado durante más de diez años con crisis depresivas y finalmente había comenzado a recibir terapia psicológica. Aunque había visitado tres terapeutas durante los últimos cinco años, su depresión continuaba.

Un fin de semana, un predicador que estaba de visita en su iglesia expresó que los cristianos podían quedar poseídos por demonios. A Julia siempre le habían enseñado que un cristiano no podía quedar poseído, pero el predicador dijo que la depresión podía ser una señal de posesión demoníaca. Esa noche ella salió de la iglesia con una sensación de alivio y temor: alivio porque ahora podía saber su verdadero problema y temor porque ahora creía que su depresión era la consecuencia de una posesión demoníaca. Pero ella no estaba segura sobre qué hacer respecto a todo esto.

¿Los cristianos pueden quedar poseídos por demonios? ¿Cuál es la diferencia entre posesión demoníaca e influencia demoníaca?

¿Los cristianos pueden ser maldecidos?

Frank y Martha finalmente se marchaban juntos el fin de semana para una "segunda luna de miel", aunque hacer esto implicaba que su hija, ya una adolescente, se quedara sola en casa. Confiaban en Beatriz pues ella nunca había dado razón alguna para que se dudase de ella. Ahora que estaba a punto de graduarse de la enseñanza media, ellos creían que había llegado el momento de darle la oportunidad de demostrar su madurez. Pero lo que ellos no sabían era que Beatriz había planificado una fiesta que se extendería durante toda su ausencia. Ya en la fiesta, un grupo de amigos de ella que practicaban cultos satánicos y que pertenecían a un grupo de música *rock* satánico escondieron un pentagrama en una gaveta del aparador de la cocina y echaron una maldición contra la familia.

Varios días después que Frank y Martha regresaron a casa, ellos presintieron que algo había cambiado en sus vidas, pero no podían determinar qué era. Durante las semanas subsiguientes, notaron un deterioro en las circunstancias de sus vidas. Sucedieron ciertas cosas con el auto y hubo que sustituir el acondicionador de aire de la casa. También comenzaron a notar más peleas entre los miembros de la familia y cierta confusión espiritual en todos.

Para esa fecha Frank se enteró por medio de su vecino que a su casa habían concurrido muchas personas durante su ausencia. Finalmente, toda la historia salió a la luz, incluso se identificaron a algunos chicos como miembros de un culto satánico. Cuando Frank le contó lo sucedido a un amigo, su amigo sugirió que probablemente la razón por la que las cosas no marchaban bien con la familia fuese que los satanistas le hubieran echado una maldición en la casa y que había que exorcizar a la familia para que pudieran quedar libres de la maldición. A Frank, tal sugerencia le pareció más una tontería supersticiosa que un consejo sensato, pero comenzó a preguntarse lo que decía la Biblia sobre demonios, maldiciones y hechizos.

¿Los cristianos pueden ser víctimas de maldiciones ocultistas?

¿Le ayudará el control de la mente?

Carlos era un vendedor de mucho éxito. A los veinticinco años de edad, sus comisiones del año anterior le proporcionaron casi doscientos mil dólares. Además, se le estaba considerando para ocupar un puesto de gerente de ventas. Carlos se sentía muy contento con las bendiciones de Dios en su vida.

Un día, el gerente general de su división le pidió que fuera a su oficina. Él elogió a Carlos por su trabajo y ambición y le anunció que no quería más que lo mejor para él. Sin embargo, le sugirió cursar un seminario específico si Carlos quería lograr sus objetivos. Le insinuó que era probable que no recibiera su ascenso a menos que cursara ese seminario.

Cuando Carlos inquirió sobre las características del seminario, se enteró que estaba diseñado para enseñarle principios del control de la mente, mejorar su memoria y permitirle influir a otras personas de modo positivo. Uno de los resultados más importantes del seminario, le dijo el gerente a Carlos, era que le presentarían a un consejero espiritual en quien podría confiar y quien le ayudaría a ganar ventaja en la competencia.

¿Carlos se encuentra a punto de involucrarse en prácticas ocultistas tras el disfraz de técnicas de venta? ¿El control de la mente (la actitud mental positiva) constituye un método bíblico para manejar los retos de la vida? ¿O constituye una puerta abierta al demonismo?

¿Los demonios pueden hacernos pecar?

Roberto y su hermana Susana habían crecido en un hogar cristiano y eran muy versados en las Escrituras. Sin embargo, cuando Susana se encontraba en la preparatoria comenzó a desorientarse espiritualmente y se tornó tibia con Dios. Durante varios años, Roberto había orado por ella y al parecer Dios había contestado sus oraciones. Susana se había sumado a una nueva iglesia que se encontraba muy viva y ella se encontraba más interesada en Jesús que nunca antes.

Esto impresionó tanto a Roberto que él también se sumó a esa misma iglesia. Le impresionaba el hecho de que estas personas actuaran de un modo agresivo en su fe y esperaban verdaderamente que Dios hiciera milagros, señales y maravillas, tal como Él había hecho en el Nuevo Testamento. Al principio, Roberto era escéptico, pero escuchó tantos testimonios alabadores de cristianos a quienes habían liberado de demonios y que ahora estaban libres de los pecados que los habían atormentados, que él también creía que los problemas que confrontaba con el pecado eran la consecuencia de una influencia demoníaca en su vida.

¿Los demonios pueden —"espíritus de lujuria, asesinato, odio, gula"— hacer que los cristianos pequen o el pecado es sencillamente la consecuencia de seguir nuestra propia naturaleza pecadora?

¿Se puede tener un demonio de lujuria?

Alberto había conocido la pornografía cuando aún era un adolescente. A través de los años, se había convertido ya en una obsesión. Esta obsesión se intensificó en la universidad cuando comenzó a buscar nuevas vías para satisfacer sus necesidades sexuales y descubrió los espectáculos de desnudo para adultos. Cuando cursaba su último año de universidad, conoció al Señor por medio de un ministerio que se llevó a cabo en la universidad y durante varios años el problema de la pornografía dejó de molestarlo. Pero cuando ya estuvo casado se sintió nuevamente tentado por los placeres del palacio de la pornografía y el salón de masaje. Lo que hacía esta situación tan difícil para él era que se encontraba en su segundo año de seminario, estudiando para hacerse pastor. No lograba comprender por qué no podía vencer este pecado.

Finalmente se intensificó tanto su culpabilidad que Alberto acudió a unos de sus profesores del seminario para que lo aconsejara. El profesor le sugirió que era muy probable que un demonio de lujuria estuviera influyendo en él y que debía someterse a una sesión de liberación para librarse de ese demonio.

¿Los demonios pueden provocar pecados específicos en las vidas de las personas? ¿Qué deben hacer los cristianos para vencer los pecados con los que batallan continuamente?

¿Los objetos paganos pueden acecharnos?

Alfredo y Beatriz habían formado parte del comité misionero en su iglesia durante veinte años. Ahora que Alfredo finalmente se había retirado, viajaron al extranjero a visitar varios misioneros de la iglesia. Cuando regresaron a casa, trajeron un número de artefactos con los que esperaban ayudar a las personas de su iglesia a comprender las varias culturas en las que servían sus misioneros. Así que incluyeron estos objetos en una exhibición misionera en el sótano de la iglesia. Pero muy pronto una señora de la iglesia los abordó, argumentando que algunos de los objetos que habían traído eran utilizados en rituales paganos o eran ídolos y que Alfredo y Beatriz debían destruirlos y limpiar la iglesia antes que fueran a convertirse en víctimas de los demonios que acompañaban aquellos objetos.

¿Los cristianos que andan en obediencia al Señor pueden inocente e inconscientemente recoger demonios a través de objetos que están asociados con prácticas ocultistas? De ser así, ¿qué debieran hacer al respecto?

¿Se puede heredar un demonio?

Sandra había crecido en una familia que estaba sumida profundamente en brujería y prácticas ocultistas. Tanto su padre como su madre estaban en un aquelarre que su abuelo había fundado. Su madre leía la palma de la mano y también era astróloga. Su padre en variadas ocasiones sirvió como canal para el espíritu de un hombre que alegaba haber vivido en la India veinte mil años atrás. Dada la crianza de Sandra, esta era toda la religión que ella conocía.

Cuando Sandra sale del ambiente hogareño aproximadamente a los dieciocho años para ingresar en la universidad, su compañera de cuarto, una cristiana evangélica, comenzó a hablarle sobre Jesucristo, quien había muerto por sus pecados. La compañera de cuarto de Sandra le explicó lo que enseña la Biblia sobre Satanás, los demonios, la brujería y la astrología. Al comienzo, Sandra se mostró hostil, pero durante el semestre ella aceptó la exhortación de leer la Biblia por sí misma. Con la guía de su compañera de cuarto, llegó a comprender que lo que conocía como religión nunca proporcionaría vida eterna y que debía confiarle su salvación solo a Jesucristo.

Cuando Sandra fue salva, comenzó a asistir a una gran iglesia del pueblo. Por su formación, ella aún tenía muchas interrogantes sobre su nueva fe y la brujería a la que había renunciado. Su compañera de cuarto le sugirió que acudiera a uno de los consejeros de la iglesia para que le diera respuestas. El consejero le dijo que no bastaba con confiarle su salvación a Jesucristo solamente. Como Sandra provenía de una crianza tan ocultista, necesitaba abjurarse de todas estas prácticas y era muy posible que necesitase que la liberaran de los demonios que ella había heredado a través de su familia.

¿La Biblia dice que una persona que sea salva de una crianza ocultista puede tener un demonio que se haya transmitido de una generación a otra? ¿No bastaría con que una persona así se entregase completamente a Cristo sino que también habría que liberarla de estos demonios heredados como un proceso independiente?

Usted se encuentra en guerra

Cada una de estas historias que acaba de leer está basada en un hecho real y cada una representa lo que sucede en las vidas de muchas personas hoy día. Cada uno de estos cristianos quiere llevar una vida que agrade a Dios, aún así cada uno de ellos se enfrenta a luchas y oposiciones diarias en su andar con el Señor. La Biblia enseña que la vida posee una dimensión que transciende el medio físico y material. Este tema se centra en la parte inmaterial de su ser —su verdadero yo— y su relación con Dios. A Dios se opone Satanás y un vasto ejército de criaturas inmateriales y racionales que se encuentran a su servicio. Todos han sido sentenciados a condenación eterna en el lago de fuego (Mt. 25:41). Aún así, esa sentencia se ha pospuesto para el final de la historia humana. Entre el pronunciamiento de ese veredicto y la ejecución de la sentencia yace todo el panorama de la historia humana. El hombre fue creado para desempeñar un papel vital en la resolución de esta rebelión angélica. El hombre es el centro de atención. Esta es la esencia de la lucha espiritual.

Si usted cree en el Señor Jesucristo como su Salvador, entonces usted, también, se ha declarado a sí mismo como guerrero en este conflicto cósmico. Quizás usted no se dio cuenta de esto; quizá usted no esté consciente que la Biblia dice que Satanás es el príncipe de la potestad del aire (Ef. 2:2) y el dios de este siglo (2 Co. 4:4) y que antes que usted fuese salvo, Satanás operaba en usted como uno de los hijos de desobediencia (Ef. 2:2). Una vez salvo, usted se convirtió en un soldado significativo en la guerra más grande que se haya peleado, una guerra espiritual entre el poder de Dios (la luz) y las fuerzas de Satanás (las tinieblas). Como veremos más adelante, la Biblia explica claramente todas estas verdades. Además, la Biblia dice que cada creyente debe aprender a luchar en la batalla. La Biblia es nuestro manual para el combate y en ese manual encontramos las instrucciones vitales que necesitamos para combatir a Satanás y a sus dos grandes aliados, el sistema del mundo y la naturaleza pecadora.

No solo se nos pide que pertenezcamos sencillamente al ejército sino que seamos campeones en Cristo. En el momento de la salvación, Dios con su gracia nos otorgó toda arma y bendición espiritual que hayamos de necesitar para salir victoriosos del combate (Ef. 1:3). "Cristo" es nuestro punto fortificado. Nosotros contamos con la revelación completa de Dios, la cual nos proporciona toda la información que necesitamos y el Espíritu de Dios mora dentro de nosotros, nos enseña, nos guía, nos llena e ilumina nuestro entendimiento de la verdad de la Palabra de Dios. Confiamos en el poder de Cristo. Tal como el joven David, inexperto en los métodos de guerra del mundo, se convirtió en campeón de Israel contra el poderoso gigante Goliat, el creyente de hoy ha de convertirse en campeón en Cristo. David decidió combatir contando con recursos divinos, no con la técnica ni la habilidad humana. Él es nuestro modelo. Para triunfar en la lucha espiritual, no tenemos que dejarnos seducir a que usemos ideas ni estrategias que estén influidas por pensamientos no bíblicos. Debemos mantenernos firmes en las provisiones, promesas y en el poder de Dios. La batalla es del Señor.

En las próximas páginas, analizaremos cada uno de estos tres enemigos: el mundo, la carne y el diablo. Veremos los principios fantásticos que Dios nos ha regalado en las Escrituras para derrotar estos enemigos en nuestra vida personal. Percibiremos con mayor claridad el papel que los cristianos deben desempeñar en este drama espiritual cósmico. Y llegaremos a comprender que nuestro conocimiento de estas enseñanzas comprende los fundamentos de la vida cristiana.

Observación de los vídeos de sus juegos

Lamentablemente, la enseñanza contemporánea sobre la doctrina crucial de la lucha espiritual ha hecho que los cristianos se centren casi de modo exclusivo en las batallas con Satanás y los demonios. Si este fuese realmente el objetivo de las Escrituras, entonces no habría problema. Sin embargo, como este no es el objetivo primordial de las Escrituras sino solo un aspecto de la enseñanza, este énfasis excesivo se vuelve confuso y hasta incluso peligroso. Se vuelve peligroso cuando hace que los cristianos se centren en los ataques y soluciones en una sola esfera de la lucha espiritual, volviéndolos susceptibles al ataque de las otras dos esferas. La Biblia hace mención claramente sobre la simultaneidad de la lucha espiritual en tres frentes de batalla: el mundo; la carne; y el diablo. Nosotros debemos prepararnos en esos tres frentes.

De la misma manera que un entrenador de fútbol estudia los vídeos de los juegos de sus contrincantes antes del gran juego, para descubrir sus tácticas y estrategias, los cristianos deben conocer las estrategias, tácticas y habilidades de sus enemigos para poder derrotarlos con eficacia. Es decir, debemos comprender la naturaleza de la lucha y de quienes nos atacan para poder entender con precisión lo que debemos hacer. Al analizar las vidas de los grandes santos y las grandes batallas espirituales de las Escrituras, podemos ver las estrategias del enemigo y aprender principios para evitar las trampas y asaltos del diablo, las trampas del mundo y el instinto de nuestra propia naturaleza pecadora.

Cuando comprendamos la lucha espiritual de la que formamos parte, tendremos entonces que decidir lo que debemos hacer. ¿Cómo podemos vivir en el mundo y no ser mundanos? ¿Cómo podemos triunfar sobre las lujurias de la carne? ¿Y qué significa resistirse al diablo? Necesitamos conocimiento bíblico sobre cómo nos atacarán para saber lo que Dios nos ha dado para protegernos.

La autoridad suprema

Hoy día muchos cristianos pierden batallas en la guerra espiritual porque carecen de un conocimiento apropiado de la Palabra de Dios. Esta ignorancia ha llevado a algunas personas a prácticas ocultistas que se encuentran disfrazadas ingeniosamente como técnicas "neutrales" de autoayuda. Otros tienen un pie en el mundo y otro pie en la Biblia; y de ese modo están comprometidos, no pueden entender por qué al parecer los principios bíblicos nunca le funcionan. La derrota es un caso común porque sus vidas no están establecidas sobre principios verdaderamente bíblicos sino más bien sobre los cimientos inconstantes de la experiencia humana.

Tras revisar gran parte de la literatura contemporánea escrita para cristianos, hemos encontrado un rango de ideas extremadamente amplio, muchas de estas ideas son mutuamente contradictorias. Tanto los problemas como las soluciones difieren grandemente. Hemos leído muchos análisis excelentes sobre la lucha espiritual que no tienen un fundamento bíblico. Algunas personas expresan que los cristianos pueden ser poseídos por demonios mientras otros argumentan que no. Por otra parte, si uno de estos criterios es cierto, los cristianos deben vivir de una manera y las soluciones al problema deben encontrarse en una dirección. Si el otro criterio es cierto, los problemas y soluciones que ofrece el otro criterio resultan irrelevantes. ¿Cómo podemos hallar la salida de este laberinto y una verdad eterna en la que podamos basar nuestra vida?

Creemos que la Biblia es nuestra autoridad suprema y solo Dios cuenta con el conocimiento y entendimiento suficiente e infinito de nuestros enemigos y de nuestra naturaleza humana para proporcionarnos una información precisa sobre el conflicto espiritual y lo que debemos hacer al respecto. El cristiano siempre deberá ser como los hombres y mujeres de Berea que recibieron del apóstol Pablo la mayor alabanza porque no solo recibieron la palabra sino que escudriñaban cada día las Escrituras para verificar sus enseñanzas (Hch. 17:11).

La fuente real de verdad

Muchos de los errores que han llegado a la iglesia, algunos de ellos se han vuelto muy populares, están basados en interpretaciones erróneas de la Escrituras. En ocasiones sucede esto porque los escritores no han considerado los idiomas originales de la Biblia o los han utilizado de manera equívoca. Por consiguiente, resulta importante que de modo ocasional nos refiramos al griego y hebreo original de las Escrituras para interpretar con mayor precisión la Palabra de Dios.

En otras ocasiones, el error aparece porque confiamos en interpretaciones de experiencias o testimonios personales que podrían no ser consecuentes con las Escrituras, fundamentalmente en el área de Satanás y los demonios y lo que ellos pueden hacerle a los cristianos. Los testimonios de los misioneros que trabajan con tribus paganas donde abunda la actividad demoníaca suelen apoyar una línea particular de enseñanza. ¿Cómo deberían evaluarse estas historias, fundamentalmente si algunas de ellas suelen apoyar una posición y otras suelen apoyar la posición opuesta? ¿Apelar a estos tipos de experiencias es un medio válido para hallar la verdad?

Para poder tener fe en que venceremos al pecado y al mal que forman parte de nuestro universo, primero debemos comprender el papel de la Palabra de Dios. Gran parte de lo que se enseña hoy día contiene testimonios de experiencias personales o las experiencias de otras personas. Debemos saber cómo debemos considerar un testimonio así y constantemente debemos buscar la forma de determinar un enfoque bíblico y verdadero a la lucha espiritual. No poder hacer lo anteriormente expuesto constituye una razón para que muchos creyentes se sientan impotentes en la lucha. Ellos han perdido el fundamento seguro de la Palabra de Dios o lo han debilitado severamente al confiar en interpretaciones de experiencias que se oponen a lo que la Biblia enseña claramente.

Esperamos que cuando haya concluido la lectura de este libro usted comprenda la diferencia entre los criterios mundanos y casi supersticiosos de Satanás que han invadido muchas de nuestras iglesias y una perspectiva verdaderamente bíblica del mal y nuestro llamado a la lucha espiritual. Oramos porque pueda armarse de la verdad de las Escrituras y se mantenga firme contra las conspiraciones del diablo y sus terribles engaños.

2

LA INTELIGENCIA SUPREMA

La exposición de tus palabras alumbra; hace entender a los simples.

—Salmo 119:130

Durante la Segunda Guerra Mundial, uno de los elementos más importantes de la victoria de los aliados lo proporcionaron las fuerzas clandestinas de los países ocupados por Alemania. Estos grupos vigilaban las unidades alemanas cercanas y transmitían información al estado mayor de los aliados en Londres. En Londres, el personal de inteligencia militar del General Eisenhower recopilaba la información, la cual se utilizaba para luego formular tácticas y estrategias. Solo un pequeño grupo de personas tenía acceso a toda esta información. A los oficiales de menor rango y a los soldados solo se les decía lo que necesitaban saber para cumplir con sus misiones específicas. A ningún soldado se le habría ocurrido pedir toda la información a la que tenía acceso Eisenhower para comprobar la validez de sus propias órdenes o incluso comprender por qué se le había ordenado que llevara a cabo una misión en particular.

Solo Dios sabe

De la misma manera, solo Dios tiene una idea completa y un entendimiento total de la guerra que tiene lugar en los cielos. Los cristianos son similares a sus soldados de infantería. Nuestras órdenes operativas se describen en las Escrituras, las que nos dicen todo cuanto necesitamos saber para llevar a cabo con éxito una misión en particular. Esa misión es alcanzar la madurez en la vida espiritual, la santidad o la cristiandad.

A diferencia de los ejércitos humanos, que se enfrentan a adversarios físicos, los cristianos se enfrentan a adversarios intangibles e invisibles. En condiciones normales, el enemigo contra el que combatimos es imperceptible a los sentidos humanos. El peligro al que nos enfrentamos es confiar en nuestro propio raciocinio y experiencia para desarrollar estrategias para la lucha. Porque conocemos muy poco sobre los puntos fuertes, las capacidades y las estrategias de nuestros adversarios y porque no podemos discernir nada de esa esfera, debemos confiar exclusivamente en la información sobre el combate que se nos revela en las Escrituras. Al igual que los soldados en un conflicto militar físico, Dios no nos ha dicho todo lo que sucede en estas esferas, mas Él nos ha dicho todo cuanto necesitamos saber para protegernos nosotros mismos y llevar a cabo nuestra misión con éxito. Cuando comenzamos a confiar en información basada en otras fuentes aparte de la Biblia, nos podemos volver susceptibles a la derrota porque sin saberlo hemos sobrepasado nuestros límites.

El apóstol Pablo escribió en Efesios 6:12: "No tenemos lucha contra sangre y carne, sino contra principados, contra potestades, contra los gobernadores de las tinieblas de este siglo, contra huestes espirituales de maldad en las regiones celestes". La lucha en la que los cristianos se encuentran inmersos no es una lucha física sino una lucha espiritual. Es una lucha que en última instancia no es contra otros seres humanos sino contra los gobernadores de las tinieblas. Librados a nuestros propios medios, cuando se trata de saber lo que está haciendo el enemigo, somos totalmente ciegos e ignorantes. ¿Cómo podemos saber lo que sucede si nos encontramos obrando a oscuras?

No estamos a oscuras

Obramos en una esfera en la que somos prácticamente ciegos a todo lo que sucede a nuestro alrededor, fundamentalmente cuando se trata de las fuerzas espirituales ocultas del reino demoníaco. Sin embargo, Dios es un Dios bueno y Él no nos ha dejado a oscuras para que discernamos las cosas por sí solos. Al igual que Dios le dijo a Adán y a Eva todo cuanto necesitaban saber (pero no todo cuanto podían haber sabido) para que vivieran para Él en el huerto, Él nos ha informado en la Biblia de todo lo que nosotros necesitamos saber sobre los gobernadores de las tinieblas. La Biblia no solo nos habla de la lucha en la que nos encontramos inmersos sino que también, de no ser por las Escrituras, para empezar solo sabríamos vagamente que estábamos inmersos en una lucha. Estaríamos verdaderamente limitados por nuestra experiencia y conocimiento limitados. Dios no solo ha dado a los cristianos la Biblia sino que también les ha proporcionado el Espíritu Santo, quien ilumina nuestras mentes de modo que podamos entender la Biblia y, basados en este conocimiento, ejercitar el discernimiento en las decisiones que tomamos.

Las Escrituras explican claramente que los cristianos están en lucha con fuerzas ocultas. El conocimiento de esto podría traernos a la mente varias interrogantes importantes: ¿Quiénes son estas fuerzas, estos principados, estas potestades, estos gobernadores de las tinieblas? ¿Cuál es su objetivo y cómo operan? ¿Cómo podemos identificarlos, cómo podemos luchar contra ellos y cómo nos podemos proteger de ellos?

Hoy día, nos enfrentamos a muchas enseñanzas sobre estas fuerzas demoníacas que no pueden derivarse de las Escrituras; por el contrario, se derivan de las experiencias personales de los cristianos. ¿Una experiencia así constituye una fuente válida o las Escrituras son todo lo que necesitamos para resistirnos a Satanás con todo éxito?

La única fuente verdadera

La Biblia misma dice ser nuestra única fuente de conocimiento verdadero sobre estas fuerzas contra las que luchamos. Dice ser no solo la única fuente de conocimiento sobre esta rebelión angélica sino que también nos proporciona toda la información que necesitamos para pertrecharnos completamente para esta lucha.

Segunda Timoteo 3:16-17 nos dice que “toda la Escritura es inspirada por Dios y útil para enseñar, para redargüir, para corregir, para instruir en justicia, a fin de que el hombre de Dios sea perfecto, enteramente entrenado para toda buena obra". Este pasaje proporciona una información valiosa sobre las Escrituras. En primer lugar, la fuente de la Biblia es Dios. No es un libro escrito por los hombres que relatan sus experiencias religiosas con Dios sino un libro escrito por Dios a través de los hombres para informarnos sobre todas las esferas de la vida.

El apóstol Pedro aclara esto en 2 Pedro 1:20: "entiendan primero esto, que ninguna profecía de la Escritura es de interpretación privada". Los autores humanos de las Escrituras no reflexionaron sobre sus experiencias de la vida, las redactaron y sencillamente le llamaron a eso la Palabra de Dios. Esa es la explicación de los hombres sin la revelación de Dios. En cambio, afirma Pedro, el Autor divino inició y produjo la Palabra de Dios: "Nunca la profecía fue traída por voluntad humana, sino que los santos hombres de Dios hablaron siendo inspirados por el Espíritu Santo" (2 P. 1:21). El vocablo generalmente traducido "inspirado" en 2 Timoteo 3:16 proviene del vocablo griego *theopneustos*, que significa "Dios sopló". La fuente de las Escrituras es el verdadero Dios, que no miente; por consiguiente, la Biblia es absolutamente verídica en todo lo que afirma.

En segundo lugar, como la Biblia es verdad absoluta, es útil para enseñarnos, para corregir nuestro pensamiento, para reprobarnos o reprendernos por la mala vida y los malos pensamientos y para instruirnos. Nuestro Señor dijo en su oración por los discípulos la noche antes de ser crucificado: "Santifícalos en tu verdad; tu palabra es verdad" (Jn. 17:17). Es solo la Palabra de Dios la que nos da la verdad que necesitamos para vivir para Él.

El tercer punto que queremos enfatizar de 2 Timoteo 3:16-17 es el propósito de la Palabra de Dios: para que el creyente, el hombre y mujer de Dios, esté enteramente preparado para toda buena obra comunicando la información que no puede adquirir de ninguna otra fuente. La palabra traducida "perfecto" es el vocablo griego atrios, que significa "adecuado, completo, capaz, suficiente". Quiere decir que la Palabra de Dios nos proporciona la información o las pautas necesarias para enfrentar cualquier situación que se nos presente en la vida.

Este punto lo enfatiza además la palabra traducida "enteramente preparado", que da la idea de estar completamente pertrechado y preparado para toda contingencia. En la antigüedad, esta palabra se utilizaba para describir un barco que estuviese completamente abastecido para un viaje o un bote de salvamento que estuviese completamente pertrechado y preparado para cualquier emergencia. La Biblia afirma que no solo nos proporciona una información verídica y precisa sino también toda la información que necesitamos para manejar cualquier situación que pueda surgir en nuestra vida.

Suficientes para cada necesidad

Este pasaje no es el único pasaje de las Escrituras que enseña esta doctrina fundamental de que las Escrituras son completa y totalmente suficientes para cada necesidad de la vida del cristiano. Segunda Pedro 1:3-4 dice:

> Como *todas las cosas* que pertenecen a la vida y a la piedad nos han sido dadas por su divino poder, mediante el conocimiento de aquel que nos llamó por su gloria y excelencia, por medio de las cuales nos ha dado preciosas y grandísimas promesas, para que *por ellas* llegaseis a ser participantes de la naturaleza divina, habiendo huido de la corrupción que hay en el mundo a causa de la concupiscencia. (cursivas añadidas)

Según describiremos en el próximo capítulo, la corrupción que hay en el mundo por medio de la concupiscencia vino al mundo como consecuencia de la caída del ángel Lucifer y la consiguiente caída de la raza humana fue el resultado del pecado de Adán en el huerto del Edén (Gn. 3:1-7). Este pasaje nos enseña que la única manera de huir de esta corrupción es por medio de las "promesas preciosas y grandísimas" de Dios y que por medio de estas promesas Dios nos ha dado todo cuanto necesitamos saber que pertenece a la vida y a la piedad.

La importancia de la suficiencia de las Escrituras apenas se puede exagerar. Hoy día, en algunos segmentos del cristianismo se cuestiona la inerrancia e infalibilidad de las Escrituras. Pero creemos que incluso entre aquellos que afirman la inerrancia e infalibilidad de las Escrituras, muchos cristianos niegan esta autoridad de las Escrituras de la manera en que aplican (o no aplican) las Escrituras en su vida cotidiana. Al parecer muchos cristianos no consideran que la Biblia sea tan suficiente para toda buena obra cuando vemos ciertas prácticas que han adoptado que se establecen sobre criterios hallados fuera de la Biblia. Esto resulta particularmente cierto en la esfera de la lucha espiritual.

En los últimos años, se ha proliferado mucha enseñanza sensacionalista sobre los demonios y el exorcismo. Se ha hecho popular enseñar a las personas a "atar" demonios, enseñarlos a "tener dominio" sobre Satanás o darles instrucciones especiales para lidiar con supuestos "espíritus territoriales". Para comenzar, debiéramos preguntar si estos son conceptos bíblicos y, de ser así, lo que significan. También debemos escudriñar las Escrituras para ver exactamente qué forma asume la lucha espiritual y lo que los cristianos deben hacer cuando se encuentran con fuerzas demoníacas.

Los dos pasajes mencionados anteriormente, 2 Timoteo 3:16 y 2 Pedro 1:3-4, enseñan claramente que en la Biblia Dios nos ha dado todo cuanto necesitamos para manejar cualquier situación que pueda surgir en nuestra vida. En el menor de los casos, esta enseñanza incluye cada aspecto de la lucha espiritual.

¿Por qué ir a la escuela?

Siempre que hemos enseñado este principio de que las Escrituras son totalmente suficientes para cada necesidad y situación de la vida del creyente, alguien inevitablemente pregunta por qué, si es verdad, debemos ir a la escuela o cursar estudios en cualquier otra rama. Si esto fuese cierto, piensan ellos, entonces la civilización se retrasaría cientos de años y ninguno de los avances tecnológicos hechos en la historia de la civilización habría tenido lugar porque todo cuanto habrían hecho las personas habría sido estudiar la Biblia.

Esta interrogante surge porque las personas no se dan cuenta de como la verdad de la Palabra de Dios incide en todas las diferentes esferas de la vida. En este libro hablamos de la suficiencia de la Palabra de Dios al permitirnos llevar una vida de complacencia a Dios. La Palabra de Dios no dice ser un libro de texto de oceanografía o de contabilidad o de ingeniería, aunque sí contiene cierta información general pero completamente exacta sobre estas áreas de estudio.

Lo que la Biblia dice proporcionar es verdad absoluta en todas las áreas de la vida cristiana y la espiritualidad. En el menor de los casos, esta verdad debe incluir información sobre la esfera espiritual y cómo incide en los cristianos. La Biblia afirma que nos dice la verdad sobre la vida, nuestro propósito de existir y cómo podemos echar mano a nuestro destino eterno. Todas estas verdades constituyen problemas en la lucha espiritual; por consiguiente, la lucha espiritual y el mundo de los demonios son áreas en las que los cristianos debieran reconocer la autoridad exclusiva de la Biblia.

Este libro no versará sobre cómo una filosofía bíblica de la vida (una "cosmovisión") se deriva de la Biblia y se aplica a áreas extrabíblicas más generales del aprendizaje encontradas en la creación de Dios. En pocas palabras, la Biblia lidia con todas las áreas de la vida de un modo indirecto a través de la micro situación o marco que se toma directamente de la Biblia. Dentro de este marco o criterio bíblico, podemos analizar los principios subyacentes de la ciencia, el arte, la literatura, la política y la recreación y evaluarlos según las normas de Dios.

La Biblia no nos dice exactamente cómo aprobar un examen para la licencia de conducción, pero sí nos dice que debemos obedecer al gobierno y portar la licencia de conducción si conducimos un auto. Nos dice también que debemos glorificar a Dios en todo lo que hacemos, incluso la forma en que hacemos el examen para la licencia de conducción. Por consiguiente, la Biblia sí lidia con cada área de la vida del mundo de Dios, ya sea directamente (como en el caso de la lucha espiritual) o indirectamente (como en el caso de obtener la licencia de conducción).

Es tan común hoy día confiar en la experiencia y el raciocinio cuando lidiamos con principios de la lucha espiritual que debemos evaluar el papel que la experiencia y el raciocinio deben desempeñar en la búsqueda de la verdad sobre la lucha espiritual. Debemos hacer la misma pregunta que Poncio Pilato le hizo a Jesús: "¿Qué es la verdad?" (Jn. 18:38). La respuesta a esta pregunta nos permitirá aprender los principios de Dios sobre la lucha espiritual.

¿Qué es la verdad?

De un modo sencillo, la verdad es lo que Dios dice que es la verdad. Las personas pueden hallar la verdad en la Palabra de Dios. Algo es cierto o falso en dependencia de como concuerde con lo que Dios diga al respecto, no importa lo que la mayoría de las personas piense en una votación dada de la opinión pública. La verdad no es un concepto relativo; es absoluta y universal. No hay una verdad que se aplique a una persona y una verdad opuesta que se aplique a otra persona. Si la verdad fuese relativa, existirían situaciones en las que los principios se aplicarían aleatoriamente a varias personas. Por ejemplo, si dos personas se lanzaran de un edificio alto, entonces uno podría subir en dirección al cielo mientras el otro caería hacia el pavimento. En cambio, todas las personas caen porque la verdad es cierta para todas las personas. No se puede rebatir el planteamiento sencillo y claro de Cristo sobre este tema: "tu palabra es verdad" (Jn. 17:17b).

El Salmo 36:9 proclama: "contigo está el manantial de la vida; en tu luz veremos la luz". El Salmo 119:130 declara: "La exposición de tus palabras alumbra; Hace entender a los simples". La Biblia nos dice que llegamos a conocer la verdad por medio de la revelación que en su gracia Dios hizo de sí mismo. Podemos responder a su Palabra ya sea sometiéndonos a ella y pensando los propios pensamientos de Dios o rebelándonos contra su luz y pensando nuestros propios pensamientos. Por consiguiente, existen dos métodos básicos para nuestra búsqueda de la verdad y el conocimiento. Somos dependientes de Dios y de la luz de su revelación o somos independientes de Dios e intentamos descubrir la verdad mediante nuestro propio pensamiento falible.

Cómo hallar la verdad

Podría haber dos formas de hallar la verdad, pero solo hay una y es creer en Dios. De hecho, como "la suma de tu palabra es verdad" (Sal. 119:160), buscar verdad espiritual en cualquier otro lugar que no sea la Palabra de Dios es garantizar que no se hallará. Cristo lo aclara en sus comentarios sobre las dos formas de hallar la verdad: "Todo aquel que viene a mí y oye mis palabras y las hace,. . . semejante es al hombre que al edificar una casa, cavó y ahondó y puso el fundamento sobre la roca" (Lc. 6:47-48).

Cristo dice que la estabilidad en la vida comienza con la confianza en su Palabra y nosotros debemos cavar y ahondar para poner un fundamento seguro sobre la roca de la Palabra de Dios. Muchos cristianos están convencidos que la Palabra de Dios es verdad, pero ellos no cavan y ahondan en la Palabra de Dios para edificar sus vidas sobre la roca firme de la verdad de Dios. El beneficio de poner el fundamento de nuestra vida sobre la roca es que "cuando vino una inundación; el río dio con ímpetu contra aquella casa, pero no la pudo mover, porque estaba fundada sobre la roca" (v. 48b).

El creyente que está bien fundado en la Palabra de Dios no será arrastrado por la inundación de problemas que todos enfrentamos en la vida. Aquellos que no tienen confianza en que la Palabra de Dios es la roca fracasarán, conjuntamente con aquellos que no se han detenido ni se han esforzado a cavar y ahondar hasta encontrar la roca firme. Cristo compara "al hombre que oyó y no hizo" con alguien que "edificó su casa sobre tierra, sin fundamento; contra la cual el río dio con ímpetu y luego cayó y fue grande la ruina de aquella casa" (v. 49).

Cristo compara de manera enfática al que cavó y ahondó hasta la roca y puso un fundamento apropiado con el que no se esforzó en cavar, pero edificó sin una preparación adecuada. Aquellos que no están edificados sobre el fundamento de la Palabra de Dios no son capaces de soportar las tormentas de la vida sin sufrir daños severos. Cuando la batalla espiritual se caldea en sus vidas, se deshacen y terminan viviendo como si aún estuvieran bajo el control de Satanás. Para aquellos que están edificados sobre la verdad, Dios y su Palabra son más que suficientes para manejar las adversidades de la vida. Cuando se les presenta la batalla, son capaces de mantenerse firmes y no son llevados por doquiera de todo viento de doctrina (Ef. 4:11-14).

¿Cuál criterio?

Hay solo dos formas básicas de ver las cosas: la forma de Dios, la que denominaremos criterio divino o la forma del hombre, la que denominaremos criterio humano. De principio a fin, la Biblia expresa un criterio consecuente de la vida y maneja cada situación de la vida según ese criterio: el criterio de Dios sobre la vida. La comprensión y la aplicación del criterio de Dios conducen a la capacidad de vida, de amor y de felicidad, pero la vida según el criterio humano conduce a la muerte: "Hay camino que al hombre le parece derecho; Pero su fin es camino de muerte" (Pr. 14:12; 16:25).

El criterio divino y el criterio humano se pueden ilustrar por medio de dos métodos básicos que un padre puede utilizar al armar un juguete nuevo para regalárselo a su hijo por Navidad. Un método es leer las instrucciones y seguir los pasos provistos por el fabricante que produjo el juguete. Si las instrucciones son claras y si el padre ha leído y entendido las instrucciones, entonces el padre obtendrá un juguete armado de forma adecuada y listo para que su hijo lo disfrute. La persona que opera según el criterio divino estudia la Palabra de Dios con diligencia para poder ver la vida a través de los ojos de Dios —su Palabra— y poder aplicarla a su propia vida. ¡Qué resultados más satisfactorios se obtienen cuando se siguen las instrucciones con cuidado!

El otro método se utiliza cuando el padre no se quiere molestar en leer las instrucciones o no quiere reconocer que depende de algo o alguien aparte de él mismo para hacer algo bien hecho. En ocasiones pensamos que estamos tan familiarizados con un tipo de juguete específico que podemos confiar únicamente en nuestra intuición o experiencia para armarlo. Esta suposición es similar a nuestra vida según el fundamento del criterio humano de la vida y las cuestiones espirituales. No importa el costo, pensamos que debemos hacerlo por nosotros mismos, sin leer, comprender y seguir las instrucciones del fabricante. Con gran frecuencia, este método trae como resultado un juguete que no funciona de forma adecuada o un padre frustrado que ¡no entiende por qué el fabricante incluyó todas estas piezas sobrantes!

Independencia e idolatría

La independencia y la idolatría son las dos razones principales para adoptar el criterio humano en nuestra pesquisa por la verdad. La independencia —caracterizada por la afirmación, las reglas y las exigencias de uno mismo— forma el fundamento de la idolatría. En el tema del conocimiento, la persona independiente crea una cosmovisión basado en su propia experiencia y raciocinio limitados. Esto fue lo que hicieron Adán y Eva y como consecuencia pecaron trágicamente. Una persona independiente o autónoma asume una actitud de hostilidad interna con la creación y revelación de Dios (Ro. 3:10-12; 8:5-11). Porque Dios ha dejado sus huellas en todo, no resulta sorprendente ver a la humanidad rebelde tratando de borrar las huellas de Dios para sustituirlas por las suyas. Esto explica por qué los incrédulos a menudo no se dan cuenta de que se están rebelando contra ciertas cosas.

Aunque es cierto que la persona que obra según el criterio humano puede tomar ciertas ideas de la Palabra de Dios que son ciertas (tal como Satanás hizo en el huerto), estas ideas siempre se modifican o se interpretan de acuerdo con la situación autodeterminada por la persona. Esta tendencia se puede comparar con una persona que toma las piezas de un rompecabezas para completar los espacios en blanco de las piezas que faltan de otro rompecabezas. Las piezas pueden o no encajar con exactitud, pero en su nuevo lugar tienen un significado diferente porque se encuentran en un contexto diferente. Como Pablo dijo en Romanos 1:25, la forma del criterio humano es cambiar "la verdad de Dios por la mentira". Un pensador independiente nunca hincará su rodilla ante la total autoridad de la Palabra de Dios.

Siempre que se retira de la escena al Dios de la Biblia, alguna otra cosa ocupa su lugar. Esto es lo que la Biblia denomina idolatría. Como esclarece Romanos 1:18-25, cuando el Creador no es el objeto de adoración, los únicos candidatos restantes se encuentran en la creación. Sea el objeto de la adoración un ídolo físico, una idea o un estilo de vida, en último término es el hombre a quien se adora porque el hombre es quien intenta controlar la situación al determinar lo que se adorará. La idolatría es la adoración de cualquier cosa en lugar del Dios de la Biblia. Todos los dioses excepto el Dios de la Biblia son solo proyecciones del propio yo del hombre. El narcisismo de la Norteamérica contemporánea es un ejemplo clásico de esta adoración propia.

Dos búsquedas de la verdad

Dentro de la esfera del criterio humano, las personas por lo general intentan establecer la verdad de dos formas generales. Al primer método para hallar la verdad independiente de Dios y su Palabra a menudo se le denomina raciocinio o racionalismo. En su forma pura, el racionalismo es la creencia de que cada persona nace con ciertas ideas innatas. Los racionalistas argumentan que, basado en estas ideas innatas, el hombre puede utilizar el raciocinio y la lógica solamente para descubrir la verdad suprema. Los racionalistas no creen que el hombre deba depender de la Palabra de Dios para tener pensamientos verdaderos sobre la realidad. Como los racionalistas no creen que necesiten la Palabra de Dios para pensar con exactitud, sustituyen la Palabra de Dios como punto de partida por su suposición arrogante de que su propia lógica y raciocinio solamente son suficientes para alcanzar la verdad. ¡Qué idolatría! Sin embargo, como los racionalistas no pueden demostrar esas ideas innatas, cuentan con un fundamento incierto.

El criterio divino no rechaza el uso del raciocinio o la lógica —después de todo, Dios nos dio una mente lógica para que la utilizáramos— pero rechaza el uso independiente y autónomo del raciocinio y la lógica. El criterio divino usa el raciocinio y la lógica de un modo dependiente, comenzando con la revelación de Dios como fundamento para tener pensamientos de Dios. A este uso se le denomina el uso dependiente de la lógica: la lógica utilizada bajo la autoridad de la Palabra de Dios para mantener la consistencia del pensamiento de acuerdo con la Palabra de Dios. El Dios omnisciente ya nos ha dicho lo que es verdad mediante la revelación y la lógica dependiente trata de aplicar esta verdad a cada situación de la vida para ver cómo se corresponde o no con la revelación de Dios. Sería ilógico que una persona comenzara con error o una mezcla de verdad y error, para tratar de terminar con la verdad. Solo cuando se comienza con la verdad pura como fundamento se puede alcanzar la verdad total en todas sus manifestaciones. El salmista declaró: "En tu luz veremos la luz" (Sal. 36:9).

El uso incorrecto de la lógica

El criterio humano, por el contrario, usa el raciocinio y la lógica como la autoridad suprema para determinar lo que es posible y lo que no es posible. El raciocinio se usa para determinar lo que puede y lo que no puede ser y luego se imponen estas conclusiones en la Biblia. Este proceso es evidente en el pensamiento de aquellos que niegan los milagros de la Biblia. Como no pueden explicar los milagros basados en su propio raciocinio, al leer los milagros en la Biblia, niegan estas historias como explicaciones supersticiosas. Un racionalista niega la posibilidad de que los demonios puedan poseer e influir a las personas, si es que llega a aceptar la existencia de los demonios. Como no puede comprender la existencia de los demonios basado en su propio raciocinio y lógica, él niega el mundo invisible por entero. En cambio, trata de explicarlo según alguna teoría naturalista de causa-efecto porque ese es el único mundo que conoce de manera personal; él ha negado el testimonio de la Palabra de Dios. Esta actitud eleva el raciocinio humano a la posición de autoridad suprema: el raciocinio humano determina lo que es y lo que no es verdad en la Palabra de Dios. Al colocar el raciocinio en un nivel superior a la Biblia, el raciocinio sustituye a Dios y así se convierte en ídolo.

El verdadero conflicto no se encuentra en usar el raciocinio totalmente y en no usar el raciocinio en lo absoluto, sino en usar el raciocinio según la autoridad de Dios y en usar el raciocinio independientemente de Dios. El verdadero problema está en el uso y lugar apropiado de la lógica. El criterio humano usa la lógica de un modo idolátrico, colocándola en el lugar reservado de forma exclusiva para la Palabra de Dios.

El error fatal de este uso del raciocinio es que no proporciona criterio objetivo y externo alguno para evaluar sus conclusiones (porque niega la Biblia como criterio válido). Por último, esta posición debe convertirse en alguna forma de subjetividad como el misticismo o el sentimentalismo porque el raciocinio por sí solo nunca puede establecer un criterio objetivo con el que se pueda determinar por qué una cosa es verdadera y otra no lo es.

El racionalista niega la resurrección de Cristo como irracional afirmando que su raciocinio es tan grande y su conocimiento es tan vasto que él sabe con certeza que algo como la resurrección nunca podría haber sucedido. Esta actitud no solo es arrogante sino también subjetiva en extremo. Dios nunca quiso que las personas utilizaran el raciocinio como herramienta para determinar en última instancia lo que es verdadero; este es el papel de la Palabra de Dios. El raciocinio y la lógica fueron dados como herramientas para permitirnos estudiar la Palabra de Dios y para ayudarnos a pensar de forma consecuente de acuerdo con la misma, de modo que podamos aplicarla con fidelidad en cada aspecto de nuestra vida. Hacemos énfasis en este aspecto porque resulta crucial reconocer que el raciocinio y la experiencia constituyen fracasos lamentables cuando se trata de proporcionar conocimiento seguro sobre Dios, los ángeles, la naturaleza del hombre, la necesidad de salvación y el significado de la vida. Solo la Biblia proporciona el fundamento para tal conocimiento. Por último, el racionalista consecuente debe negar la existencia de Dios, de los ángeles y de los demonios porque no tiene forma de comprobar su existencia.

Uso incorrecto de la experiencia

Como el raciocinio independiente no puede servir como fundamento para alcanzar la verdad sobre Dios, los ángeles, el hombre, la salvación y el significado de la vida, los filósofos han buscado en otra parte una roca firme sobre la cual formar sus criterios. A este segundo método del criterio humano para la verdad a menudo se le denomina experiencia o empirismo y constituye la columna vertebral del método científico. Los empiristas creen que uno puede alcanzar el conocimiento de la verdad suprema basado en las percepciones sensoriales. Ellos argumentan que mediante la observación, la recopilación de datos, la formación de hipótesis, la comprobación de hipótesis y luego la comprobación de la información sensorial el hombre puede alcanzar el conocimiento verdadero acerca de la existencia de Dios, los ángeles, la naturaleza del hombre, la salvación y el significado de la vida.

Aunque el método empírico —cuando se usa de forma correcta— sí ocupa un lugar en el plan de Dios, el criterio humano una vez más usa de manera incorrecta el propósito deliberado de Dios. Mediante el uso del empirismo en la ciencia las personas pueden hacer muchas observaciones importantes sobre la creación de Dios. Las observaciones empíricas han ayudado a impulsar grandes avances en la industria y la tecnología en los últimos dos siglos. Aún así, sin un marco que interprete y aplique de forma consecuente los resultados de las observaciones empíricas, los sistemas contradictorios y competitivos del pensamiento se desarrollan. Además, la experiencia humana aún se encuentra limitada, incluso cuando se ha extendido a través del testimonio histórico e instrumentos para observar el mundo microscópico. Solo la Palabra de Dios proporciona un fundamento adecuado para evaluar y aplicar de forma consecuente los resultados del empirismo.

Hormigas y ángeles

Si confiamos únicamente en el empirismo aparte de la revelación bíblica, no siempre llegaremos a conclusiones exactas. Una ojeada a los hábitos de trabajo y la conducta social de las hormigas proporciona una ilustración interesante. Un observador notaría que hay múltiples machos para cualquiera de las hembras. Otra persona podría observar que las hormigas son obreras muy laboriosas. Fuera del marco bíblico, los pensadores del criterio humano podrían hacer ambas observaciones y aplicarlas a la sociedad humana. De hecho, algunos sociólogos modernos han hecho eso mismo al observar la rareza de la monogamia del reino animal y al sugerir que la poligamia supondría una mejor situación en la vida humana, por ende niegan la idea bíblica de una pareja hasta la muerte. A diferencia de la subjetividad de este método, la Biblia nos da el marco para aplicar de forma correcta la información descubierta mediante la observación. Debemos aprender de las hormigas por su diligencia, pero no por sus hábitos de apareamiento (Pr. 6:6-11).

Este mismo principio se aplica en el área de la existencia de los ángeles y los demonios. El empirista recopilará toda la información que pueda de aquellos que alegan haber tenido alguna experiencia con un ángel o un demonio o de aquellos que han ayudado a liberar a personas de influencias demoníacas. Averiguará lo que ellos aprendieron de estos encuentros y qué métodos, según su opinión, demostraron tener éxito para liberar a una persona de la opresión demoníaca. Recopilará estos trabajos y luego arribará a conclusiones sobre lo que debemos hacer cuando nos encontramos con un demonio. Incluso cuando consulte la Biblia sobre este proceso, no importa cuan grande sea el criterio de las Escrituras que tenga el empirista, en la práctica él trata la Biblia como otra voz o testimonio más de actividad demoníaca. Esta suposición siempre trae como resultado un ajuste de la enseñanza bíblica sobre los demonios hasta que concuerde con las conclusiones de varias experiencias.

Adiciones a las Escrituras

Existen numerosos problemas con el método empírico puro, pero el problema fundamental es una negación de la suficiencia completa de las Escrituras. En lugar de creer que la Biblia nos dice todo cuanto necesitamos saber sobre ángeles y demonios, el empirista trata de buscar más. En lugar de satisfacerse con lo que Dios ha dicho sobre el tema, el empirista basa su entendimiento de los demonios sobre las experiencias que él u otras personas han tenido. Esta insistencia finalmente conduce a mucha especulación sobre los demonios: lo que hacen, qué apariencia tienen, cuáles son sus nombres, cómo exorcizar y cómo protegernos nosotros mismos de los demonios. Debemos recordar que la Biblia prohíbe de forma expresa tal especulación porque va más allá de lo que aparece en las Escrituras (1 Co. 4:6; 1 Ti. 1:4; 2 Ti. 2:23).

Un escritor demuestra este uso contemporáneo de la experiencia sobre las Escrituras en su tratamiento de la lucha espiritual con espíritus territoriales. Él sugiere que de la misma manera que constituye una práctica común descubrir los nombres de demonios específicos para liberar a un individuo en desgracia: "podría ser razonable postular que eso también se pudiera hacer con espíritus territoriales".[1] Se confía entonces en la experiencia para determinar los nombres de los espíritus territoriales.

La latinoamericana Rita Cabezas ha realizado una investigación considerable sobre los nombres de los niveles más altos de la jerarquía de Satanás. Ahora no describiré su metodología de investigación excepto para mencionar que las etapas iniciales estaban asociadas con su práctica extensiva psicológica / de liberación la cual luego evolucionó en recibir mensajes reveladores del conocimiento. Ella ha descubierto que de forma directa bajo Satanás existen seis principados mundiales que se nombran Damián, Asmodeo, Menguelesh (Mengue), Arios, Beelzebú y Nosferastus. Bajo cada principado, informa ella, hay seis gobernadores sobre cada nación. Por ejemplo, los de Costa Rica son Shiebo, Quiebo, Ameneo, Mefistófeles, Nostradamus y Azazel. Los de los Estados Unidos son Ralphes, Anoritho, Manchester, Apolion, Deviltook y un gobernador no identificado.[2]

Como cualquier buen empirista, este escritor no confía de forma completa en esta sola información sino que busca confirmación. Pero la confirmación se encuentra solo de manera circunstancial en la Biblia. Se consideran con la misma validez que la Biblia, el Diccionario de dioses y diosas, diablos y demonios, los textos apócrifos, El paraíso perdido y el Progreso del peregrino (los cuales son las fuentes usadas para validar los planteamientos anteriores). Todo el planteamiento se trata como si tuviese credibilidad sencillamente porque dos de los nombres aparecen de forma casual en la Biblia.

Casi espiritismo

Este tipo de actividad se acerca de forma peligrosa al espiritismo, en el que la información obtenida ya sea directa o indirectamente de los encuentros demoníacos forma parte de las enseñanzas sobre demonios. En la misma investigación sobre espíritus territoriales, el autor acepta como válida la información recibida de un ex-líder ocultistas sobre el número de demonios y sus operaciones en Nigeria.[3] Esta información se adquirió mientras él era líder ocultista y por tanto su fuente es demoníaca. Debemos recordar que Satanás es un embustero y un impostor. Los métodos que él y los demonios usan a menudo están diseñados para confundir y distraer a los cristianos al involucrarlos en áreas no válidas, con el resultado de que de manera inconsciente terminan sirviendo a Satanás y no a Dios.

Un ejemplo extremo de esta situación ocurrió a mediados de la década del 70. Un hombre llamado John recibió gran aceptación en ciertos círculos cristianos al facilitar a las personas "información filtrada" sobre Satanás y sus planes en aquel momento (a la que había tenido acceso cuando era satanista). Sus enseñanzas incluían información como por ejemplo los nombres de algunos de los demonios, cómo estaban organizados y ciertas de las tácticas y estrategias. Ninguna de esta información era extraída de la Biblia; más bien, era obtenida del tiempo que el hombre pasó como satanista (tiempo en el que confiaba incluso como creyente). Muchas personas de círculos cristianos estaban ansiosas por escuchar esta información obtenida de demonios hasta que aprendieron que el especialista ocultista había inventado gran parte de lo que decía mientras de modo simultáneo seducía a jóvenes cristianas.

Engaños y discrepancias

Nuestra habilidad para discernir en realidad lo que sucede en la esfera espiritual es tan limitada que a menudo nos sentimos por completo distraídos y en algunos casos nos sentimos totalmente engañados. Hace varios años, un colega nuestro a quien llamaremos Alberto trabajaba como consejero y orientaba a una mujer cuyo pasado estaba marcado por años de maltrato sexual. Desde muy temprano en su infancia su padre la había violado y la había maltratado sexualmente. Cuando tenía veintitantos años, ella escuchó el evangelio y depositó su fe en Jesucristo como su Salvador. Aunque era salva, aún batallaba contra muchas situaciones arraigadas en su pasado. Durante el tiempo que Alberto la estaba aconsejando, él discutió el caso de ella con un pastor de Fort Worth, quien sugirió que la razón por la que esta muchacha nunca había vencido estos problemas del pasado era la influencia o la posesión demoníaca. Él creía que los demonios estaban involucrados en todos los casos de abuso sexual y sugirió un exorcismo.

Una noche, Alberto y la mujer se reunieron con tres pastores en

Fort Worth para realizar un exorcismo. Al parecer contactaron siete demonios diferentes, los que más tarde echaron fuera de ella. La mujer se fue a casa muy aliviada; sin embargo, su "saneamiento" solo obtuvo resultados a corto plazo porque ella todavía tenía problemas.

Varios meses después, Alberto descubrió una serie de discrepancias en el pasado de la vida de la mujer y comenzó a cuestionarse si en realidad había ocurrido tal abuso sexual. Él y otro hombre que también la había aconsejado le hicieron frente con la evidencia que tenían y ella admitió que la mayor parte de lo que había dicho y hecho era inventado. Cuando le preguntaron sobre el episodio de exorcismo, ella por último admitió que todo había sido motivado por su confusión y por lo que esperaba fueran las expectativas de sus consejeros.

Desde entonces, hemos descubierto que esta mujer tiene antecedentes de usar sus problemas para ganar la atención y el cariño de otros cristianos. Durante varios años, ella ha pasado de una iglesia a otra y de un grupo a otro con la triste historia de su vida. Cada una de estas veces, algunos cristianos preocupados y afectuosos la han acogido para ayudarla. Sin embargo, cada una de estas veces ellos han descubierto su engaño y luego ella se desaparece por un tiempo y aparece de nuevo en otra iglesia. Ahora ella se encuentra al cuidado de un consejero bíblico reconocido a escala nacional. Según él, ella nunca sufrió en realidad influencia ni posesión demoníaca y todo el episodio solo sirvió para complicar un problema espiritual que ya era complejo.

El fracaso de los sistemas seculares

El objetivo de esta historia es demostrar que dos grupos de personas, los dos alegan ser bíblicos, intentaron ayudar a una mujer en desgracia. En un caso, la solución se halló a través de la liberación demoníaca; en el otro caso, la solución se halló a través del uso de las Escrituras en la consejería. Ahora no intentamos decidir si esta muchacha alguna vez estuvo endemoniada; lo que queremos decir es que un grupo particular de pastores, que tenían años de experiencia en el ministerio de la liberación y habían desarrollado una técnica de tratamiento con personas endemoniadas basada en la experiencia, al parecer fueron burlados. (Si no fueron burlados, entonces sus técnicas de liberación desarrolladas de forma empírica fueron un fracaso.)

Siempre que basemos una técnica para lidiar con personas endemoniadas en cualquier cosa que no sea la enseñanza clara de la Palabra de Dios, estamos destinados al fracaso. De hecho, el uso de cualquier método basado en información que no se derive de manera directa de las Escrituras constituye, en la práctica, una negación de la autoridad y la suficiencia de la Biblia. Estos ejemplos sencillamente demuestran la deficiencia de la experiencia personal al validar la posesión demoníaca.

En los últimos dos siglos, muchos sistemas filosóficos han tratado de combinar el racionalismo con el empirismo. Sin embargo, si ninguno de estos dos métodos puede llegar a la certeza sobre Dios y el mundo espiritual por sí solos, la combinación de ellos tampoco solucionará el problema. Tanto el racionalismo como el empirismo no proporcionan un fundamento adecuado para comprobar de modo objetivo el conocimiento sobre el mundo espiritual. ¿Entonces cómo podemos saber sobre la existencia de Dios y los ángeles y sobre la naturaleza del hombre, la salvación y el significado de la vida?

El único fundamento verdadero

El único fundamento fidedigno para el conocimiento acerca de lo sobrenatural es la revelación de Dios. Como el hombre es incapaz de alcanzar la verdad suprema por medio de sus propios recursos, ya sea a través del raciocinio o de la información sensorial, debe confiar en la revelación de Dios. En Romanos 1, Pablo nos dice que a pesar de que los seres humanos tienen un testimonio claro de Dios en la creación que se encuentra a su alrededor, ellos niegan la evidencia porque son pecadores: "Porque lo que de Dios se conoce les es manifiesto, pues Dios se lo manifestó. Porque las cosas invisibles de él, su eterno poder y deidad, se hacen claramente visibles desde la creación del mundo, siendo entendidas por medio de las cosas hechas, de modo que no tienen excusa. Pues habiendo conocido a Dios, no le glorificaron como a Dios, ni le dieron gracias, sino que se envanecieron en sus razonamientos y su necio corazón fu entenebrecido" (Ro. 1:19-21).

El efecto del pecado de Adán sobre las habilidades de la mente humana es grande y nunca debe menospreciarse cuando se analiza el problema de conocer la verdad. El pasaje anterior de Romanos 1 nos dice que el corazón del hombre está entenebrecido. Romanos 3:11-12 dice: "No hay quien entienda. No hay quien busque a Dios. Todos se desviaron, a una se hicieron inútiles; No hay quien haga lo bueno, no hay ni siquiera uno". Pablo de nuevo hace hincapié en los efectos del pecado en Romanos 8:7-8: "Por cuanto los designios de la carne son enemistad contra Dios; porque no se sujetan a la ley de Dios, ni tampoco pueden; y los que viven según la carne no pueden agradar a Dios".

Dios describe el efecto del pecado en el hombre de diferentes maneras: Él dice que quienes no son salvos se encuentran en tinieblas, que Satanás obra dentro de ellos, que son ciegos e ignorantes, que de forma intencionada ocultan la verdad y que son esclavos del pecado y la injusticia. La única salida de este aprieto es la lúcida Palabra de Dios.

El único libertador

El octavo capítulo del Evangelio según Juan nos habla de un diálogo muy importante entre Jesús y algunos de los líderes judíos. En este intercambio, Él dijo: "Y conoceréis la verdad y la verdad os hará libres" (v. 32). Es la Palabra de Dios la que trae luz a las tinieblas y nos dice todo cuanto necesitamos saber acerca del pecado y Satanás y cómo liberarse de ellos. Recuerde el Salmo 119:130, el cual vimos con anterioridad: "La exposición de tus palabras alumbra; hace entender a los simples".

Algunos fariseos que formaban parte de la multitud se opusieron al planteamiento de Cristo, argumentando que porque eran hijos de Abraham no necesitaban ser liberados. Sin embargo, en realidad estaban esclavizados por lo menos de cuatro maneras: Estaban sometidos al Imperio Romano, estaban sometidos a las tradiciones religiosas de los fariseos, estaban sometidos a Satanás y estaban sometidos al pecado. Jesús planteó que la única forma de alcanzar la libertad era a través de Él: "Así que, si el Hijo os libertare, seréis verdaderamente libres" (Jn. 8:36).

La única fuente de liberación de la esclavitud es Jesucristo. Según Colosenses 1:13, todas las personas nacen en el reino de las tinieblas. Pero por medio de la fe en Jesucristo somos libertados del reino de las tinieblas y trasladados al reino de Jesucristo. Si nunca ha tenido la oportunidad de depositar su fe en Jesucristo solamente, usted también está sometido al pecado y a Satanás y la única manera en que usted puede ser libre es confiando en Jesucristo como su Salvador.

La preparación que necesita

Esperamos que haya visto en este capítulo que como criaturas de Dios confiamos solo en su Palabra como el único fundamento para evaluar nuestros pensamientos y experiencias en relación con todo, pero fundamentalmente aquellas cosas con las que Él ha lidiado de un modo específico, como por ejemplo Dios, los ángeles, los demonios, la naturaleza del hombre, la necesidad de salvación y el significado de la vida. Aunque la mayoría de los cristianos concuerdan con la teoría de que la Palabra de Dios es suficiente para solucionar los problemas de la vida cristiana, cada vez más cristianos niegan la suficiencia de la Palabra de Dios en la práctica diaria. En lugar de confiar solamente en la Biblia, buscan más información sobre Satanás y los demonios y terminan confiando en información obtenida de líderes ocultistas y de varias experiencias con demonios. Esta información luego se transmite a cristianos como doctrina bíblica cuando, en realidad, su fuente es demoníaca (léase 1 Ti. 4:1).

En los capítulos siguientes le demostraremos que la Palabra de Dios solamente es suficiente para prepararlo para vencer en su lucha contra el mundo, la carne y el diablo.

3

ORÍGENES DEL CONFLICTO

Tú que decías en tu corazón: Subiré al cielo; en lo alto, junto a las estrellas de Dios, levantaré mi trono y en el monte del testimonio me sentaré, a los lados del norte; sobre las alturas de las nubes subiré y seré semejante al Altísimo.

—*Isaías 14:13-14*

Una ojeada al noticiero nocturno o al periódico diario nos recuerda que el mal constituye un problema muy real en este mundo. Las guerras, violaciones, asesinatos, hambruna, terrorismo y malos tratos a la infancia nos revelan que la vida no es lo que debía ser o lo que esperamos que sea. Al parecer todas las personas están conscientes de esto. La vida no solo es diferente de lo que debe ser según las esperanzas y sueños de la humanidad sino que también los desastres naturales como las inundaciones, los huracanes, los tornados y los terremotos dan fe de que incluso en la esfera de la naturaleza las cosas no son lo que debían ser. ¿Cómo todo se desordenó tanto? ¿Sucede por casualidad, es sencillamente el resultado de nuestro universo impersonal evolutivo de forma natural o sucede algo más?

Cuatro explicaciones

Cuando se nos pregunta sobre la existencia del mal, solo se pueden dar cuatro explicaciones posibles. Las primeras tres explicaciones solucionan el problema del mal sobre la base del racionalismo y empirismo humanos limitados o a una combinación de los dos aparte de las Escrituras. La primera explicación niega la realidad fundamental del mal; el sufrimiento actual no es más que una ilusión. Este criterio se ve reflejado en el pensamiento de la filosofía griega del Platonismo, en algunas religiones orientales y en la mayoría de las religiones basadas en la ciencia (como la Ciencia cristiana).[1] En ocasiones estos sistemas de pensamiento afirman ser dualísticos, al reconocer alguna manifestación del mal. Como mucho, solo reconocen el mal de dientes afuera. Porque la realidad fundamental en esos sistemas es "una", ellos —para ser consecuentes— deben negar la existencia fundamental del mal real. De acuerdo con la primera respuesta, el dolor y el sufrimiento que nos encontramos en la vida cotidiana es sencillamente una ilusión; no es la realidad. El dolor y el sufrimiento no son más que delirios porque no contamos con el conocimiento adecuado; la verdadera realidad existe a un plano más alto.

Una segunda manera de solucionar el problema del mal niega la existencia de la moralidad. Este criterio refuta el sentido de un "deber" moral. El mal, el dolor y el sufrimiento no son más que partes naturales del universo natural y todo lo que existe debe ser bueno. La evolución darviniana afirma la ley del más fuerte, un principio que requiere que la lucha y la muerte sean realidades normales del universo; por ende, no existe lo bueno o lo malo, solo diferencias relativas. Algunos estados son mejores que otros. Como todo es relativo, no existe fundamento para la moralidad, para distinguir entre el bien y el mal. T. H. Huxley, un evolucionista renombrado y "el buldog de Darwin", reconocen con claridad este principio:

> El ladrón y el asesino siguen la naturaleza de la misma manera que el filántropo. La evolución cósmica puede enseñarnos cómo pueden haber surgido las tendencias del bien y el mal del hombre: pero, de por sí, resulta incompetente proporcionar una mejor razón de por qué ahora preferimos más que antes lo que llamamos bien a lo que llamamos mal.[2]

Huxley era consecuente con sus suposiciones naturalistas.

Una tercera manera en que las personas han intentado solucionar el problema del mal es sencillamente renunciando a aceptar esta tensión como parte de un absurdo de la vida. Esta es la respuesta del existencialismo moderno, que argumenta que no hay explicación racional para la vida, por lo tanto disfrute su vida a pesar de su irracionalidad. La canción popular de Frank Sinatra "Esa es la vida" encarna este enfoque. Él dice en su canción: "Vuelas alto en abril, te derriban en mayo". El resto de la canción transmite la idea de que usted debe aprender a vivir con los tropiezos porque así es la naturaleza de la vida, por tanto viva con los tropiezos.

A diferencia de estos intentos por solucionar el problema del mal sobre la base del uso independiente de la experiencia y el raciocinio humanos, la Biblia explica con claridad que el mal no es una ilusión ni tampoco es natural. La creación original de Dios era santa y perfecta y carente de mal. El Dios perfecto puede crear perfección solamente. El mal en el universo es la consecuencia directa del pecado de la criatura angélica Lucifer; por eso, el mal y el sufrimiento no son normales sino anormales, introducidos por la decisión rebelde de la criatura. Este pecado, este acto de rebelión por parte de la criatura, trajo discordia en el universo y dio inicio a la rebelión angélica contra Dios, la guerra invisible en el reino celestial. Es en este conflicto cósmico que la raza humana se encuentra inmersa. La experiencia y el raciocinio humanos y autónomos no nos pueden revelar esto, solo puede hacerlo la infalible revelación de Dios en la Biblia.

Cómo comenzó la guerra

Antes de que podamos comenzar a entender nuestro papel en esta guerra, por qué estamos inmersos en ella y qué debemos hacer al respecto, primero debemos entender cómo comenzó la guerra. La Biblia revela con claridad el intento de Lucifer de establecer su propio reino rebelde desafiando a Dios. A partir del relato Bíblico de esta conspiración para tomar el poder nos enteramos de los objetivos y estrategias de Lucifer, sus habilidades, cómo subvirtió a la raza humana y la sometió a su autoridad y reino y cómo Dios proporcionó una vía para que la raza humana renunciara a su filiación con este gobernador del mal. Al convertirnos a Dios cuando aceptamos su oferta de salvación por medio de Jesucristo nos rebelamos contra el mal y el pecado de Satanás y su reino. En ese momento, nos trasladamos del dominio de Satanás al reino de Dios (Hch. 26:18).

La Biblia nos dice que Satanás es el príncipe de las tinieblas, el "príncipe de este mundo" (Jn. 12:31; 16:11) y el "dios de este mundo" (2 Co. 4:4). En este tiempo actual, Dios le ha permitido que Satanás tenga su propio terreno, dominio o reino y el reino de las tinieblas de Satanás le hace una guerra intensa al reino de luz de Dios. La luz y las tinieblas se usan a menudo en la Biblia como metáforas para el reino de Dios (luz en 1 Ti. 6:16; 1 Juan 1:5, 7) y el reino de Satanás, respectivamente (tinieblas en Lc. 22:53; Ef. 5:8; 6:12; 1 P. 2:9). Satanás es el enemigo acérrimo de todo creyente. Las Escrituras explican con claridad que todos nacemos originalmente en la "potestad de las tinieblas" de Satanás (Col. 1:13; cp. Hch. 26:18). El equivalente de potestad en el griego original es (*exousia*) que significa "autoridad". Cuando nacemos, nos encontramos bajo la autoridad de Satanás, que es el dios de este mundo (2 Co. 4:4); aún así, cuando nos convertimos a Dios en el momento de la salvación al confiar en Jesucristo como nuestro Salvador, este mismo versículo dice que nos trasladamos al reino de su amado Hijo. La lealtad del cristiano es ahora con Dios y no con Satanás. Los cristianos se han convertido en rebeldes santos contra el dios de este siglo. Si vamos a vencer por Dios en esta guerra espiritual, debemos entender de forma exacta lo que la Biblia nos dice de Satanás, cómo él se convirtió en Satanás y su propósito para el planeta tierra.

Los hijos de Dios

Las primeras criaturas que Dios creó para que habitaran su reino fueron un orden de seres espirituales y racionales denominados ángeles. Tanto el griego *angelos* como el hebreo *mal'ak* significan "mensajero", lo que demuestra uno de los papeles de estas criaturas extraordinarias. Uno de los libros más antiguos de la Biblia nos cuenta de Job, quien enfrentó un número increíble de tragedias personales. Luego de resistirse a los malos consejos de familiares y amigos de culpar a sus propios fracasos por sus sufrimientos o de "maldecir a Dios y morir", Job por último sucumbió y comenzó a cuestionar la bondad y el juicio de Dios. Cuando Dios le respondió a Job, Él nunca le explicó a Job el motivo de la adversidad, pero, mediante una serie de preguntas, Dios concentró la atención de Job en las propias limitaciones de él a diferencia de la esencia y derecho del Señor de gobernar la creación de acuerdo con su conocimiento perfecto. Ocultas en estas preguntas hay enseñanzas sobre la creación original del universo:

> ¿Dónde estabas tú cuando yo fundaba la tierra?
> Házmelo saber, si tienes inteligencia,
> ¿Quién ordenó sus medidas, si lo sabes?
> ¿O quién extendió sobre ella cordel?
> ¿Sobre qué están fundadas sus bases?
> ¿O quién puso su piedra angular,
> Cuando alababan todas las estrellas del alba,
> Y se regocijaban todos los hijos de Dios?[3]

En el momento de la creación de la Tierra, aún todos los ángeles estaban unificados. El término "hijos de Dios" es una expresión usada en el Antiguo Testamento para referirse a los ángeles.[4] No había rastro alguno de división o rebelión, no había orgullo, nadie trataba de superar a nadie. ¡Todos se regocijaban juntos por la nueva creación de Dios!

El más excelso de los ángeles

Esta unidad pronto se disolvió. En cierto momento, ocurrió una división trágica entre las huestes angélicas. El más excelso de todos los ángeles, Lucifer, decidió que quería ser como Dios. Cuando Dios retiró a este ángel rebelde de su posición de autoridad, Lucifer reunió a un grupo de otros ángeles y dirigió una sublevación contra Dios. Dos pasajes de las Escrituras describen estos sucesos y revelan información muy importante sobre Lucifer / Satanás (Ez. 28:11-19; Is. 14:12-15). La comprensión de estos principios que se revelan en estos pasajes nos ayudarán a conocer a nuestro enemigo y a evitar caer en sus trampas. En ninguna parte de las Escrituras hay indicación alguna de que él haya cambiado desde el día de la rebelión.

El profeta Ezequiel describe este suceso desastroso (Ez. 28:11-19). En el comienzo de este capítulo, a Ezequiel se le ordena que levante endechas sobre el príncipe o líder de la ciudad de Tiro (vv. 1-10). En este canto fúnebre, Ezequiel pronuncia una sentencia sobre el príncipe de Tiro porque él ha dicho en su corazón que es un dios. En los versículos 11-19, se levantan endechas por segunda vez, pero estas no van dirigidas al príncipe de Tiro sino al rey de Tiro, claramente un personaje diferente. Lo que se dice de este rey de Tiro no es posible aplicarlo a un líder humano de Tiro. Por ejemplo, se dice que ha existido en Edén, el huerto de Dios (v. 13) y que ha sido creado perfecto (v. 15). El individuo del que se habla en esta sección es el verdadero poder que existe en el rey humano de Tiro: Satanás o Lucifer. A menudo en las Escrituras se le habla a Satanás a través de la criatura en la que él ejerce influencia. Por ejemplo, cuando Jesús vaticinó su crucifixión, Pedro comenzó a reconvenirle. Pero Jesús reprendió a Pedro y le dijo: "¡Quítate de delante de mí, Satanás!" (Mt. 16:23). Pedro no estaba poseído por Satanás en ese momento; nada en el texto lo sugiere. Pedro expresó una objeción que representaba el deseo de Satanás de impedir la obra de salvación de Cristo en la cruz. Como Pedro representaba el deseo de Satanás, Cristo se dirigió al problema principal que existía en la objeción, Satanás. Un segundo ejemplo se da cuando Dios maldice a Satanás en Génesis 3:14-15. Ahí, Dios se dirigió a Satanás de forma indirecta a través de la serpiente. Por tanto el "rey de Tiro" mencionado acá no es otro que el propio Satanás.

Aquí vemos cómo Ezequiel describe a Lucifer en 28:12-16:

> Hijo de hombre, levanta endechas sobre el rey de Tiro y dile: Así ha dicho Jehová el Señor: Tú eras el sello de la perfección, lleno de sabiduría y acabado de hermosura. En Edén, en el huerto de Dios estuviste; de toda piedra preciosa era tu vestidura; de cornerina, topacio, jaspe, crisólito, berilo y ónice; de zafiro, carbunclo, esmeralda y oro; los primores de tus tamboriles y flautas estuvieron preparados para ti en el día de tu creación. Tú, querubín grande, protector, yo te puse en el santo monte de Dios, allí estuviste; en medio de las

> piedras de fuego te paseabas. Perfecto eras en todos tus caminos desde el día que fuiste creado, hasta que se halló en ti maldad. A causa de la multitud de tus contrataciones fuiste lleno de iniquidad y pecaste; por lo que yo te eché del monte de Dios y te arrojé de entre las piedras del fuego, oh querubín protector.

Antes de su caída, Lucifer era una criatura magnífica, la más increíble de todas las obras de Dios.

Modelo de perfección

Esta asombrosa criatura es el modelo o prototipo de perfección. Se le describe como el que "tiene el sello de la perfección", lo que en hebreo da la idea de alguien que impone la norma. Tal como la norma nacional para todas las mediciones se encuentra en el Departamento Nacional de Normas, Lucifer era la norma fundamental de la perfección. Esta cualidad sobresalta su superioridad sobre todas las otras criaturas. Más adelante, el versículo 15, nos dice que él era intachable o perfecto, en todos sus caminos.

Como prototipo o patrón de la perfección, también era el más bello y glorioso de los ángeles; estaba "acabado de hermosura". Su apariencia no era más que magnífica y su vestidura la realzaba. Sus adornos personales y espléndidos demostraban la más elevada de las posiciones de todas las criaturas. Su vestidura estaba adornada con una brillante colección de piedras preciosas. Siempre que se mencionan juntas estas joyas en las Escrituras, tienen algo que ver con la presencia misma de Dios. Si usted fuese judío en aquella época, esta descripción le recordaría al instante el uniforme del Sumo Sacerdote de Israel. Ocho de nueve joyas las usaba en el pectoral el sumo sacerdote de Israel (Éx. 28:17-20) y seis también se encuentran en las piedras de los cimientos del muro de la Nueva Jerusalén (Ap. 21:19-20).

Otra forma en la que Lucifer ejemplificaba la perfección era en su inteligencia, porque él estaba "lleno de sabiduría". La sabiduría en la Biblia no es sencillamente un amplio conocimiento académico sino la capacidad de aplicar esa información de forma hábil para producir un arte incomparable que glorifique a Dios. Ninguna otra de las criaturas de Dios ha igualado esa inteligencia, entendimiento y habilidad.

El no solo contaba con buena apariencia e inteligencia sino que contaba también con el poder y la autoridad para acompañar estas cualidades. Él era "el querubín ungido". La palabra ungido significa "alguien que es apartado para Dios para una tarea especial". Esta es la misma palabra que se translitera Mesías y se traduce con la palabra Cristo en el Nuevo Testamento. Lucifer es la primera criatura que se haya designado como "el ungido". En las Escrituras, se ungieron tres grupos de personas: profetas, sacerdotes y reyes. Los profetas transmiten la Palabra de Dios al pueblo, los sacerdotes llevan la adoración del pueblo a Dios y los reyes gobiernan a los súbditos. Antes de pecar, Lucifer fungía como profeta, como sacerdote y como rey. Él era el gobernador de los ángeles y los conducía en su adoración y alabanza a Dios.

Un querubín ungido

Lucifer era un querubín, de los de más alto rango de los ángeles asociados con la gloria y presencia de Dios. Cuando Dios mandó a Moisés a construir el arca del pacto, le dijo que colocara en su parte superior dos querubines mirando hacia al propiciatorio (Éx. 37:9). Sus alas debían cubrir el propiciatorio y esta es la misma palabra que equivale a protector que se usa acá en Ezequiel 28:13-14. Como de costumbre, la imagen que nos viene a la mente cuando las personas oyen mencionar a los querubines es la de un niño pequeño con alas. Esta idea absurda y no encuentra fundamento alguno en las Escrituras, pero fue la innovación de los artistas medievales. Las Escrituras describen a los querubines de un modo diferente por completo:

> Y esta era su apariencia: había en ellos semejanza de hombre. Cada uno tenía cuatro caras y cuatro alas. Y los pies de ellos eran derechos y la planta de sus pies como planta de pie de becerro; centelleaban a manera de bronce muy bruñido. Debajo de sus alas, a sus cuatro lados, tenían manos de

> hombre; y sus caras y sus alas por los cuatro lados. Con las alas se juntaban el uno al otro. No se volvían cuando andaban, sino que cada uno caminaba derecho hacia delante. Y el aspecto de sus caras era cara de hombre y cara de león al lado derecho de los cuatro y cara de buey a la izquierda en los cuatro; asimismo había en los cuatro cara de águila. (Ez. 1:5-10)

También había imágenes de querubines bordadas en el velo o cortina que separaba el salón interior del tabernáculo, el santo de los santos, del salón exterior, el lugar santo. Eran símbolos terrenales de la sala del trono celestial de Dios. La palabra equivalente de "velo" es la misma palabra que se traduce como "cubierta". Al parecer, la posición de Lucifer en la sala del trono de Dios incluía cubrir personalmente el trono de Dios con sus alas. ¡De veras ocupaba una posición muy exaltada!

Se enfatiza además que Lucifer obraba en la presencia misma de Dios por medio de planteamientos de que estuvo en "Edén, el huerto de Dios". Edén podría referirse al huerto terrenal del Edén, pero el contexto aquí indica el trono celestial de Dios porque él estuvo "en el monte santo de Dios" y "se paseaba entre las piedras de fuego" (una frase usada para la presencia de Dios).

Al punto hasta el que se pueda decir que una criatura es perfecta, esta lo era. Su presencia era tan impresionante y brillante que Isaías se refirió a él como "Lucero" (14:12 RVR-60), lo que significa "portador de la luz" y era una referencia a la estrella de la mañana, al planeta Venus. Esta lumbrera anuncia la salida del sol por su reflejo de la luz del sol. De la misma manera, Satanás parece haber sido el heraldo de Dios a través de sus reflexiones de la gloria de Dios.

Momento decisivo

El Dios perfecto no puede crear más que perfección. Dios no originó el mal; el mal se originó a partir de la decisión desobediente de la criatura. La razón se da en el próximo versículo (Ez. 28:16): "A causa de la multitud de tus contrataciones fuiste lleno de iniquidad y pecaste". Si inferimos un poquito, vemos la analogía de Ezequiel con la cultura de Tiro: una potencia marítima cuya economía se basaba en el comercio. Como las personas de Tiro sobresalían como mercaderes y tenían un equilibrio positivo del comercio que los exaltaba más que a otras naciones, trataron de aprovecharse de esto para construir su propio reino. Al parecer, parte de la responsabilidad de Lucifer como sacerdote era llevar la adoración de las huestes angélicas a Dios y al hacerlo comenzó a explotar su influencia para construir su propio reino. Cuando Lucifer pecó, comenzó la carrera de Satanás. El profeta Isaías describe después la naturaleza exacta de este pecado.

El Señor mandó a Isaías a "pronunciar este proverbio contra el rey de Babilonia" (Is. 14:4). Un "proverbio" era un discurso diseñado para humillar a aquellos que se han rebelado contra Dios. Como sucede en el pasaje de Ezequiel, el proverbio va dirigido contra un rey humano, pero los planteamientos trascienden el pecado de cualquier rey humano.

> ¡Cómo caíste del cielo, oh Lucero, hijo de la mañana! Cortado fuiste por tierra, tú que debilitabas a las naciones. Tú que decías en tu corazón: Subiré al cielo; en lo alto, junto a las estrellas de Dios, levantaré mi trono y en el monte del testimonio me sentaré, a los lados del norte; sobre las alturas de las nubes subiré y seré semejante al Altísimo. Mas tú derribado eres hasta el Seol, a los lados del abismo. (Is. 14:12-15)

El pecado comenzó no con un acto externo sino con la decisión interna de su alma. Cinco veces Satanás dijo: "Yo haré. . . ." Estos planteamientos revelan la esencia del pecado: la reafirmación del derecho de la criatura a la autodeterminación, la independencia de Dios o la autonomía personal. Esto explica por qué el uso autónomo e independiente del raciocinio y la experiencia o de cualquier otra cosa constituye una expresión de rebelión contra Dios.

Lo máximo en autoestima

Lucifer estaba tan impresionado con su propia belleza, brillantez, inteligencia, poder y posición que comenzó a desear para sí la honra y la gloria que pertenecían a Dios solamente. Ninguna criatura jamás se sintió mejor consigo mismo o tuvo una mejor imagen de sí mismo que Satanás. Ya no se satisfacía con obedecer a Dios; en su lugar, él quería derrocar a Dios y ser Dios él mismo. Lleno con la violencia de la rebelión, negó la autoridad de Dios en su vida, ignoró que él era quien era porque Dios lo había querido así y dirigió una sublevación contra Dios. El resultado fue un castigo. Fue expulsado como profano (Ez. 28:16). Profano es lo opuesto a santo; Lucifer se volvió profano por su rebelión.

La caída de Lucifer fue el resultado de su decisión de buscar la exaltación propia, para reafirmar su propia posición en lugar de permanecer en una posición de servicio a Dios. Es decir, se rindió a la arrogancia y al orgullo. (El Nuevo Testamento les recuerda de manera constante a los cristianos que eviten la arrogancia como el pecado del diablo [1 Ti. 3:6] y que Dios está en contra del arrogante [1 P. 5:5]).

Cuando Lucifer pecó, él no pecó solo sino que dirigió una sublevación angélica masiva contra Dios. Mientras él llevaba a cabo su comercio entre los ángeles, comenzó a atraer y seducir a un número de ellos para que le sirvieran a él en vez de a Dios. Cuando él pecó y fue condenado por Dios, estos ángeles lo siguieron y la insurrección se multiplicó. Las Escrituras señalan que alrededor de un tercio de los ángeles lo siguieron en su rebelión (Ap. 12:4). A estos ángeles profanos y caídos se les hace referencia en las Escrituras como demonios, espíritus malignos o espíritus impuros.[5]

¿Qué encierra un nombre?

En las Escrituras, vemos que los nombres y los títulos describen algo sobre el carácter de una persona. Por ejemplo, Isaías 9:6 registra una profecía sobre Jesucristo que nos proporciona cuatro títulos que describen su carácter: "Se llamará su nombre Admirable, Consejero, Dios fuerte, Padre eterno, Príncipe de paz". Estos nombres nos hablan del carácter del Mesías. Admirable, Consejero se refiere al Mesías, quien proporcionará consejos para la vida eterna y gobernará con sabiduría perfecta (Is. 11:2). Dios fuerte lo identifica con el poder de Dios, el cual finalmente vencerá sobre el mal. Padre eterno es una traducción pobre, porque el Mesías no es Dios el Padre. Una mejor traducción es "padre de la eternidad", una expresión idiomática del hebreo que expresa que este personaje poseía el atributo de la eternidad, un atributo único de la deidad. Príncipe de paz expresa que Él es quien trae la paz, tanto personal como, finalmente, la paz mundial cuando Él inaugure el reino davídico en su Segunda Venida.

Tal como aprendemos muchas cosas importantes sobre el Señor Jesucristo a partir de los títulos y nombres que le dan, también aprendemos mucho sobre Satanás a partir de los títulos y nombres que le dan. Resulta importante para nosotros analizar estos títulos y nombres para poder comprender con precisión lo que él puede hacer y su papel en este siglo.

Serpiente, dragón. En el huerto del Edén, a Eva se le apareció una serpiente y la tentó a desobedecer la orden de Dios. Génesis 3:1 nos dice que "la serpiente era astuta, más que todos los animales del campo que Jehová Dios había hecho". La identidad de esta serpiente se esclarece en Apocalipsis 12:9: "Y fue lanzado fuera el gran dragón, la serpiente antigua, que se llama diablo y Satanás, el cual engaña al mundo entero. . ." Este pasaje con certeza nos dice algo de su carácter. En lo que cuenta del hombre la creación en Génesis 1:26, Dios hizo al hombre para que señoreara en las aves, en las bestias, en toda la tierra y en todo animal que se arrastra sobre la tierra. El hombre debía señorear en la serpiente; aún así, la serpiente fue lo bastante astuta para subvertir esta autoridad al lograr que el hombre la escuchara y se sometiera a ella. Debemos recordar que Satanás fue creado lleno de sabiduría. Su astucia y malicia son tan grandes que es capaz de confundir y engañar al hombre para que haga lo que se le antoje si el hombre no confía de forma exclusiva en la Palabra de Dios.

Satanás, diablo, acusador de nuestros hermanos. Nuestra palabra diablo se deriva de la palabra griega *diabolos*, la que significa "calumniador" o "difamador". En Apocalipsis 12:10, a Satanás se le llama "el acusador de nuestros hermanos". Un calumniador es alguien que hace acusaciones falsas o dice mentiras que están destinadas a difamar o a dañar la reputación de alguien. Satanás se traduce del hebreo *shatan*, que significa "adversario" o "contrincante". Satanás se opone a las personas de Dios de dos maneras. La primera forma: acusa a los creyentes ante Dios (Zac. 3:1; Ro. 8:33). La segunda: Satanás acusa a los creyentes con su propia conciencia. Su objetivo es hacer que nos centremos en nuestros pecados y fracasos y conseguir que no hagamos más que esforzarnos por lidiar con ellos por sí solos. El ensimismamiento es el primer paso en la pendiente resbaladiza de la arrogancia. Al centrarnos en nuestros fracasos, nos olvidamos que el pecado ya no es el problema del creyente.

Todos los pecados los pagó Jesucristo en la cruz. Su muerte sustituidora en la cruz es el fundamento de nuestra limpieza continua de todos los pecados cometidos después de la salvación (1 Jn. 1:7). Los pecados cometidos después de la salvación no nos hacen perder la salvación sino solo nos hace afectar nuestra comunión con un Dios justo y santo. La fórmula está clara: cuando admitimos o reconocemos nuestro pecado ante Dios el Padre, Él nos perdona al instante (1 Jn. 1:9). Borrón y cuenta nueva, Dios olvida ese pecado. "Yo, yo soy el que borro tus rebeliones por amor de mí mismo y no me acordaré de tus pecados" (Is. 43:25; cp. Sal. 103:12).

Cuando nos ensimismamos con los fracasos pasados por culpa y remordimiento, estamos negando la gracia de Dios y su perdón prometido. Al centrarnos en nuestro propio yo, seguimos a Satanás en su pecado. Tal ensimismamiento es el punto de partida de la arrogancia. Olvidamos que para el cristiano el pecado ya no es el problema; Cristo pagó por los pecados. El problema es el crecimiento espiritual, el progreso hacia la madurez espiritual, no la autoflagelación por los pecados del pasado (Fil. 3:13). No importa cuán atroz sea nuestra ofensa, aún así poseeremos la justicia atribuida y perfecta de Cristo. Dios nos ve como justos por la justicia de Cristo que se nos ha dado. Darnos cuenta de nuestro perdón nos libera de sentimientos debilitantes de culpa y nos da libertad para avanzar en la vida espiritual.

Acusado pero perdonado

En Zacarías 3:1-5 se encuentra una hermosa ilustración de cómo Dios responde a las acusaciones de Satanás, donde Zacarías tuvo una visión de la sala del tribunal celestial. Dios es el Juez supremo del cielo y la tierra y Josué el Sumo Sacerdote de Israel está delante de Dios. Satanás está como acusador, el testigo de la acusación. La respuesta del Señor es reprender a Satanás mientras este acusa a Josué. El Señor le recuerda al tribunal que Josué ha sido "arrebatado del incendio", es decir, salvado de la condenación eterna en el lago de fuego. Josué, como todos los pecadores, está delante de Dios vestido de ropas sucias de pecado. Pero Dios en su gracia ha vestido a Josué con ropas limpias de justicia perfecta y divina y una mitra limpia sobre su cabeza. Como receptor de la gracia de Dios, él queda libre de culpa y ya no deberá preocuparse por las acusaciones de Satanás.

¡Qué ilustración más hermosa de lo que Dios hace por cada creyente en el Señor Jesucristo! Satanás es nuestro acusador. Desde un punto de vista, él tiene el derecho de hacer esto porque, como Josué, una vez estuvimos delante de Dios vestidos con ropas sucias de nuestros pecados. Isaías 64:6 dice que "todas nuestras justicias son como trapo de inmundicia". Sin embargo, desde el momento en que confiamos en Jesucristo, Dios con su gracia nos viste en su justicia, de modo que ya no somos culpables y Satanás no tiene fundamentos para acusarnos (Ro. 4:3-4; 2 Co. 5:21). Este es el mensaje de 1 Juan 1:1-2:2, que nos dice que la muerte sustituidora de Cristo en la cruz es el fundamento de nuestro perdón del pecado en el momento y para la eternidad y que como creyentes tenemos un abogado defensor ante la junta de justicia divina para defendernos contra las acusaciones del acusador: Satanás.

Si usted no es cristiano, este pasaje quiere decir que no importa lo que usted haya hecho usted puede obtener el perdón completo de los pecados al confiar solamente en Jesucristo. Si usted es cristiano, este pasaje quiere decir que cuando Satanás trata de acusarlo, sembrando dudas en su mente porque usted ha pecado o se ha rebelado contra Dios, usted se puede mantener firme en la promesa de Dios de que lo ha vestido con la justicia de Cristo y que por el amor de Dios mismo Él lo ha perdonado. No hay necesidad entonces de hundirse en la culpa o en una mentalidad derrotista; hacer eso es una negación de la promesa de Dios de que Él nos limpia y nos perdona de toda maldad (1 Jn. 1:9).

Nombres más siniestros

El príncipe de este mundo. El Señor Jesucristo se refiere dos veces a Satanás de este modo (Jn. 12:31; 14:30). La palabra mundo acá se traduce de la palabra griega *kosmos*, que comprende el sistema mundial entero, incluso todas las ideas y filosofías que Satanás promueve entre las personas para establecer su reino en la tierra. Algunas de las más populares de estas ideas hoy día son la evolución, la psicología, el materialismo, el Marxismo, el pragmatismo, el humanismo secular, el relativismo moral y el misticismo de la Nueva Era.

En el próximo capítulo se abordará más el tema, pero aquí queremos recordarle a cada cristiano que Satanás es el príncipe de este sistema mundial, que nacimos bajo su autoridad (cp. Hch. 26:18 con Col. 1:13) y que cuando creímos en Jesucristo como nuestro Salvador y Redentor cometimos el pecado imperdonable en lo que respecta a Satanás. Declaramos nuestra filiación con el Rey de Reyes y Señor de Señores y nos convertimos en rebeldes contra la autoridad ilegítima de Satanás en esta tierra. Ahora él ha salido a buscarnos y la única manera en que podemos sobrevivir con éxito es seguir las instrucciones explícitas de las Escrituras.

El príncipe de la potestad del aire. Este título se le da a Satanás en Efesios 2:2. Está relacionado con el título "príncipe de este mundo" y se refiere a la atmósfera. Con el permiso de Dios, Satanás tiene el control del medio ambiente del hombre; él aún tiene control operativo del planeta tierra. Este versículo también señala que él es espíritu que ahora opera en los "hijos de desobediencia", los incrédulos. Todas las personas, todos los incrédulos nacen bajo la autoridad de Satanás como príncipe de este mundo, reciben la influencia de este porque él es el controlador del medio ambiente y tienen a Satanás operando dentro y mediante ellos. Porque los incrédulos son súbditos en su dominio, aún así él los puede usar para conseguir sus fines nefarios.

El dios de este siglo. Este título está estrechamente relacionado con los dos títulos anteriores y se encuentra en 2 Corintios 4:4. Es durante este siglo, entre la caída de Adán y Eva y la venida de Cristo, que Dios le ha dado a Satanás la libertad de propagar su sistema mundano. Este versículo continúa diciendo que él ha cegado el entendimiento de los incrédulos. Una razón por la que los incrédulos no entienden la verdad del mensaje del evangelio es porque Satanás los ha cegado. La única forma de sobreponerse a esta táctica es a través del ministerio de la enseñanza de Dios Espíritu Santo, quien les resplandece la luz de la verdad de la Palabra de Dios.

El mal. Varios pasajes (Mt. 6:13; Jn. 17:15; 2 Ts. 3:3; 1 Jn. 5:19) se refieren a Satanás por este título. En estos versículos, aprendemos que a pesar de su belleza, inteligencia y poder, Satanás es malvado. Con frecuencia su mal es un mal hermoso, atractivo a la humanidad y para nada es un mal feo, como se acostumbra a pensar. Su mal domina al mundo entero porque todo el mal yace en su poder. Aún así, como rebeldes que somos contra este personaje increíblemente malvado, contamos con la protección del Señor Jesucristo. En su papel actual como intercesor nuestro, Cristo ora porque se nos guarde del mal. También se nos promete que por su fidelidad nos afirmará y guardará del mal (2 Ts. 3:3).

El tentador. Mateo 4:3 le da este título a Satanás cuando describe cómo el Espíritu Santo llevó al Señor Jesucristo al desierto para ser tentado por el diablo. A esto se le denomina tentación objetiva. Satanás atrae y seduce a las personas para que hagan su voluntad. Él pone la trampa y la ceba bien, pero él no tiene el poder para hacer que alguien caiga en ella. Podemos caer en su tentación solo cuando lo decidamos. La razón por la que nosotros lo decidimos y no Jesús es que permitimos que nuestra naturaleza pecadora nos controle y por voluntad propia caemos en la trampa de Satanás. El lado interno o subjetivo de la tentación se describe en Santiago 1:14: "Cada uno es tentado, cuando de su propia concupiscencia es atraído y seducido". Si hemos de evitar las trampas y divisar el cebo, debemos hacer lo que dicen las Escrituras sobre controlar nuestra naturaleza pecadora. (Analizaremos este problema en un capítulo posterior.)

El león rugiente. Primera Pedro 5:8 advierte a todos los cristianos que sean sobrios de espíritu, lo que significa tener sano juicio, pensamiento objetivo basado en la Palabra de Dios; no estar distraído sino que estuviera constantemente alerta porque "vuestro adversario el diablo, como león rugiente, anda alrededor buscando a quien devorar". Este pasaje también nos advierte que necesitamos evitar estos ataques. (Esto también lo analizaremos en un capítulo posterior.)

El impostor. Pablo se refirió al engaño de Satanás y advirtió a los corintios al respecto en 2 Corintios 11:3. ¡Si Eva, que no tenía una naturaleza pecadora, fue engañada por la astucia de Satanás, cuán fácil es para los creyentes quienes sí poseen una naturaleza pecadora ser engañados! Este engaño puede asumir un número de formas, pero una forma a la que Pablo se refiere en este capítulo es al engaño religioso. Él nos advierte que, en su papel como impostor, Satanás se disfraza como "ángel de luz" y como un "ministro de justicia" (2 Co. 11:14-15). Satanás cuenta con el poder de engañar incluso a través de milagros y señales y prodigios. De hecho, esta es la misma herramienta que utilizará para engañar a muchas personas para que sigan al anticristo venidero (2 Ts. 2:9-12). Jesús también nos advirtió que muchos que parecen ser cristianos y que incluso sanaron personas, echaron fuera demonios, e hicieron muchos milagros en su nombre Él les dirá en el juicio final que se aparten porque Él nunca los conoció (Mt. 7:21-23). La única manera en que los cristianos pueden evitar el engaño sutil de Satanás es mediante el conocimiento detallado de la Palabra de Dios.

Esta imagen de Satanás que muestran las Escrituras deben hacer que cada uno de nosotros reconozca el peligro increíble que Satanás representa para cada ser humano. No debemos olvidar quien es ni cuanto poder e inteligencia tiene. Constituye un error craso mostrarse arrogante hacia Satanás y ridiculizarlo, actitud que nunca se refleja en las Escrituras. Este tipo de mentalidad entre los cristianos se refleja en el mensaje visto hace poco en un cartel fuera de una iglesia en la región central de los Estados Unidos: "Jesús es muy fornido; Satanás es un debilucho".

Subversión de la raza

El genio de Satanás al preparar una tentación para apelar a los patrones de lujuria de cada individuo y sus puntos débiles se ven por primera vez en su ataque al hombre en el huerto del Edén. Como Satanás ya había instigado su reino rebelde, él deseó extender su influencia. En el huerto del Edén, pudo subvertir a la humanidad y someterla bajo su autoridad y dominio. Cuando observamos cómo lo hizo, vemos un patrón básico de ataque que él usa de manera común incluso hoy día.

El mayor logro de la creación de Dios fue la humanidad. Este acto creativo tuvo lugar el sexto día, según registra Génesis 1:26-27:

> Dijo Dios: Hagamos al hombre a nuestra imagen, conforme a nuestra semejanza; y señoree en los peces del mar, en las aves de los cielos, en las bestias, en toda la tierra y en todo animal que se arrastra sobre la tierra. Y creó Dios al hombre a su imagen, a imagen de Dios lo creó; varón y hembra los creó.

Dios creó la raza humana, un hombre y una mujer y los colocó sobre la tierra para que reinaran como representantes de Él.

Como vicegobernadores de Dios en el planeta, Adán y Eva recibieron todo cuanto habrían de necesitar para cumplir sus responsabilidades. (Esta provisión es siempre cierta de la gracia de Dios hacia su pueblo.) Dios creó el mundo y su medio ambiente en una condición perfecta para el hombre, luego lo llenó de animales y plantas. Él proveyó con abundancia para el sustento del hombre y luego lo instruyó sobre esta provisión (Gn. 1:29-30). Y su continua presencia les proporcionó a Adán y a Eva la oportunidad de obtener respuestas para cualquier problema que se pudieran encontrar. Dios siempre provee todo lo que el hombre necesita para cumplir con sus obligaciones para con Él.

Aunque Dios los había provisto de todo, Él también estableció una prueba sencilla por la que Adán y Eva podían demostrar su amor y devoción por Él: se les prohibió comer de la fruta de un árbol en particular del huerto. A este árbol se le llamaba el "árbol de la ciencia del bien y del mal" (2:17). La palabra hebrea usada aquí por ciencia sugiere conocimiento empírico y no conocimiento académico. No tenemos idea de qué tipo de árbol o de qué tipo de fruta daba. Pero el problema se explicó a Adán y a Eva: "De todo árbol del huerto podrás comer; mas del árbol de la ciencia del bien y del mal no comerás; porque el día que de él comieres, ciertamente morirás" (vv. 16-17).

La prueba era sencilla: Si amaban y confiaban en Dios, lo obedecerían; si no amaban ni confiaban en Él, lo desobedecerían y el resultado sería la muerte.

La estrategia antiquísima de Satanás

Tras observar a Adán y a Eva, al parecer Satanás decidió que si él ganaba a Eva de su lado, ganarse a Adán sería más fácil. Un análisis cuidadoso del método de Satanás con Eva revela muchos elementos son característicos de la estrategia de Satanás incluso hoy día. Comenzó por disfrazarse a sí mismo (en este caso como una serpiente). Génesis 3:1 plantea: "La serpiente era astuta, más que todos los animales del campo que Jehová Dios había hecho". La palabra hebrea *arum*, traducida aquí como "astuta", expresa la idea de tener cautela con las trampas y conocimiento de los peligros y riesgos en los que alguien puede caer.[6] El negocio de Satanás es el engaño. Él no aparece de forma abierta y tampoco muestra sus verdaderas intenciones. En cambio, él los envuelve en la capa del bien en apariencia (2 Co. 11:14). Satanás, por lo general, no se acerca a las personas y le dice: "¿Usted quiere pecar?" En cambio, con frecuencia su tentación asume la forma del bien.

Satanás comenzó a operar en Eva preguntándole primero lo que Dios había dicho (Gn. 3:1). La técnica común de Satanás es lograr primero que las personas cuestionen la suficiencia de Dios y su Palabra y luego que cuestionen la verdad de lo que Dios ha revelado. Dios le reveló a Adán y a Eva que no debían comerse la fruta del árbol de la ciencia del bien y del mal. Él no entró en detalles; Él no les explicó las razones de sus órdenes, tampoco les explicó cada faceta de las maneras en que podían enganarlos para que se comiencen la fruta. Eso no era necesario porque todo lo que ellos necesitaban saber era que no debían comer de ese árbol en particular.

La idea central del primer planteamiento de Satanás era "¿Conque Dios os ha dicho: No comáis de todo árbol del huerto?" (Gn. 3:1). Mediante el uso de la insinuación, la astuta serpiente sembró la duda en la mente de Eva, duda sobre si Dios quería en realidad lo mejor para ellos. Él sugirió que Dios les estaba ocultando algo bueno y agradable. Él también estaba tanteando para determinar cuán bien la mujer conocía las instrucciones de Dios y hasta que punto ella estaba comprometida a obedecer a Dios. Hoy día Satanás usa estas mismas estrategias. Primero logra que las personas piensen que la Palabra de Dios no es verdadera, que la Biblia contiene errores y que la Biblia no es más que un registro de las experiencias religiosas de diferentes personas, fundamentalmente los judíos. Luego ellos, al igual que Eva, califican la revelación de Dios de irrelevante.

Los argumentos de Satanás pueden ser muy sutiles. Por ejemplo, muchas personas en la actualidad creen que la Biblia es verdadera y que no contiene errores en todas las cuestiones de "fe y práctica". Hasta ese punto ese planteamiento es verdadero, pero en muchos casos enmascara una indiferencia sutil por la inerrancia real de las Escrituras. El cristiano inteligente debe hacerse ciertas preguntas. ¿Es verídica la Biblia cuando menciona sucesos históricos? ¿Es verídica la Biblia cuando hace observaciones sobre la naturaleza y la creación? A menudo el crítico de la Biblia dirá que contiene errores en cuanto a la historia, la geografía y la ciencia, pero que podemos creer en la Biblia cuando analiza cuestiones espirituales. Desdichadamente para los críticos, cuando la Biblia analiza problemas espirituales, ellos no se encuentran separados de la historia o la creación. Los problemas espirituales se entretejen de un modo íntimo con los planteamientos históricos y la verdad de la cuestión espiritual depende de la confiabilidad del problema histórico o de la creación. Jesús y los apóstoles creían de manera definida que Adán y Eva eran personas históricas y reales, que pecaron (Mt. 19:4; 1 Ti. 2:13-14). La caída fue un suceso histórico real que cambió la historia y acarreó consecuencias desastrosas para la raza humana. Por el pecado de ellos, Jesús, la segunda persona de la Trinidad, tuvo que venir a la tierra a morir por los pecados del hombre. Si Adán no hubiera pecado como un hecho histórico, no habría habido necesidad de la encarnación ni de la crucifixión.

Verdad física y espiritual

En Juan capítulo 3, contamos con el registro de la conversación de Jesús con uno de los líderes religiosos más prominentes de sus días, un hombre llamado Nicodemo. Mientras conversaban, Jesús le explicó a

Nicodemo que una persona debe nacer por segunda vez para ver el reino de Dios. Este planteamiento asombró a Nicodemo. En todos sus años de estudio, él nunca había oído tal planteamiento y quedó confundido. Jesús prosiguió y explicó que las personas nacen una vez de la madre, pero nacen siendo pecadores y estando muertos espiritualmente: "Lo que es nacido de la carne, carne es". Cuando Adán pecó, murió espiritualmente, es decir, perdió la posibilidad de tener comunión con Dios y de entender la verdad divina (1 Co. 2:14). El problema del hombre es la muerte espiritual y necesita renacer espiritualmente.

Cuando Nicodemo preguntó cómo podía ocurrir el renacimiento espiritual, Jesús le respondió: "Si os he dicho cosas terrenales y no creéis, ¿cómo creeréis si os dijere las celestiales?" (Jn. 3:12). La cuestión es que la verdad espiritual no se puede separar de la verdad física. Si no creemos en la Palabra de Dios cuando nos habla de historia, geografía, naturaleza y creación —cosas que podemos ver y de las que podemos leer— ¿cómo podemos creerle cuando habla de cosas de la esfera espiritual? La Biblia no es verídica solo cuando habla de cuestiones de fe y práctica, sino que es verídica en todo lo que dice. Debemos tener cuidado para no caer en la trampa de Satanás de creer que la Palabra de Dios es solamente verídica de modo parcial.

La respuesta de Eva demuestra que la estrategia de Satanás ya estaba operando. Su respuesta revela que ya ella había comenzado a distanciarse de la orden de Dios y para colmo: "La mujer respondió a la serpiente: Del fruto de los árboles del huerto podemos comer; pero del fruto del árbol que está en medio del huerto dijo Dios: No comeréis de él, *ni le tocaréis*, para que no muráis" (Gn. 3:2-3, cursivas añadidas). Eva ya estaba aceptando la idea de que Dios estaba tornándose demasiado restrictivo y ella reveló su conocimiento inadecuado de la Palabra de Dios.

En cambio, cuando Jesús fue tentado en el desierto por Satanás, él usa la Palabra con exactitud (Mt. 4:1-10). Satanás usó la misma técnica de aplicar de manera incorrecta la Palabra de Dios y tergiversarla para crear confusión. Pero Jesús confió solamente en la Palabra. Él no complació a Satanás entablando un diálogo sobre posibilidades teóricas. Él solo se aferró a la Palabra y la usó de manera correcta. El resultado fue que se resistió a la tentación.

¿Dios nos ha dicho suficiente?

Otra estrategia de Satanás es sembrar duda sobre la suficiencia de la revelación de Dios. En realidad, ¿Dios nos ha dicho suficiente? Aunque es cierto que hay mucho más que Dios nos podía haber dicho sobre muchísimas cosas, el problema es si Dios en realidad nos ha dicho todo lo que necesitamos saber. Según hemos demostrado en el segundo capítulo de este libro, la Biblia afirma decirnos todo lo que necesitamos conocer de la vida y la piedad (2 P. 1:3-4). La pregunta de Satanás a Eva estaba diseñada a hacerla dudar de las instrucciones de Dios y a preguntarse por qué Dios dijo lo que había dicho.

La pregunta de Satanás también implica que él podía facilitarle más información sobre el asunto, al parecer de esa manera ella podía tomar una decisión mejor y más informada. Aún hoy este es uno de los señuelos de Satanás: la idea de que él cuenta con información adicional que Dios oculta de nosotros, información que necesitamos para lidiar con una serie de situaciones que no se manejan en la Biblia. Tal búsqueda de conocimiento fuera de la Biblia constituye una crítica de Dios y su carácter. Con gran frecuencia, el motivo de "necesitar" más información interna es que podamos comprobar si Dios en realidad ha tomado una decisión sabia por nosotros. Una vez que comencemos esta línea de pensamiento, nos abrimos a la perspectiva distorsionada de Satanás sobre la situación, lo que en realidad es confiar en la palabra de Satanás en lugar de confiar en la Palabra de Dios. Eva debía haber confiado en Dios y obedecido su orden sencilla de no comer de la fruta prohibida, sin tener que saber más sobre por qué Dios había dado tal orden.

La gran mentira

Cuando Satanás ya había colocado esta sugerencia en su mente e iniciado el proceso de duda, planteó de forma clara que lo que Dios había dicho no era verdad: "La serpiente dijo a la mujer: No moriréis; sino que sabe Dios que el día que comáis de él, serán abiertos vuestros ojos y seréis como Dios, sabiendo el bien y el mal" (Gn. 3:4-5). Dios dijo que morirían, pero Satanás dijo que no, que no tenía porqué temer consecuencias crueles por sus acciones.

La segunda parte de este planteamiento pone en duda el carácter de Dios. Satanás planteó que la razón real por la que Dios no quería que comieran de la fruta era porque serían como Dios. Es decir, Dios les ocultaba algo. En realidad Dios no quería lo mejor para ellos sino que sencillamente trataba de evitar que tuvieran todo lo que podían tener, trataba de impedir que explotaran toda su potencialidad. Ahora que ella le prestaba atención a Satanás, era probable que Eva comenzará a preguntarse por qué Dios no quería que comieran del árbol. Y Satanás proporcionó la respuesta indicada: Dios no quiere que sepas todo lo que Él sabe porque Él es muy celoso. Si tú comes de la fruta, serás igual que Él.

Esta mentira de Satanás es muy corriente aún hoy y en un número creciente se encuentra incluso dentro de la iglesia. Algunos hombres que dicen ser predicadores del evangelio cristiano en realidad enseñan que las personas son dioses: una herejía muy corriente en muchas religiones falsas.

El principio del cianuro

Durante todo el tiempo que tentó a Eva, Satanás mezcló una parte relativamente pequeña de una mentira con una cantidad muy sustancial de verdad. Pero recuerden que un vaso de agua con una gota de cianuro dentro es letal. No es el agua la que es dañina sino la pequeña cantidad de cianuro. La primera parte del planteamiento de Satanás era una mentira: Dios había dicho que morirían y Satanás dijo que no. Pero la segunda parte de su planteamiento era verdad: cuando Adán y Eva comieron de la fruta, sus ojos se abrieron y se volvieron como Dios en el sentido de conocer el bien y el mal. En Génesis 3:22-24, después de que Adán y Eva habían pecado y Dios les había dicho las consecuencias de este pecado, Dios les cerró a ellos el huerto del Edén. En el versículo 22 Dios dijo: "He aquí el hombre es como uno de nosotros, sabiendo el bien y el mal". Dios no dijo que ellos se habían convertido en un dios sino que de una forma importante y particular se había vuelto como Dios, sabiendo, en el sentido de "determinar", lo que era el bien y el mal. Adán y Eva se habían vuelto el árbitro decisivo de la prohibición de Dios.

El objetivo de la prueba original en el huerto era demostrar si Adán y Eva obedecerían a Dios y harían lo que Él les dijo y creerían en lo que Él les dijo. Pero Adán y Eva no se conformaron con eso; ellos querían decidir por si mismos lo que era el bien y el mal. Al hacerlo, actuaron como si fueran dioses porque solo Dios tiene el derecho de determinar el bien y el mal. Cuando Adán y Eva intentaron usar su propia experiencia y raciocinio sin orientarlo hacia la Palabra de Dios, estaban actuando como si fueran dioses y el resultado fue catastrófico para la raza humana.

Satanás tuvo éxito en su estrategia, porque sembró duda en la veracidad de la Palabra de Dios, luego en la suficiencia de la Palabra de Dios y luego en la integridad personal de Dios. Por ende confundida, Eva se permitió adoptar la posición de confiar en su propia experiencia y raciocinio para tomar una decisión en lugar de obedecer sencillamente la Palabra de Dios. Este es el punto de peligro. Cuando comenzamos a dudar de la veracidad de la Palabra de Dios o de su suficiencia, comenzamos a confiar en nuestra propia experiencia y raciocinio. Pero nuestra experiencia (incluso después de todos estos años) y nuestro raciocinio (a pesar de nuestro coeficiente de inteligencia y educación avanzada) son demasiado limitados y están demasiado afectados por el pecado para poder manejar de forma apropiada las estrategias astutas de Satanás. Cuando llegamos a este punto, Satanás nos puede confundir con su dedo meñique como hizo con Eva.

Ciudadanos del reino de Satanás

Cuando Eva comenzó a ver la fruta de la forma que Satanás quería que ella la viera, ella comenzó a desearla. Ella "vio que el árbol era bueno para comer y que era agradable a los ojos y árbol codiciable para alcanzar la sabiduría" (Gn. 3:6). Luego ella comió de la fruta. Al parecer nada sucedió en ese instante y Eva comenzó a pensar que la mentira de la serpiente era la verdad. Así que fue donde Adán y le dio a comer la fruta y él también comió. Después las cosas cambiaron de inmediato.

Fue el pecado de Adán el que resultó decisivo. Las Escrituras dicen que Eva fue engañada. La habían confundido y engañado para que se comiera la fruta, pero para Adán no había excusa. Adán pecó a sabiendas: "Adán no fue engañado, sino que la mujer, siendo engañada, incurrió en trasgresión" (1 Ti. 2:14). Adán era la cabeza de la raza. Él era la cabeza de familia. Era suya la decisión que los afectaba. Fue solo después que él comió que sus ojos se abrieron. ¿Habría caído toda la raza humana si Adán no hubiera comido? Solo podemos suponer un resultado posible. El suceso aleccionador es que Adán sí comió de la fruta y desde entonces hemos estado viviendo con las consecuencias.

Cuando Adán decidió comer de la fruta, estaba decidiendo desobedecer a Dios y creer y obedecer a la serpiente. En ese momento, Adán se rebeló contra la autoridad de Dios y se alió a Satanás. El resultado fue que la raza humana cayó bajo el control y dominio de Satanás. Al declarar su independencia contra Dios, Adán y Eva pasaron a ser ciudadanos del reino de Satanás y lanzaron a toda la humanidad bajo su dominio. Satanás había alcanzado la victoria y había ganado el premio. El mundo y la raza humana pasaron legalmente a la autoridad de Satanás.

Satanás les había prometido que podían ser como Dios, sin que nadie les dijera qué pensar, creer o hacer. Pero la horrible verdad era que ahora eran esclavos de Satanás, bajo su gobierno y autoridad. Dos pasajes clave del Nuevo Testamento nos informan que la persona no salva se encuentra bajo la autoridad y dominio de Satanás. En Hechos 26:18 Jesús le encargó a Pablo que fuera donde los gentiles a predicarles el evangelio "para que abras sus ojos, para que se conviertan de las tinieblas a la luz y de la potestad de Satanás a Dios. . ." Colosenses 1:13 nos dice que cuando una persona es salva al confiar en Jesucristo como su Salvador, se le libera "de la potestad de las tinieblas". En estos dos versículos, el significado literal de la palabra griega traducida "potestad" o "dominio" es autoridad. Por la decisión de Adán contra Dios, todos sus descendientes nacen bajo la autoridad de Satanás.

El peor tipo de muerte

Lo segundo que sucedió de inmediato después que Adán y Eva comieron de la fruta fue que murieron. Dios había dicho: "el día que de él comieres, ciertamente morirás" (Gn. 2:17). La muerte en las Escrituras no se refiere al cese de la existencia pero enfatiza la idea de la separación. La muerte física es una separación del mundo físico, pero el alma (la esencia de cada persona) continúa en existencia. La muerte espiritual es la separación del espíritu humano de la persona de Dios. El castigo por el pecado no fue la muerte física, sino la muerte espiritual. La muerte física es solamente una de las muchas consecuencias de la muerte espiritual. Este fue el resultado con Adán y Eva, como se puede ver en lo que sucedió de manera inmediata después que comieron la fruta. Finalmente, el alma no salva pasará la eternidad separada de Dios en el infierno, la muerte eterna.

Como de costumbre, Dios vino a pasear con Adán y Eva en el huerto. Cuando Adán y Eva lo escucharon, en lugar de correr donde Él con alegría para pasar un rato con Dios, ellos se escondieron porque tenían miedo. Ya no gozaban de comunión con Dios. Sus pecados los habían separado de Dios.

El segundo resultado de su desobediencia fue que adquirieron una naturaleza pecadora. Se volvieron egoístas e irresponsables; su relación anterior, que había estado en perfecta armonía, se destruyó. Cuando Dios les preguntó por qué se habían escondido y habían comido de la fruta prohibida, respondieron negando lo que habían hecho y evadiendo la responsabilidad. Tal es la tendencia de la naturaleza pecadora, evadir la responsabilidad por las malas decisiones y culpar a otros, humanos o demonios. Adán culpó a Eva y Eva culpó a la serpiente. Trataron de evadir la responsabilidad por sus acciones e intentaron pasarla a otra persona. El resultado de su pecado trajo una maldición horrible sobre la raza humana, la maldición de la muerte espiritual.

El golpe mortal

Aunque Dios pronunció justamente esta maldición sobre ellos, en su gracia también proveyó una salida, un camino a la salvación. Dios se dirigió a la serpiente y le dijo "pondré enemistad entre ti [la serpiente / Satanás] y la mujer y entre tu simiente y la simiente suya; ésta te herirá en la cabeza y tú le herirás en el calcañal" (Gn. 3:15). Este versículo es la primera mención del plan de salvación de Dios. La simiente de la mujer se refiere a Jesucristo, el Salvador que Dios proveería, nacido de una mujer. Aunque la serpiente hiriera a Jesús en la cruz, Jesús le proporcionaría el golpe mortal a Satanás.

Esta es la buena noticia: aunque el hombre se rebeló contra Dios y nace bajo la autoridad de Satanás, Dios en su gran amor ha proporcionado una vía de escape. El castigo por el pecado es la muerte, pero Dios proveyó a su propio Hijo, quien cumpliría el castigo por el hombre al morir en la cruz en pago por los pecados. "La paga del pecado es muerte, mas la dádiva de Dios es vida eterna en Cristo Jesús Señor nuestro" (Ro. 6:23).

Dos secretos vitales

No debemos pasar por alto dos lecciones muy importantes. Primera, la habilidad de Satanás para el engaño fue tan grande que personas sin naturaleza pecadora y que gozaban de una relación increíblemente estrecha con Dios terminaron engañados. Fueron engañados porque permitieron que Satanás alejara sus pensamientos de la orden de Dios y que los sedujera a lidiar con él obviando la Palabra de Dios revelada. Si debemos evadir la misma trampa, nosotros que sí contamos con una naturaleza pecadora tenemos que estar aún más preparados con la Palabra de Dios y asegurarnos de usarla con exactitud. Desdichadamente, el conocimiento superficial que la mayoría de los cristianos tienen de la Palabra de Dios los vuelve blancos fáciles para los engaños de Satanás.

Segunda, no confiar solamente en la suficiencia de la Palabra de Dios siempre conducirá al desastre en la lucha espiritual. Dios es un Dios celoso; quiere que se confíe solo en Él. Confiar en cualquier cosa aparte de la Palabra de Dios es destruir su poder en nuestra vida. Esa es una razón por la que tantos cristianos hoy día llevan vidas tan ineficaces y luchan tanto con el pecado. Están mezclando enseñanzas bíblicas con técnicas de autoayuda, psicología, drogas, enseñanzas no bíblicas sobre demonios y el pecado, etc. Solo con comprender lo que Dios ha revelado en su Palabra sobre los enemigos que nos enfrentan, nosotros podemos erigir las defensas necesarias para protegernos de ellos.

4

COSMOVISIÓN PARA EL TRIUNFO

No améis al mundo, ni las cosas que están en el mundo. Si alguno ama al mundo, el amor del Padre no está en él. Porque todo lo que hay en el mundo, los deseos de la carne, los deseos de los ojos y la vanagloria de la vida, no proviene del Padre, sino del mundo. Y el mundo pasa y sus deseos; pero el que hace la voluntad de Dios permanece para siempre.

—1 Juan 2:15-17

La mundanalidad es uno de los conceptos más difíciles de entender para los cristianos; por consiguiente, seguimos siendo susceptibles a la mundanalidad. Con frecuencia los fundamentalistas han identificado la mundanalidad con ciertas actividades. A un cristiano que fumaba, injería bebidas alcohólicas o iba al cine a menudo se le consideraba mundano. Sin embargo, analizadas desde una perspectiva bíblica sus acciones no deben considerarse mundanas. Cuando una persona se somete a tentaciones lujuriosas y comete actos pecaminosos como por ejemplo inmoralidad sexual, embriaguez o murmuración, estos son pecados de la carne y no mundanalidad en sí.

El concepto bíblico de mundanalidad se aplica más a una manera de pensar, una mentalidad o una cosmovisión que a acciones específicas. Á través de las generaciones, las ideas mundanas dominantes que influyen a las personas tienden a cambiar. Satanás se mantiene operando de forma constante entre bastidores, ejerciendo influencia en la manera de pensar de las personas: las actitudes y las ideas que influyen a cada generación. En una generación la mundanalidad puede incluir una tendencia hacia una moralidad relativista mientras que en otra se pudiera expresar a través de una moralidad ultraestricta. Se entiende con claridad por mundanalidad una filosofía general de la vida o de la manera de pensar que incita a la carne a permitirse pecados específicos como la inmoralidad sexual, la embriaguez, la murmuración o la arrogancia de superioridad moral. La mundanalidad es una manera de pensar sobre la vida que se opone a la manera bíblica o al criterio divino. En la mundanalidad se puede encontrar una gran cantidad de verdad, aún así su fundamento y estructura se encuentran divorciados de la autoridad bíblica. Como tal, la mundanalidad proporciona un motivo para el pecado y con frecuencia se encuentra asociada con falsas enseñanzas que ciegan a las personas ante la verdad y las alejan de Dios (2 Co. 4:4).

El Nuevo Testamento cuenta con varias páginas que enfatizan la distinción entre el cristiano y el mundo. Esta diferencia es tan marcada que Santiago nos advierte que la amistad del mundo es enemistad contra Dios (Stg. 4:4). No hay terreno para avenimiento ni lugar neutral. Cuando lo que pensamos coincide con el mundo, somos enemigos de Dios. Y ese pensamiento mundano finalmente nos hará caer en los pecados de la carne. Recuerde, los creyentes no deben conformarse a este siglo (debemos eliminar de nuestro pensamiento influencias mundanas como el pragmatismo, misticismo, idealismo y relativismo), sino transformarse por medio de la renovación de nuestro entendimiento (Ro. 12:2). Por consiguiente, resulta de vital importancia que comprendamos a lo que la Biblia se refiere con el mundo, como se manifiesta la mundanalidad en nuestra generación actual, cuáles son las características de la mundanalidad y cómo Dios nos dice que podemos evitar la mundanalidad.

Lo que significa ser mundano

En el Nuevo Testamento, la palabra mundo (de la que derivamos nuestra palabra hispana "mundanalidad") es una traducción del sustantivo griego *kosmos*. Se usó para expresar la disposición ordenada de piezas individuales en un todo integrado, como la disposición ordenada de los soldados en una formación de batalla. Un sinónimo que usaremos para este sistema de pensamiento es pensamiento cósmico.

En el pensamiento griego, el concepto de belleza y orden estaban unidos. Por tanto *kosmos* expresaba de forma general, la idea de un arreglo hermoso o de un adorno o decoración. Resultó apropiado que el Espíritu Santo eligiera esta palabra porque a Satanás le encanta adornar sus ideas con los atuendos más hermosos. Debemos entender "mundo": "mundano" y "mundanalidad" como el adorno externo del pensamiento no bíblico (o lo que denominamos criterio humano en el capítulo 2). La mundanalidad es un sistema atractivo y organizado de ideas, conceptos, actitudes y métodos que Satanás usa para competir con el concepto de Dios de cómo las personas deben vivir en el planeta tierra. Satanás es la cabeza y controlador de este sistema de pensamiento. Siempre que pensamos como el mundo, estamos pensando en la forma exacta en que Satanás quiere que nosotros pensemos. Lewis Sperry Chafer, un extraordinario maestro bíblico de una generación anterior, describió el sistema del mundo de la siguiente manera:

> El cosmos es un sistema u orden vasto que Satanás ha promovido que se ajusta a sus ideales, objetivos y métodos. Se trata de la civilización obrando independiente de Dios, una civilización en la que ninguno de sus promotores espera en realidad que Dios participe, quienes no consideran a Dios en sus proyectos. Este sistema comprende sus gobiernos, conflictos, armamentos y celos impíos [así como] su educación, cultura, religiones de moralidad y orgullo. Es esa esfera en la que vive el hombre. Es lo que él ve o lo que él emplea. Para la innumerable multitud es todo lo que conocen mientras viven en esta tierra. Está bien diseñado el sistema satánico, cuya frase en muchos casos es una interpretación justificada de la tan significativa palabra cosmos. Es de forma literal un cosmos *diabolicus*.[1]

A menudo el pensamiento cósmico es el que determina los temas de las películas y espectáculos televisivos populares en los que al hombre se le describe explorando el espacio exterior para expandir su imperio, construyendo su propio mundo, buscándole significado a la vida. Aún así el Dios de la Biblia no aparece por ninguna parte.

Con frecuencia se presenta la mundanalidad como algo hermoso, atractivo, e instructivo. Como pensó Eva luego de aceptar la tentación de Satanás: "era agradable a los ojos y . . . codiciable para alcanzar la sabiduría" (Gn. 3:6). Según demuestra este versículo, Eva estaba lista, dispuesta y era capaz de pecar cuando comenzó a ver las cosas desde la perspectiva de Satanás y no desde la de Dios. El sistema cósmico es la apariencia de Satanás, que presenta el mal como lo bueno, lo justo y lo correcto. Cuando una persona no confía en la Palabra de Dios para su orientación, es muy fácil que la engañen y adopte un pensamiento mundano. Como Satanás es una criatura bella de Dios, él puede presentar el mal como algo bello. Por eso, vemos afinidad entre el criterio humano, el pensamiento cósmico y las filosofías satánicas.

Tres deseos fuertes

Hoy día muchas personas hablan de manera constante de la lucha espiritual. A menudo, centran su atención de forma exclusiva en Satanás y los demonios, aunque la lucha espiritual en la Biblia se presenta como una operación de tres aristas contra el mundo, la carne y el diablo. A consecuencia de tanta preocupación con solo una fase de la batalla, muchos cristianos han sufrido una gran infiltración en los frentes del mundo y de la carne.

Si queremos tener éxito como cristianos y evitar la mundanalidad, primero debemos comprender sus características básicas. Primera Juan 2:16 y Santiago 3:15 son dos pasajes del Nuevo Testamento que nos cuentan sobre la naturaleza de este sistema cósmico.

En 1 Juan 2:16, el apóstol Juan describe la totalidad del sistema del mundo: "todo lo que hay en el mundo", compuesto por tres elementos: (1) "el deseo de la carne"; (2) "el deseo de los ojos"; y (3) "la vanagloria de la vida".

El primer elemento es "el deseo de la carne", que se refiere a nuestro deseo malvado de satisfacer los impulsos que surgen de nuestra naturaleza caída denominado "la carne". "Si te gusta, hazlo", un lema popular generado por el mundo varios años atrás, expresa con exactitud la idea en que se basa el deseo de la carne. La idea que a menudo se usa en la publicidad comercial de que merecemos todas las cosas buenas de la vida es una idea mundana que apela al deseo de la carne.

Luego encontramos una frase algo similar: "el deseo de los ojos". Esto tiene que ver con el deseo de las cosas que uno ve, las cosas que nos llaman la atención. Se hace hincapié en el atractivo externo sin analizar los valores subyacentes. "El deseo de los ojos" se asocia con la avaricia, la envidia y la codicia. Este tipo de avaricia es uno de los mayores principios controladores del sistema del mundo.

"La vanagloria de la vida" se cita como tercer principio controlador de este sistema del mundo. Es la actitud arrogante por la que las personas tienen más alto concepto de sí que el que deben tener. Es la ambición de centrar su vida en un sí mismo en lugar de centrarla en Dios.

Estas tres características originadas con Satanás en su caída, se transmitieron a Adán y Eva y hoy día constituyen la filosofía más imitada del mundo. La idea central del enfoque del mundo hacia la vida es el egoísmo, resumido en tres palabras: pasión, avaricia y orgullo. El sistema del mundo favorece a los "hombres que se encuentran alejados de Dios [quienes] tienen [como] ambición en la vida el deseo de satisfacer los anhelos de una naturaleza corrupta por el pecado; de poseer las cosas que ven y pueden disfrutar; de predominar sobre sus compañeros en poder y prestigio".[2] Estas son las reglas de Satanás para el juego de la vida en este sistema actual del mundo.

En cambio, al creyente se le pide que lleve una vida de amor hacia Dios en la que la transformación de la mente se vuelve la primera prioridad (Ro. 12:1-2; Jn. 14:15). El sistema cósmico odia a Dios y a todos los aliados a Dios (Jn. 15:19) porque los principios del mundo son opuestos de forma diametral a los de los cristianos. Por eso, el apóstol Juan le pide a los creyentes "no améis al mundo, ni las cosas que están en el mundo" (1 Jn. 2:15).

El apóstol Santiago compara la sabiduría del mundo con la sabiduría de lo alto en Santiago 3:15-17. De nuevo vemos dos formas de pensar, el pensamiento cósmico del criterio humano contra la forma de pensar de Dios o el criterio divino. Los tres términos utilizados en esta descripción —"terrenal, animal, diabólica" (Stg. 3:15)— debieran hacernos meditar sobre muchas de nuestras opiniones profundamente arraigadas. Aquí Santiago delimita con claridad que el pensamiento según el criterio humano no es solamente neutral o incorrecto, sino que se denomina de manera específica como diabólico.

Sabiduría en la Biblia significa "habilidad para la vida". No solo incluye conocimiento intelectual sino también el elemento de conocer cómo poner el conocimiento en la práctica con habilidad y con éxito. La sabiduría mundana se destaca por instruirnos cómo solucionar los problemas de la vida y cómo obtener la felicidad y la estabilidad en esta vida. Muchos de estos sistemas funcionan, por un tiempo y proporcionan una medida de felicidad. Aún así, su viabilidad nunca supone el problema. Los sistemas de Satanás con frecuencia tienen éxito, así y todo su resultado final es trágico: "Hay camino que al hombre le parece derecho, pero su fin es camino de muerte" (Pr. 14:12). Terrenal tiene que ver con la perspectiva de alguien. La sabiduría del mundo no tiene una perspectiva que vaya más allá del horizonte de este medio temporal. Tampoco se encuentra una perspectiva eterna o celestial. Se encuentra sujeta al tiempo. Animal se refiere a la naturaleza del hombre caído. Algo en la Biblia que sea animal quiere decir que todavía se encuentra en el estado caído y no regenerado, no se encuentra bajo la influencia del Espíritu de Dios o lo espiritual (1 Co. 2:14). Diabólico significa lo que expresa de forma clara, una sabiduría consecuente con el programa de Satanás que intenta controlarnos por medio de doctrinas de demonios. Es una sabiduría que niega a Dios como la fuente de habilidad para la vida.

Apliquemos esto a nuestro caso. Lo que hemos visto hasta ahora es que todo ser humano nace pecador, ciudadano del reino de Satanás y se le lava el cerebro para que piense de acuerdo con el sistema cósmico de Satanás desde su nacimiento. A pesar de la presencia de muchos conceptos exactos y verídicos, la orientación general de nuestro pensamiento desde el nacimiento está basada en la arrogancia. De ese modo, la Biblia clasifica el pensamiento de cada ser humano desde el nacimiento como diabólico, sin situación complementaria alguna. Por esta razón, una transformación del pensamiento del creyente sobre la base de la enseñanza bíblica detallada y extensiva constituye una prioridad fundamental. Debemos desechar nuestra vieja mentalidad y nuestra manera de pensar, no solo cambiar unos cuantos datos viejos por información correcta. Debemos renovar todo nuestro marco de referencia de acuerdo con la Palabra revelada de Dios. Romanos 12:2 no exige solamente el aprendizaje de historias de la Biblia y normas bíblicas; exige una revisión radical de cómo y en qué pensamos.

La mundanalidad desarrollada

Quizás una mejor manera de entender la idea de la mundanalidad es verla desarrollada en los ejemplos del Antiguo Testamento. Como los judíos no tenían una palabra griega como *kosmos* del Nuevo Testamento, ellos desarrollaron la idea de la mundanalidad al mostrar sus características mediante una nación. Es en primer lugar a través del patrimonio intelectual, cultural y espiritual establecido en Babel que Satanás moldea la imagen de la mundanalidad en el Antiguo Testamento. En toda la Biblia, Babel y Babilonia personifican la mundanalidad.[3]

Nimrod era el nieto de Cam, uno de los tres hijos de Noé que vinieron al nuevo mundo en el gran arca. Noé y sus tres hijos tenían la responsabilidad de fundar la sociedad y su nueva cultura después del diluvio. De alguna manera Nimrod pudo coaccionar a muchos hombres de su época para que formaran el reino propio de él. Con Nimrod, los pecadores reanudaron de manera rápida las actividades malvadas por las que Dios había enviado el diluvio.

Babel fue el lugar de origen y centro desde donde comenzaron las actividades de Nimrod y el reino del hombre. Babilonia fue el primer intento de los hombres en la historia de unificar a los pueblos para solucionar sus problemas comunes. En esencia, fue la primera Organización de las Naciones Unidas y el origen de la idea de la unidad global que constituye la raíz de todos estos movimientos. Este intento de unir al hombre independientemente de Dios trajo como resultado el castigo de Dios. Él confundió el lenguaje de la humanidad rebelde y los esparció geográficamente por toda la tierra para evitar esta unificación autónoma. La confusión del lenguaje que Dios acometió estaba diseñada para minimizar el esparcimiento de la mundanalidad al afectar de modo adverso la comunicación humana de estas falsas ideas de un grupo de personas a otro. Esto ha servido para frenar la reunificación de la humanidad en su rebelión contra Dios al provocar luchas en la humanidad a consecuencia de las diferencias producidas por culturas y lenguajes rivales.

Incluso hoy, nada ha cambiado. El sueño del hombre sigue siendo fundamentalmente solucionar los problemas de la humanidad a través de la unidad global e independiente de Dios. Este deseo se expresa con claridad hoy día en los movimientos de paz mundial que tratan de unificar a la humanidad bajo un solo gobierno mundial. La tendencia hacia la globalización se encuentra en alza. Aún así, esta sola idea de que el hombre puede solucionar sus propios problemas con independencia de Dios se encuentra al comienzo del pensamiento cósmico. En el Antiguo Testamento, esta idea siempre se manifestó en el orgullo y desafío a Dios, la sabiduría y conocimiento humano, el poder humano para controlar y manipular y la vasta riqueza humana.[4]

Orgullo y desafío

Primero, la mundanalidad se manifiesta a través del orgullo y el desafío a Dios. Este es el mismo pecado que provocó la caída de Satanás y es el origen de todos los pecados (Is. 14:13-14). Babilonia tipificó este pecado en el mundo antiguo. Isaías 47 da una idea clara de cómo los babilonios se exaltaron a sí mismos como la reina de los reinos (vv. 5, 7). En su arrogancia, creían que podían proporcionarle a su pueblo seguridad militar y financiera (vv. 8-9). Este orgullo también produjo un sistema religioso alterno, (vv. 9, 12-15), algo parecido al movimiento contemporáneo de la Nueva Era.

Vemos este mismo tipo de arrogancia y desafío a Dios en nuestro mundo hoy. Aquellos que promueven la globalización piensan que el gobierno humano es la solución a todos los problemas del hombre y que un solo gobierno mundial será capaz de proporcionar la seguridad financiera y traer la paz mundial. Con mayor frecuencia estas mismas personas promueven ideas de la Nueva Era, que son una mezcla de astrología, adivinación, brujería y varias técnicas de autoayuda que del mismo modo excluyen a Dios por entero o sencillamente le rinden tributo de dientes afuera. Existe poca diferencia entre esto y la mentalidad de los antiguos babilonios.

El mayor principio motivador usado por el sistema cósmico y que se encuentra hoy día de modo creciente en la iglesia es el principio de sí mismo. Se nos enseña a vernos a nosotros mismos como el centro del universo: imagen de sí mismo, amor a sí mismo, estimación de sí mismo, motivación de sí mismo. El ensimismamiento es una de las características más prominentes de la generación del auge de la natalidad en Norteamérica. El resultado ha sido un desmoronamiento de las relaciones y la moralidad. (El elevado índice de divorcio es un resultado de este pensamiento orientado por sí mismo.) Este tipo de orientación por sí mismo no es más que una expresión de orgullo, la marca registrada de Satanás y su reino. Esta orientación por sí mismo engendra una actitud de rechazo a cualquier autoridad externa, fundamentalmente la que ejerce Dios. El desafío a Dios se convierte de manera creciente en la regla y no en la excepción.

Sabiduría y conocimiento

La segunda característica del pensamiento mundano le otorga una gran retribución a la sabiduría y al conocimiento del hombre (Is. 47:10). Esta característica no solo incluye los intentos del hombre de responder las preguntas básicas sobre la vida a través del uso de la filosofía autónoma sino que también incluye la astrología y otras artes ocultistas (Is. 47:12-13): "por tus hechicerías fueron engañadas todas las naciones" (Ap. 18:23).

Como el hombre moderno no se somete a la sabiduría y conocimiento de Dios, el hombre encuentra mucho orgullo y satisfacción en sus propios pensamientos. Ha expresado de manera concluyente que nadie va a salvar a la humanidad excepto él mismo, ya sea por medio de su pensamiento racional o por medio del misticismo de la Nueva Era. Esto explica por qué la humanidad se ha interesado tanto en la filosofía del criterio humano, ya sea de la variedad racional o del tipo místico. Esto con toda seguridad proviene del orgullo, porque los historiadores de la filosofía serán los primeros en admitir que nadie ha sido capaz de encontrar una filosofía viable en toda la historia humana y porque el atractivo de los secretos ocultistas siempre ha conducido a la esclavitud o a una gran decepción. Sin embargo, el criterio humano expresa que es la búsqueda de la verdad la que resulta importante. Y así eso es todo lo que tienen: una búsqueda sin esperanza genuina de encontrar aquello que buscan: "siempre están aprendiendo y nunca pueden llegar al conocimiento de la verdad" (2 Ti. 3:7).

Este orgullo del conocimiento humano a menudo se manifiesta en la manera en que intentamos solucionar los problemas personales. En algunos casos, recurrimos a la psicología humanística en busca de respuestas y ayuda a nuestros problemas, sin darnos cuenta de que muchas de las ideas y conceptos de la psicología moderna hallan su origen en encuentros demoníacos.[5] En otras ocasiones, las personas tratan de resolver las situaciones difíciles partiendo del conocimiento intuitivo en lugar de hacerlo según los preceptos bíblicos. Con frecuencia, como pastores hemos aconsejado a personas con dificultades matrimoniales que han tenido aventuras extra-matrimoniales porque disfrutar de ese amor tan fantástico les parecía muy correcto. Suponen con toda certeza que Dios no les daría un amor así esperando luego que se alejaran de él. La mundanalidad dice: "Haz lo que te dicten tus sentimientos", lo cual da a la carne fundamento para operar. Cuando la intuición y la emoción sustituyen los principios de las Escrituras, el sufrimiento y la autodestrucción se vuelven inevitables.

El poder para controlar

Una tercera característica del pensamiento mundano incluye el poder para controlar y manipular. En el ámbito nacional, esta característica se expresa a través de la acumulación de fuerza política y militar, la cual nuestro mundo moderno utiliza no solo para contener el mal sino para mantener a las personas cautivas del estado y sus objetivos. El antiguo Egipto y Babilonia son ejemplos perfectos de naciones que confiaban en un gran poder político y militar, pero a ambas Dios aleccionó.

En respuesta a la pregunta arrogante de Faraón: "¿Quién es Jehová, para que yo oiga su voz y deje ir a Israel? Yo no conozco a Jehová" (Éx. 5:2), el Señor le enseñó a Faraón quién era Él y por qué incluso los rebeldes debían obedecer al Señor. El Señor redimió a los israelitas del yugo de Faraón mediante las diez plagas y en este proceso quedó aplastado el poder político y militar de Egipto.

En Babilonia, Nabucodonosor hizo una pregunta semejante "¿Y qué dios será aquel que os libre de mis manos?" (Dn. 3:15). Nabucodonosor en su orgullo contaba con el poder político y militar para coaccionar a sus súbditos a que se hincaran de rodillas y lo adoraran como dios. Aún así Nabucodonosor terminó dándose cuenta de que "el Altísimo tiene dominio en el reino de los hombres y que lo da a quien él quiere" (4:25). Más reciente aún, Adolfo Hitler intentó usar el poder político y militar para crear su Tercer Reich, el cual debía durar mil años. ¡En realidad solo duró diez años!

En un nivel personal, la búsqueda de poder ha alcanzado nuevas proporciones. Piense nada más en la nueva terminología que usamos por lo general: vestido de poder, traje de poder, almuerzo de poder, etc. Este es uno de los placeres atractivos de la Nueva Era o del pensamiento metafísico: le promete un nuevo poder a sus partidarios. Por eso, seminarios como el *FORUM*, *Silva Mind Control* y *ONE* le ofrecen a los clientes un nuevo poder sobre sí mismos y la habilidad de manipular y controlar a otras personas de modo que puedan tener mayor éxito en sus negocios. Desdichadamente, el poder que reciben algunos de los clientes es demoníaco.

El dinero como seguridad

Cuarto, la acumulación de riqueza financiera es para la mundanalidad el medio para garantizar la seguridad y la felicidad en esta vida. Un ejemplo bíblico parece casi contemporáneo. La metrópolis de Tiro (Ez. 27) muestra el patrón clásico de cómo las vastas riquezas operan en el sistema del mundo de Satanás. El elemento central del éxito del antiguo Tiro en el mundo comercial fue el instinto de satisfacerse a sí mismo, es decir, la ambición egoísta.

Tiro estaba tan cautivada con su propia capacidad que emprendió osadas expediciones, viajes audaces y sin precedentes. Con sus excelentes cartas de navegación, el estudio de las estrellas y los bien custodiados registros de profundidades y distancias, vientos y corrientes, pudo aventajar al resto de sus competidores al navegar durante la noche.[6]

El orgullo, el engreimiento, el ensimismamiento, un sentido de avaricia y codicia destructiva caracterizaron el sistema cósmico de Tiro y Satanás. Tiro era famosa por tener los mercaderes más agresivos del mundo; ¡se podían llevar bien con cualquier persona mientras se pudieran ganar un dólar!

Se ha dicho que los norteamericanos son los vendedores del mundo, lo que explica por qué el pragmatista, la persona que hace el trabajo o cierra la venta, es la persona más admirada en nuestra cultura. Vivimos en una época en que cada vez más personas persiguen como la norma para la felicidad cosas que solo el dinero puede comprar. Tenemos una sed insaciable de estado social, fama, lujo, buena vida, comodidad y entretenimiento.

Incluso dentro de la iglesia se proclama y practica toda una nueva teología de salud y riqueza. Esta es una característica de Babilonia y debe verse como el producto del espíritu de este mundo. La riqueza en sí no es mala, pero el instinto de acumular riquezas por cualquier medio y con el propósito de satisfacer deseos egoístas se encuentra con claridad opuesto a las Escrituras. Porque raíz de todos los males es el amor al dinero (1 Ti. 6:10). Como sucede en la actualidad con muchos norteamericanos, se persigue la riqueza porque sí. Una calcomanía del parachoques de un auto contemporáneo decía: "Quien muera con más riquezas gana".

Ya tienen algún conocimiento sobre cómo detectar la mundanalidad. En esencia, es la reafirmación de la independencia del hombre contra Dios. Es la idea de que la seguridad y el éxito en la vida se pueden alcanzar sin la sumisión a Dios ni la orientación de su plan. Nimrod y sus imitadores contemporáneos tratan de solucionar los problemas del hombre a través de la unidad global incluso a expensas de la libertad personal. En su reafirmación de su independencia, recurren a religiones alternativas, que no son más que formas de Satanismo apenas disimuladas.

Pero para no pasar inadvertida la brillantez de los planes astutos de Satanás, debemos darnos cuenta de que las metas e ideales de la mundanalidad siempre resultan muy atractivos. Después de todo, ¿quién puede estar en contra de la paz mundial, el desarme nuclear, la prosperidad personal, salvar a las ballenas o poner fin al hambre mundial? Estas metas no son erróneas en sí; lo que resulta erróneo es el hecho de que el hombre moderno ha decidido solucionar estos problemas por sí solo negando así que necesita a Dios. En el mismo centro de los esfuerzos del hombre se encuentra su rebelión contra Dios, su deseo de hacer del planeta tierra un éxito con independencia de Dios. La idea de que el hombre puede solucionar sus problemas por sí solo apela a "el deseo de la carne, el deseo de los ojos y la vanagloria de la vida".

¿Cómo podemos evadir la influencia de la mundanalidad? Primero, debemos entender cómo funciona en realidad el sistema.

Cómo funciona el sistema

Ninguno de nosotros que haya pasado por un campamento de entrenamiento de reclutas de la marina olvidará jamás la experiencia. Primero, el sargento instructor nos da un pequeño discurso en el que nos explica que él está al mando y que nosotros estamos bajo su absoluta autoridad. Después se pasa el resto del día (¡desde bien temprano!) demostrándonos que él tiene autoridad sobre nosotros gritándonos de manera constante, diciéndonos todo tipo de ofensas irrepetibles y obligándonos a hacer planchas cada vez que hacemos exactamente lo que nos ordena. Él ejerce este tipo de autoridad sobre nosotros mientras dura el entrenamiento en el campamento, hasta que por fin, una hora antes de la graduación, se las agencia para regalarnos una sonrisa y pronunciar un discurso de reconocimiento por nuestros logros. Algo que todos sabíamos de nuestro sargento instructor era que tenía autoridad total sobre nosotros. Sucede lo mismo con la autoridad de Satanás sobre su reino en este siglo: él tiene la autoridad.

El apóstol Pablo nombra el siglo en el que el mundo opera en la actualidad como "el presente siglo malo" (Gá. 1:4).[7] Es malo porque Satanás establece el orden del día. Se dice que Satanás es "el dios de este siglo" (2 Co. 4:4), así como "el príncipe de este mundo" (Jn.

12:31; 14:30; 16:11). Jesucristo no cuestionó el derecho de Satanás de darle los "reinos de la tierra" si Él lo adoraba (Lc. 4:5-7). De hecho, durante la tribulación futura, Satanás le conferirá autoridad sobre este mundo al hombre del pecado (Ap. 13:1-8), cumpliendo así la oferta que le hizo al Señor.

Dios le ha dado a Satanás una cierta libertad de operación, dentro de límites establecidos por el Eterno, para que actúe como el contrincante de Dios durante el presente siglo hasta que llegue el momento en que Dios lo confine en el abismo (Ap. 20:2-3), retirándole así su influencia del mundo. En verdad, cuando ese día llegue el mundo será un mundo nuevo. Mientras tanto, no debemos olvidar que aunque Satanás ocupe una elevada posición y tenga un cierto grado de libertad, sus días están contados. Dios es soberano y su plan comprende su dominio sobre el mal así como el bien.

Satanás gobierna a todos los súbditos bajo su dominio, el cual incluye tanto a los ángeles caídos como a la humanidad pecadora. Juan nos dice que la extensión del dominio de Satanás es el mundo: "el mundo entero está bajo el maligno" (1 Jn. 5:19).

Los ángeles caídos son la infantería de Satanás, que hacen lo que se les antoja en el reino espiritual. Son un grupo organizado descrito en las Escrituras como "principados": "potestades": "gobernadores de las tinieblas de este siglo" y "huestes espirituales de maldad en las regiones celestes" (Ef. 6:12).

Se dice que aquellos que no conocen a Cristo como su Salvador han quedado atrapados en "el lazo del diablo, en que están cautivos a voluntad de él" (2 Ti. 2:26). Todo ser humano se encuentra a la disposición de Satanás, a menos que él o ella hayan escapado de sus garras convirtiéndose en creyentes. Las Escrituras describen a los incrédulos como aquellos que andan "siguiendo la corriente de este mundo, conforme al príncipe de la potestad del aire, el espíritu que ahora opera en los hijos de desobediencia" (Ef. 2:2). Todos los incrédulos se encuentran en servidumbre a Satanás y este los hace sus aliados involuntarios contra Dios. Él los hace bailar al compás de la tonada del sistema del mundo.

Este sistema funciona de modo similar a una emisora de radio. Satanás es el director del programa que selecciona la agenda de la emisora. Los demonios y la humanidad caída producen la programación, la que se propaga y refuerza la agenda (la doctrina falsa). Luego la emisora transmite el mensaje al aire. Sin embargo, usted no puede sintonizar la emisora a menos que tenga un receptor sintonizado en la frecuencia indicada. Toda la humanidad caída tiene sintonizada la emisora radial "MUNDO" a todo volumen. El receptor es la carne, que se siente atraída por la frecuencia de Satanás. Los tres aspectos funcionan en armonía: el mundo, la carne y el diablo.

La naturaleza pecadora simpatiza con la naturaleza diabólica del sistema del mundo, por ende las dos se atraen. La diferencia principal entre las dos es que el sistema del mundo caracteriza la expresión colectiva de Satanás mientras que la carne expresa estas mismas características a un nivel personal. Cuando alguien comienza a creer en Jesucristo, esta alianza se rompe solo al expulsar el pensamiento cósmico del alma y al saturar nuestras mentes con la enseñanza de las Escrituras.

Cómo ganar la batalla

Jesús dijo a los fariseos en el templo "vosotros sois de este mundo, yo no soy de este mundo" (Jn. 8:23). Luego, Él dijo que sus seguidores "no son del mundo, como tampoco yo soy del mundo" (17:14; vea también v. 16). Luego Cristo le oró al Padre en nombre de todos los creyentes para que no "los quitase del mundo, sino que los guardase del mal" (v. 15). En el Nuevo Testamento vemos que Cristo es nuestro modelo de cómo un creyente se debe relacionar con el mundo. El lema muy conocido que a menudo se escucha en círculos cristianos es cierto: Los creyentes deben estar en el mundo pero no ser del mundo.

La razón por la que el creyente no es del mundo es que ha sido elegido del mundo (Jn. 15:19) y ha nacido de Dios (1 Jn. 5:18). El creyente tiene una nueva posición en Cristo porque Dios nos ha "librado de la potestad de las tinieblas y trasladado al reino de su amado Hijo" (Col. 1:13). Su nueva naturaleza ya no coincide con la frecuencia que transmite el sistema del mundo. El creyente ahora puede sintonizar el dial en una nueva frecuencia y que coincida su naturaleza regenerada con las cosas del Señor. Ahora es "la luz del mundo" (Mt. 5:14). Pasa de residente de este mundo a turista cósmico (Fil. 3:20). Pero ¿cómo debe conducirse y relacionarse con el mundo ahora que es un extranjero?

La nueva relación del creyente con el sistema del mundo gira alrededor de dos aspectos sencillos: la separación del mundo y el evangelismo del mundo. Nos dejan en el mundo para evangelizarlo, porque el mundo es el único lugar en el que podemos llamar a los pecadores a la fe en Cristo. Por otra parte, los creyentes deben estar separados del mundo porque somos ciudadanos de un país celestial, tenemos un sistema de pensamiento diferente y obedecemos un código de conducta superior.

¿Hay que vivir en un monasterio?

Muchos pasajes del Nuevo Testamento ordenan la separación del mundo. Algunos de ellos incluyen los siguientes mandamientos: "No os conforméis a este siglo" (Ro. 12:2); "enseñándonos que, renunciando a la impiedad y a los deseos mundanos" (Tit. 2:12); "guardarse sin mancha del mundo" (Stg. 1:27); "la amistad del mundo es enemistad contra Dios" (Stg. 4:4); "huido de la corrupción que hay en el mundo" (2 P. 1:4); "escapado de las contaminaciones del mundo" (2 P. 2:20); "No améis al mundo" (1 Jn. 2:15).

La mayoría de los cristianos estarían de acuerdo en que la Biblia nos enseña que nos separemos del mundo, pero no todos estaríamos de acuerdo con lo que quiere decir esta enseñanza o con cómo se debe practicar. Una respuesta popular ha sido el monasticismo. Los monásticos se aíslan del contacto físico con el mundo externo. Por lo general, construyen una gran edificación de piedra (si están ubicados en un área poblada) y se confinan para no tener contacto con el mundo. Se especializan en la abstinencia de prácticas que consideran mundanas. Su teoría es que si no se enfrentan de forma personal a la amenaza del mundo, no tendrán que lidiar con ella. La comuna moderna es un método monástico similar para lidiar con la mundanalidad.

Uno de los problemas de este método es que el espíritu del mundo con frecuencia se transfiere de una expresión secular a un rito religioso. Con mucha frecuencia, los ocupantes del monasterio se sorprenden al descubrir que el mundo en realidad reside dentro de cada uno de ellos. El monasticismo es, en verdad, solo un enfoque mundano a la espiritualidad.

El Nuevo Testamento explica que en realidad nos separamos del mundo al ajustarnos a nuestra nueva relación con Dios y con el mundo. Este ajuste se puede llevar a cabo solo cambiando nuestro pensamiento en nuestra alma para ajustarnos a la forma de pensar de Dios. Al cambiar primero solo nuestro pensamiento veremos una transformación interna que produce un cambio sustancial en el exterior. La norma es la Palabra de Dios, la cual proporciona el fundamento para la interacción con los incrédulos y nos permite vivir ante ellos de modo que puedan ver una diferencia en nuestras actitudes y acciones. Cristo dijo en el Sermón del monte: "Así alumbre vuestra luz delante de los hombres, para que vean vuestras buenas obras y glorifiquen a vuestro Padre que está en los cielos" (Mt. 5:16).

¿Cómo hacemos esto? Como el mundo siempre va a beneficiar al "número uno" (es decir, a sí mismo), debemos mostrar las actitudes y acciones opuestas al profesar lo que es mejor para otros (es decir, el amor). Como el mundo toma la verdad de Dios y la tergiversa, los creyentes deben tener como primera prioridad aprender la Palabra de Dios. No podemos aplicar lo que no conocemos y no podemos conocer la Palabra de Dios si no la consideramos la meta número uno de nuestra vida.

Solo después con un carácter transformado y cristiano podemos expresar la verdad con amor. Llevar una vida que contraste de forma marcada con el estilo de vida del mundo proporciona un fundamento sólido para el otro aspecto de nuestra relación con el mundo: el evangelismo eficaz. Primera Pedro 3:15 incorpora estos dos aspectos en un pasaje: "Santificad a Dios el Señor en vuestros corazones [separación del mundo] y estad siempre preparados para presentar defensa con mansedumbre y reverencia [la actitud cristiana comparada con la actitud cósmica de orgullo y arrogancia] ante todo el que os demande razón de la esperanza que hay en vosotros [evangelismo]."

El creyente se separa del mundo con dos elementos fundamentales: con palabras y con acciones. Las epístolas del Nuevo Testamento hacen hincapié en cómo debe pensar y creer un creyente y luego cómo debe vivir de acuerdo con esa doctrina. Esto es lo que se quiere decir con no os conforméis a este siglo, sino transformaos por medio de la renovación de vuestro entendimiento (Ro. 12:2). El Nuevo Testamento está lleno de enseñanzas que describen cómo el creyente debe pensar y vivir basado en la dinámica de la vida cristiana provista por el Espíritu Santo. Si un creyente pierde su interés en la doctrina y la vida religiosa, se encuentra en graves problemas porque no tiene otro fundamento eficaz para combatir al mundo.

Cómo alumbrar en lugar oscuro

El evangelismo es la vía fundamental por la que el creyente se relaciona con el mundo. Cristo les ordenó a sus seguidores “id por todo el mundo y predicad el evangelio a toda criatura” (Mr. 16:15). Realizar esta tarea dentro de las cuatro paredes de un monasterio resulta imposible; para llegar a las personas, ¡debemos estar en el mundo donde ellas están!

En el evangelismo, una tentación es hacer que el evangelio guste al mundo. De este modo se suaviza el mensaje del evangelio y se remodela para que les parezca atractivo a las personas mundanas. De un modo muy frecuente, los cristianos se sienten atraídos por las corrientes y modas del mundo como plataforma para el evangelismo. El evangelismo se basa en técnicas comerciales de venta. Si el mundo tiene éxito mediante un tipo específico de música, entonces incorporamos la música del mundo para atraerlos al evangelismo. Si el mundo tiene problemas sociales y morales, entonces nos volvemos psicólogos y sociólogos “cristianos” para demostrarles cuán útil es el cristianismo y que así escuchen el evangelio. Si el mundo usa ciertas tácticas para efectuar un cambio político y social, entonces los cristianos tendrán su propia versión semejante, ¡excepto con cinco o diez años de atraso con respecto a la versión del mundo! Desdichadamente, muchos evangélicos no se han percatado de la necesidad de renovar su entendimiento de forma radical y solo han intercambiado un vocabulario por otro, la letra de una canción por otra y un medio social por otro. Aún así, no han logrado transformar su forma de pensar.

Dios nos ha dado una plataforma desde la que podemos atraer al mundo para predicarle el evangelio. El Nuevo Testamento la denomina "la antorcha que alumbra en lugar oscuro"; es la conducta piadosa del creyente y el mensaje del evangelio de Jesucristo.

Cristo dio testimonio del pecado de la conducta del mundo al demostrar la perfección moral de Dios en su vida. Asimismo, el creyente, al permitir que el carácter santo de Dios irradie en su vida, expone el pecado de las prácticas del mundo, demostrando que se oponen al carácter santo de Dios. Cristo también dio testimonio de la verdad al demostrarle al hombre quien es Dios y lo que Él exige de ellos. Así también, el creyente da testimonio de la verdad, con relación a la vida, la muerte y la resurrección del Señor Jesucristo. De estas dos maneras el creyente cumple con su responsabilidad de ser un testimonio para el mundo.[8]

Verdaderamente único

Debemos relacionarnos con el mundo siendo diferentes, no semejantes, en nuestros estilos de vida y nuestras creencias. Los del mundo creen en sí mismos; nosotros creemos en Jesucristo. Sus metas son terrenales, nuestras metas son celestiales. Su confianza se deposita en la belleza y la fuerza física; nuestra confianza se deposita en Dios y en el Espíritu Santo. Ellos buscan la fama y fortuna egoístas; nosotros buscamos la proclamación desinteresada de Cristo.

Desdichadamente, hoy día muchas marcas del cristianismo son solo falsificaciones mundanas. El mundo es materialista y los cristianos tienen su evangelio de riqueza y salud. El mundo se aferra a la ética de una situación y los cristianos tienen sus predicadores licenciosos que argumentan que podemos pecar con libertad porque de todas maneras somos perdonados. El mundo se encuentra extasiado con espíritus y poderes ocultistas y los cristianos prestan atención indebida a demonios, espíritus, liberaciones y exorcismo. El mundo deposita su fe en la psicología para solucionar los problemas de la vida y los cristianos mezclan las respuestas del mundo con las enseñanzas de la Biblia y de ese modo destruyen las dos.

Por nuestra nueva posición en Cristo, Juan nos dice que hemos vencido al mundo: "Todo lo que es nacido de Dios vence al mundo; y esta es la victoria que ha vencido al mundo, nuestra fe" (1 Jn. 5:4). Vencimos la falsa doctrina sobre quién es Cristo cuando creímos en el evangelio, pero la batalla aún continúa. El mundo se encuentra en una batalla campal contra nosotros porque nos hemos convertido en soldados que pelean contra Satanás y su sistema del mundo. Por consiguiente, el mundo hará cuanto pueda para eliminarnos de la batalla, ya sea reclutándonos de nuevo hacia sus filas mediante los atractivos del mundo (los cuales aún apelan a nuestra naturaleza pecadora) o tentándonos a renunciar a nuestra alianza con Cristo por medio de la persecución o el martirio. Pero aunque seamos tentados por medio de soborno o tortura, tenemos victoria en Cristo porque Él ha vencido al mundo (Jn. 16:33).

5

EL ENEMIGO INTERNO

Y manifiestas son las obras de la carne, que son: adulterio, fornicación, inmundicia, lascivia, idolatría, hechicerías, enemistades, pleitos, celos, iras, contiendas, disensiones, herejías, envidias, homicidios, borracheras, orgías y cosas semejantes a estas.

—*Gálatas 5:19-21*

Ruso de nacimiento, judío de raza y británico por elección, Sidney Reilly fue quizás el mejor espía de todos los tiempos. (Ian Fleming, el creador de James Bond, en cierto momento trabajó para el Servicio de Inteligencia Secreta Británico. Cuando creó el personaje de Bond, se dice que argumentó que el personaje de Bond era una tontería que había inventado, ¡ciertamente nada que ver con Sidney Reilly! Quizás la más terrible de las proezas de Reilly fue su infiltración en el Alto Mando alemán durante la Primera Guerra Mundial. Pero su mejor misión fue la última.

Con la amenaza de la revolución bolchevique en Rusia y la consiguiente retirada de Rusia de la guerra, la Inteligencia Británica envió a Reilly a Rusia para derrocar al gobierno bolchevique, misión que Reilly casi cumplió. Los soviéticos necesitaron de otros siete años para detenerlo. Su capacidad para organizar y movilizar personas contra los bolcheviques era insuperable. Las personas decían que Lenin no le temía a ningún enemigo más que a Sidney Reilly.[1]

Reilly era temido porque su alianza era con otro gobierno. Sus actividades secretas estaban todas dirigidas a subvertir y derrocar el gobierno de los bolcheviques. Los gobiernos no temen a nada tanto como al traidor, el rebelde dentro del campamento, que de modo encubierto trata de destruir su trabajo. De la misma manera que los gobiernos tienen sus traidores y espías dentro del campamento, los cristianos tienen sus traidores y espías dentro del campamento; la naturaleza pecadora, denominada en las Escrituras "la carne".

El rebelde interno

La carne, el rebelde interno, trata de entorpecer y reprimir la obra que Dios hace en nuestra vida. En capítulos anteriores, describimos el origen y naturaleza de los dos primeros enemigos a que se enfrenta el cristiano: Satanás y el mundo. Aún así, estos dos son enemigos externos; ninguno de los dos tiene el poder de obligar a ninguna persona a desobedecer a Dios. Lo que les da a estos dos primeros enemigos una oportunidad para operar en la vida del creyente es que este enemigo interno proporciona un punto de influencia sobre cada uno de nosotros. Satanás (y los demonios) pueden tentar al cristiano y el sistema del mundo suministra filosofías e ideas que ofrecen un motivo para el pecado, pero el individuo toma la decisión, cede ante la tentación o usa la filosofía para justificar sus acciones pecadoras.

Desde el momento en que Adán pecó en el huerto, adquirió algo nuevo. Algunas personas podrían denominarlo un principio o una naturaleza o una influencia, pero sea cual sea la denominación usada, es una predisposición, un deseo, un anhelo de reafirmar su propia autoridad sobre la autoridad de Dios. Esta naturaleza se ha transmitido de Adán a cada uno de sus descendientes, excepto Jesucristo, quien "no conoció pecado".

La primera mención del poder y el control del pecado se encuentra en Génesis 4 en la conocida historia de Caín y Abel. La historia narra que cuando los dos trajeron su ofrenda ante Dios, Dios miró con agrado la ofrenda de Abel pero no miró con agrado la ofrenda de Caín. Hebreos 11:4 explica que la motivación de Abel fue la fe en la promesa de Dios mientras que al parecer Caín confió en su propia suficiencia. El resultado fue que Caín se ensañó (un pecado de actitud mental) y su semblante decayó (estaba deprimido por el rechazo). El hombre moderno enfrenta problemas similares de odio y depresión y busca la solución en muchos lugares. Aún así, él se niega a culpar su propia voluntad y naturaleza pecadora. Dios analizó el problema de Caín y le dio la solución:

> Si bien hicieres, ¿no serás enaltecido? Y si no hicieres bien, el pecado está a la puerta; con todo esto, a ti será su deseo y tú te enseñorearás de él. (Gn. 4:7)

La palabra hebrea equivalente a "está a la puerta" expresa la idea de una bestia hambrienta lista para saltar y devorar a su víctima. Eso es lo que busca el enemigo interno. La solución, explicada de manera sencilla, es dominar a este enemigo. El resultado es que se vence la depresión, el resentimiento y el odio. El problema no fueron los demonios ni una decepción familiar en una niñez temprana; el problema fue el pecado personal. La solución fue el dominio de la naturaleza pecadora mediante la confianza en la provisión de gracia de Dios.

"Y me ha dicho: Bástate mi gracia; porque mi poder se perfecciona en la debilidad". (2 Co. 12:9).

La carne interna

En el Nuevo Testamento, la palabra usada con más frecuencia para describir esta naturaleza pecadora es la carne. El testimonio claro del Nuevo Testamento es que la carne, el rebelde interno, es el mayor y más influyente enemigo a que se enfrenta el cristiano (cp. Ro. 7:14, 18; 8:1-17; Gá. 3:3; 5:13-21; Ef. 2:3). Las veintiuna epístolas del Nuevo Testamento se escribieron para (tratar) referirse a los problemas más importantes que confrontan a los cristianos en esta era, la era de la iglesia. Se puede suponer de forma razonable que si algo constituye un problema importante para el creyente en este siglo, se le dará un tratamiento exhaustivo en estas epístolas; si algo no constituye un problema, es probable que se ignore.

> Como todas las cosas que pertenecen a la vida y a la piedad nos han sido dadas por su divino poder, mediante el

conocimiento de aquel que nos llamó por su gloria y excelencia. (2 P. 1:3)

El silencio de estas epístolas en algunos temas habla más que suficiente. Por ejemplo, los demonios (o espíritus malignos) se mencionan solo en diez ocasiones y la mayoría de estas ocasiones sencillamente se relacionan con ciertas verdades objetivas sobre los demonios. Por otra parte, estas mismas epístolas contienen más de cincuenta referencias a la carne como el enemigo fundamental del cristiano (y la carne es solo un término usado para describir esta naturaleza pecadora). Es obvio que la perspectiva del Nuevo Testamento hace hincapié en que la mayor fuente de nuestro problema surge de nuestra propia naturaleza pecadora.

La carne en las Escrituras tiene tres significados básicos. El primer significado es una referencia al cuerpo o a la materia básica de un cuerpo (es decir, carne y hueso). El segundo sentido se centra más en las limitantes del hombre en comparación con el poder y capacidad de Dios. El tercer sentido es en el que nos centramos en este capítulo: la naturaleza pecadora del hombre. Aunque la carne en ocasiones se refiere al cuerpo físico y en algunos pasajes al pecado sensual, no se restringe a ese significado pero cubre toda la extensión del pecado (Gá. 5:19-21).

Cuando usted y yo nacimos, éramos esclavos del pecado: "la carne" (Ro. 6:6, 17). Estábamos esclavizados por el pecado de modo que todo lo que hacíamos estaba marcado por la carne. Aunque algunas cosas que hacíamos eran relativamente buenas, la Biblia explica que no podíamos hacer nada que fuese bueno a los ojos de Dios. Isaías 64:6 nos informa que "todas nuestras justicias son como trapo de inmundicia". Pablo repite este pensamiento en Romanos 7:18, donde dice: "Y yo sé que en mí, esto es, en mi carne, no mora el bien". El "bien" al que él se refiere es aquello que es bueno a los ojos de Dios. Lo que aprendemos de esto es que, a la luz de la norma justa de Dios, todo lo que produce el hombre es maligno y pecaminoso.

¿Qué es el pecado?

Debemos estar seguros de que comprendemos cómo la Biblia define el pecado. Con demasiada frecuencia, las personas piensan en el pecado y las obras de la carne solo como las actividades más viles, pero el concepto bíblico del pecado es mucho más amplio. Romanos 14:23 dice que "todo lo que no proviene de fe, es pecado", lo que quiere decir que cualquier pensamiento, palabra o acción, no importa cuan noble, útil o religioso, si no se hace confiando en Dios (el significado de la fe) al andar en el Espíritu (Gá. 5:16), se hace confiando en nuestras propias facultades y Dios lo denomina pecado. Eso es exactamente lo que hizo Adán en el huerto: en lugar de confiar en Dios y lo que Él dijo, él confió en su propia capacidad para manejar él la situación. Esa es la esencia de la idolatría y la autoadoración.

La carne produce no solo las actividades más viles que asociamos con el pecado sino también el bien relativo. En Filipenses 3:3-4 Pablo nos advierte con su propia experiencia de no depositar confianza en la carne, porque la carne produce una religión falsa, una religión basada en la capacidad humana. Con claridad Pablo comprendió este fenómeno porque durante años siguió las normas religiosas de los fariseos y esperaba que estas buenas obras tuvieran valor a los ojos de Dios. Nadie era más religioso ni moral que el apóstol Pablo antes de su salvación, pero en Filipenses 3:8 él plantea que todas estas buenas obras no eran más que basura (literalmente "estiércol") comparado con la verdadera religión, que está basada no en obras humanas sino en la obra única y terminada de Cristo.

Además de producir obras malignas, la naturaleza pecadora también produce obras que a menudo se creen buenas. La naturaleza pecadora provoca el autoengaño: "Engañoso es el corazón más que todas las cosas y perverso; ¿quién lo conocerá?" (Jer. 17:9).

Pablo en Romanos 8 hace énfasis en los peligros de la mente controlada por la naturaleza pecadora. Aquí vemos un contraste entre la persona que vive "en" o "según" la carne y la persona que vive "en" o "según" el Espíritu. Romanos 8:9 plantea con claridad que la persona que tiene el Espíritu es cristiano: "Mas vosotros no vivís según la carne, sino según el Espíritu, si es que el Espíritu de Dios mora en vosotros. Y si alguno no tiene el Espíritu de Cristo, no es de él". En el momento en que una persona confía en Jesucristo como su salvador, Dios hace un número de cosas por él, una de ellas es darle el espíritu Santo, que mora en cada creyente. Si una persona no tiene el Espíritu

Santo, entonces no es cristiana; por ende, no está "en el Espíritu" sino que todavía vive según la carne.

La persona que está en la carne se encuentra en rebelión contra Dios. No se encuentra en una posición de neutralidad sino —por cruel que pueda parecer— en una posición de hostilidad. Romanos 8:7 nos dice que "los designios de la carne son enemistad contra Dios". El resultado de la hostilidad es que la mente que obra según la naturaleza pecadora se rebela contra cualquier cosa que Dios mande. Con frecuencia las personas pasan esto por alto. Nos resulta fácil pensar que algunas personas muy buenas que al parecer hablan mucho de Dios y participan en actividades "espirituales" sí tengan en realidad deseos de conocer a Dios o incluso de amar a Dios. Pero eso no es lo que dicen las Escrituras. No importa cuan moral, ética o religiosa pueda ser una persona, si andan según la naturaleza pecadora, creyente o incrédula, se encuentra en enemistad con Dios.

Obrar según la naturaleza pecadora equivale a obrar según principios del sistema del mundo. Tal afinidad y atracción al sistema del mundo resultan antagónicas a Dios y como tal es condenado. Por tanto, el creyente que es salvo pero no obra según los principios de la Palabra de Dios no solo es enemigo de Dios (Stg. 4:4) sino también que vive según principios que son demoníacos (3:15).

Hay esperanza

Nos hemos extendido en detallar lo que dice la Biblia sobre la carne porque con mucha frecuencia tomamos algo a la ligera nuestro propio pecado. Hoy día, muchas personas piensan que el yo es en esencia bueno, quizás un poco equivocado en ocasiones, pero aún así en esencia es bueno. Sin embargo, los pasajes que hemos analizado revelan la verdadera degradación de la raza humana y cómo todos estamos envilecidos por el pecado. Así y todo, por horrible que pueda parecerles, el mensaje de esperanza de Dios sigue en pie. Cuando una persona es salva, es libertada de este dominio pecaminoso y de las garras perversas que tiene sobre cada uno de nosotros la naturaleza pecadora. Romanos 6:18 nos dice que cuando somos salvos somos libertados del pecado y de la esclavitud del pecado y en su lugar somos siervos de la justicia. Esto no quiere decir que se erradique la carne o nuestra naturaleza pecadora sino que sencillamente se rompe su tiranía. Recuerde: cualquier pecado que usted pueda cometer como incrédulo puede aún cometerlo como creyente; sin embargo, la carne controla a un creyente solo cuando él lo permite. En eso consiste el énfasis de Romanos 6. Como el cristiano se ha identificado con la crucifixión de Cristo: "el hombre viejo" (la persona que era en Adán antes de ser salva) es crucificado, muerto y desaparecido. El cristiano ya no es la persona que una vez fue. En cambio, es una nueva criatura en Cristo (2 Co. 5:17). Aún así, todavía retiene su naturaleza pecadora.

La carne no se elimina hasta que morimos y recibimos nuestro cuerpo resurgido. Romanos 6:6 dice: "nuestro viejo hombre fue crucificado juntamente con él, para que el cuerpo del pecado sea destruido". El "viejo hombre" aquí no es la naturaleza pecadora sino nuestro viejo yo no regenerado. Efesios 4:22, 24 muestra el contraste: "En cuanto a la pasada manera de vivir, despojaos del viejo hombre, que está viciado conforme a los deseos engañosos . . . y vestíos del nuevo hombre, creado según Dios en la justicia y santidad de la verdad". Aunque la traducción del español lo hace parecer que el creyente debe despojarse del viejo hombre, el griego usa una construcción aquí que se traduce mejor como "usted se ha despojado del viejo hombre y sus obras".

Esto se esclarece con el pasaje paralelo en Colosenses 3:9-10: "No mintáis los unos a los otros, habiéndoos despojados del viejo hombre con sus hechos y revestido del nuevo, el cual conforme a la imagen del que lo creó se va renovando hasta el conocimiento pleno". Debemos reconocer que la persona que fuimos antes de ser salvos está muerta y desaparecida, crucificada con Cristo. Pero aunque el viejo hombre está muerto, existe aún la naturaleza pecadora. Todavía tenemos problemas con la carne. Es por eso que tantos mandatos en el Nuevo Testamento nos dicen que demos muerte a las obras de la carne, lo que quiere decir que las eliminemos de nuestra vida. Debemos vivir como las nuevas criaturas que en realidad somos en Cristo.

La salvación en tres etapas

El programa global de Dios denominado salvación se implementa en tres etapas. La primera etapa ocurre cuando una persona confía en Jesucristo como su Salvador: de forma instantánea se le libera del castigo del pecado, se le concede la justicia perfecta de Jesucristo y recibe la vida eterna (2 Co. 5:21). Como la justicia de Dios ve la justicia de Cristo, no nuestra propia carencia de justicia, desde el punto de vista legal nos declara justos. Este acto se conoce como justificación; al creyente se le declara como justo delante del tribunal supremo del cielo por quien es Jesucristo, no por quien es el creyente.

La etapa número dos comienza en el momento de la salvación: recibimos el Espíritu Santo, quien nos permite vencer al pecado de nuestra vida. Esta obra tiene lugar durante el resto de nuestra vida y es un proceso conocido como santificación. Durante esta etapa, aprendemos a andar en el Espíritu, a vencer el poder actual del pecado en nuestra vida y a renovar nuestro pensamiento basados en los principios y preceptos de la Palabra de Dios (Jn. 17:17).

Por último, cuando vayamos donde el Señor y recibamos nuevos cuerpos, estaremos a salvo de la presencia misma del pecado. Esta tercera etapa se denomina glorificación.

Aunque los cristianos sean libertados de su esclavitud al pecado, esto no quiere decir que nunca pequen o que resistirse al pecado sea fácil. La naturaleza pecadora se encuentra muy presente y aún está resuelta a afianzarse. La propensión del hombre al mal y la rebelión contra Dios es la misma antes de la salvación como después de la salvación. Solo que después de la salvación tiene opción, mientras que antes de la salvación no tenía opción. Era esclavo del pecado (Ro. 6:17), estaba "viciado conforme a los deseos engañosos" (Ef. 4:22), estaba muerto desde el punto de vista espiritual (Ef. 2:1) y no podía percibir la verdad espiritual (1 Co. 2:14). Antes de la salvación, no había opción; sin embargo, después de la salvación, sí tenemos opción. Este es el poder de la cruz. La naturaleza pecadora tiene poder solo si el creyente decide no confiar en la Palabra de Dios y obedecerlo y, en cambio, se ubica en una posición de obediencia a su antiguo amo.

Aquí es donde tiene lugar la batalla central en la vida espiritual del creyente. La carne es contra el Espíritu y el Espíritu es contra la carne (Gá. 5:17). Pedro nos dice que estos deseos carnales batallan contra el alma (1 P. 2:11). No es una batalla que exija exorcismo ni liberación demoníaca, ni ninguna otra suerte de prácticas exóticas que pontifique la promesa vana de que no habrá más lucha con una tentación específica o pecado habitual. Esta batalla tiene lugar en su propio corazón. ¿"Consideraos vosotros mismos muertos al pecado" (Ro. 6:11)? Esto quiere decir que usted debe creer que el pecado ya no tiene poder sobre usted y luego debe vivir de acuerdo con esto. Quiere decir que usted se debe enseñorear del pecado (Gn. 4:7) y —a través del poder de Dios suministrado mediante el Espíritu Santo de conjunto con su Palabra— usted puede hacerlo. Aceptar cualquier noción de la vida cristiana que enseñe que usted puede tener una experiencia una sola vez y no luchar más con el pecado y la carne es aceptar la fantasía no bíblica.

Hace varios años, un reportaje noticioso describió un número de inmigrantes de la Unión Soviética que no se podían adaptar a la libertad de los Estados Unidos y por eso regresaron a Rusia después de unos cuantos años. No pudieron adaptarse porque muchos no habían aprendido lo que se necesitaba para tener la capacidad de valorar la libertad y vivir sobre la base de la responsabilidad personal. Del mismo modo, un incrédulo nace en una posición de esclavitud a un régimen totalitario sin libertad. Si él emigra, de repente se enfrenta a libertades que nunca soñó que existiesen. En ese momento, se ve confrontado con una opción: puede continuar viviendo como si no tuviera libertad o puede creer que es en realidad libre y comenzar a aplicar esas libertades a cada área de su vida. Las personas descritas en el artículo no pudieron hacerlo.

Para la mayoría de nosotros resulta increíble que alguien que haya probado la libertad pueda regresar a una relación de esclavitud. La razón es rechazo de la gracia de Dios. Israel lo hizo en Cades-barnea en e Antiguo Testamento. Tras haber sido liberados de la esclavitud de Egipto, se enfrentaron a las adversidades de la independencia, rechazaron la gracia de Dios y anhelaron regresar a Egipto. A menudo los cristianos siguen ese patrón. En vez de vivir en vista de la libertad de la esclavitud del pecado y luego disfrutar de su libertad en Cristo, en una o muchas áreas deciden continuar viviendo como si el pecado aún fuese su amo.

La moralidad no es la espiritualidad

Como la carne puede producir obras que se disfrazan como moralidad y espiritualidad, podría ser difícil para alguien que determinase si sus buenas acciones son solo el resultado de una naturaleza pecadora que sobresale por producir buenas obras (un bien falso). Como de costumbre, la Biblia no nos deja a oscura en cuanto a la respuesta a esta pregunta importante. Un pasaje de las Escrituras resulta de particular ayuda. Mientras lo lean, quizá quieran usarlo como una lista de control de su propia vida.

En la carta a los gálatas, el apóstol Pablo tiene que amonestarlos a ellos por seguir la falsa doctrina del judaísmo, a judíos que enseñaban que la salvación no era solo por la fe en Cristo, sino que para tener salvación y crecer en realidad en la vida espiritual, los cristianos gentiles tenían que someterse a la ley mosaica. No solo enseñaban la necesidad de la circuncisión sino que cumplían todos los mandatos de la ley mosaica. Enseñaban la espiritualidad por medio de la moralidad en lugar de enseñar la espiritualidad basada en el Espíritu Santo (Gá. 3:3). Con esto no decimos que la espiritualidad no sea moral, sino que la vida del cristiano exige un fundamento mucho mayor para la vida, el Espíritu Santo y proclama un sistema de ética que va más allá de la moralidad sencilla. En verdad, la vida del cristiano es una vida sobrenatural que exige un fundamento sobrenatural: andar en el Espíritu Santo.

Los creyentes gálatas no eran una congregación inmoral y licenciosa como los corintios. Estaban obsesionados con la moralidad y la obediencia legal. Aún así, Pablo los critica de forma severa por seguir un método basado en la moralidad y las obras para su relación con Dios. Pablo reconoció que la carne, la naturaleza pecadora, también puede producir moralidad, un bien que quizás imite la conducta del creyente maduro espiritualmente pero que tiene como origen la carne. En Gálatas, él denuncia de manera vehemente a la congregación por intentar alcanzar la espiritualidad sobre la base de la moralidad de la ley, la cual fue generada por la naturaleza pecadora, en comparación con andar en el Espíritu Santo: "¿Tan necios sois? ¿Habiendo comenzado por el Espíritu, ahora vais a acabar por la carne?" (Gá. 3:3)

En Gálatas 5:17-21, el apóstol Pablo describe la lucha existente entre el espíritu y la carne. Para ayudarnos a evaluar cuál tiene el mando, Pablo enumera quince características de las obras de la carne. No importa cuan buena, moral, religiosa o espiritual pueda parecer una actividad, si es producida por la carne, pues estos son algunos de los resultados que siempre producirá.

Estas quince obras de la carne se pueden dividir en cuatro grupos. El primer grupo se centra en el pecado sensual. La inmoralidad se basa en la palabra griega *porneia*, de la que obtenemos la palabra pornografía en castellano. Se refiere a toda actividad sexual fuera de los límites del matrimonio, incluso la homosexualidad, sexo prematrimonial, e infidelidad matrimonial. Cualquier actividad sexual entre dos personas que no sea de sexos opuestos y estén casados uno con el otro entra en esta categoría. Inmundicia puede referirse al pecado sexual, pero por lo general incluye más que inmoralidad. La sensualidad, también, es más amplia que la inmoralidad e incluiría cualquier actividad sexual sin incluir necesariamente la fornicación.

Idolatría física y mental

La segunda categoría se centra en dos actividades típicas de religiones no cristianas: la idolatría y la hechicería. La idolatría es la adoración de cualquier otra cosa en lugar de Dios. En tiempos antiguos (e incluso hoy en culturas primitivas) las personas hacían ídolos como representantes físicos de sus dioses. En Norteamérica, nuestros dioses por lo general son ídolos de la mente más sofisticados, pero incluso en tiempos antiguos la idolatría comenzaba como un pensamiento en la mente antes de convertirse en una imagen física. Como nosotros los latinoamericanos modernos por lo general no nos hacemos imágenes físicas, con frecuencia creemos que no somos idólatras. ¡Nada dista más de la verdad! El hombre moderno todavía tiene el mismo tipo de pensamientos idólatras que tenían los ancestros, solo que los expresamos de un modo diferente. Nosotros adoramos los ídolos abstractos del éxito, el dinero, la profesión, el sexo, la familia, los hijos, las comodidades y la "buena vida". Cualquiera de estas puede ocupar el lugar de Dios en nuestra vida y convertirse en dios por sí sola. De cierto modo, podemos engañarnos más que los ancestros porque al menos ellos por lo general sabían lo que adoraban. La persona promedio hoy día nuca admitiría que su profesión o sus hijos son su dios.

La segunda actividad de este grupo en ocasiones se traduce como "hechicería" pero en realidad se traduce de la palabra griega *pharmakia* (de la que proviene la palabra farmacia). Ernest De Witt Burton, en su comentario clásico sobre Gálatas, dice de esta palabra:

> . . . de Homero en adelante denota una droga, sea dañina o sana. *Pharmakia* significa en general el uso de drogas, ya sea con sentido práctico por un médico o perniciosamente, por ende para el envenenamiento. . . . en el LXX la palabra se emplea de modo uniforme en un sentido malo, de brujerías o encantamientos. [2]

Esta palabra comprende todos los usos y consumos de estupefacientes que son tan comunes hoy día. Por último, habla de la confianza en una droga (sea alcohol, cocaína, somníferos o antidepresivos) para proporcionar el gozo, la paz, la libertad de la ansiedad en medio de la adversidad que solo puede venir mediante una buena relación con Jesucristo (Jn. 15:11; 17:13). (Claro está, no hablamos del uso legítimo de medicamentos para sus beneficios curativos.)

Fragmentación relacional

El tercer grupo de obras de la carne contiene ocho obras que aparecen en las relaciones personales: enemistades, pleitos, celos, iras, contiendas, disensiones, herejías y envidias. Siempre que las personas obran según la carne, el resultado es deterioro y fragmentación, primero en el alma y luego en las relaciones. Al analizar la lista de obras, no podemos evitar pensar en el gran número de problemas en el matrimonio y el índice elevado de divorcios entre cristianos hoy día. Tampoco podemos ignorar el incremento en malos tratos a la infancia y a las esposas reconocido de manera tan amplia en la última década. Estas son manifestaciones de actitudes y vidas pecaminosas y no de una vida en comunión para servir y glorificar a Dios.

La primera de estas palabras se usa raras veces hoy día: enemistad. Expresa la idea de antagonismo y hostilidad. Los hombres caídos se encuentran en enemistad tanto con Dios como con otros hombres. El único otro lugar del Nuevo Testamento donde se encuentra esta palabra es en Efesios 2:14-16, donde el tema es la hostilidad entre el judío y el gentil. De un modo estricto, en el contexto de la Biblia, tiene la connotación de antisemitismo, pero con una aplicación más amplia se extendería a toda la idea del odio y la animosidad personal.

Pleito, la segunda palabra de este grupo, es la defensa práctica de la actitud de hostilidad. Se centra en la acción del deterioro y el conflicto. Como tantas de estas obras de la carne, es el resultado de seguir deseos de interés propio en lugar de los deseos de Dios.

Iras, el tercer término, personifica la idea de berrinches o arrebatos explosivos de odio en lugar del odio profundo violento y duradero.

Más obras de la carne

Las próximas cuatro obras representan conceptos estrechamente relacionados: contiendas, disensiones, herejías y celos. Cada palabra describe obras similares desde una perspectiva ligeramente diferente. Cada una de ellas está basada en actitudes egoístas, interesadas, autorreafirmativas que provocan deterioro de las relaciones personales desde la familia hasta la iglesia. Estas acciones caracterizaban a la iglesia de los corintios. Como no servían a Cristo, sino sus propios fines, el resultado fue la división. Sin embargo, debemos recordar que no toda división es mala (véase 1 Co. 11:19). Aunque el Nuevo Testamento exhorta con claridad a los cristianos a unificarse (véase Jn. 17:21; Ef. 4:1-6, 13), debe ser una unidad basada en las doctrinas claras de las Escrituras: una unidad basada en doctrinas y a expensas de las doctrinas.

El grupo final de productos de la carne se centra en dos actos que deben juntarse: borracheras y orgías. La borrachera se describe con claridad aquí como una obra de la carne. Hoy día con demasiada frecuencia, la borrachera y el alcoholismo se tratan como enfermedades. Aún así, las obras de la naturaleza pecadora son con claridad los resultados de nuestras propias decisiones. Aunque las Escrituras no prohíben de forma categórica el uso de vino o alcohol, siempre se deberán usar con moderación y nunca al extremo de producir embriaguez o dependencia. Aunque el consumo de alcohol podría conducir a una dependencia química en algunos casos, el problema fundamental no es físico sino espiritual. En un inicio, el acto era una decisión pecaminosa de la voluntad. Aunque la dependencia química o el problema físico, debe tratarse, el problema se resuelve solo de modo parcial si no se maneja el asunto del pecado.

La segunda palabra, orgías, no se usa muy a menudo en la actualidad. Una palabra más apropiada en el vocabulario de hoy sería parranda: hacer una celebración donde se consumen drogas y bebidas alcohólicas libre y de forma excesiva, la activad inmoral se disfruta libremente y la diversión y el placer se permiten a expensas de la gloria y santidad de Dios.

Esta letanía de los pecados es tan contemporánea como el periódico matutino o las personas que asisten al culto de la iglesia del último domingo. Queda claro de este pasaje que estas acciones no son producidas por demonios, Satanás, ni el mundo pero son las defensas específicas de una mentalidad y estilo de vida que son controladas por la carne y producidas por la voluntad del individuo.

¿El diablo me obligó?

Lo alarmante es que existe un cambio creciente en la creencia entre muchos cristianos que responsabilizan cada vez más a los demonios o a Satanás por sus pecados personales. Luego de leer libros y artículos escritos recientemente, hemos visto referencias a demonios nombrados lujuria, homicidio, envidia, murmuración y gula. En ninguna parte de las Escrituras se sustenta este concepto, pero las Escrituras expresan de modo explícito que estas acciones son producto de la naturaleza pecadora y la voluntad de cada persona. De hecho, como demuestra con claridad Gálatas 5, no son demonios sino obras de la carne. Los creyentes que tratan de culpar por sus fracasos a los demonios no están siendo bíblicos al manejar varias situaciones.

Aunque aquellos que enseñan tales cosas pueden desear francamente ayudar a los cristianos a superar el pecado en sus vidas, creemos que tal enseñanza es nociva porque le facilita al cristiano un motivo no bíblico para negar su responsabilidad personal por el pecado: "El diablo me obligó". En vez de aceptar la responsabilidad por nuestras propias malas decisiones, preferimos responsabilizar a alguien o algo más. En vez de elegir la solución bíblica de confesar el pecado conocido a Dios (1 Jn. 1:9) y luego dejar los pensamientos o acciones pecaminosas, muchas personas intentan solucionar el problema "atando demonios" o practicando "exorcismos".

De un modo interesante, culpar a otro ha resultado una forma conveniente de evadir la responsabilidad personal por el pecado desde Adán y Eva. Cuando Dios confrontó a Adán por su desobediencia, Adán culpó a Eva y luego Eva culpó a la serpiente. Pero Dios se negó a aceptar esta evasión y los castigó porque ellos fueron quienes decidieron rendirse ante la tentación. Si usted es cristiano, el problema no es quien pone la tentación (Satanás, los demonios, su naturaleza pecadora o su mejor amigo) sino si usted va a confiar en Dios y obedecerlo o ceder ante la tentación. Los cristianos que se desorientan en esta cuestión se descarrían y no pueden combatir al verdadero enemigo que dicen las Escrituras que ataca en esta área de la lucha: su propia naturaleza pecadora.

La cueva profunda del pecado

Una razón por la que muchos cristianos caen en la trampa del pensamiento incorrecto en estas cuestiones es que demasiadas personas subestiman cuan increíblemente malvada es su naturaleza pecadora y cómo estos efectos han calado cada aspecto de sus pensamientos. Nacer en pecado y en el reino de las tinieblas de Satanás, se podría comparar con nacer en lo profundo de las cavernas de Carlsbad con las luces apagadas. Cuando nos movemos en la dirección del pecado, es como si nos adentráramos más en lo profundo de las cavernas. Como no podemos ver la realidad tal como es, tratamos de construir un mapa mental de la cueva y su apariencia. Algunos aspectos de esta construcción mental se corresponden más con la realidad que otros. Aún así, la interpretación general de la realidad se distorsiona por falta de visión, la ausencia de un criterio objetivo de la realidad. Así es como opera mentalmente cada miembro de la raza humana hasta que es salvo.

En la salvación, la luz de la verdad del evangelio penetra en la oscuridad. Comenzamos a ver la realidad tal como es, no solamente como nos habíamos imaginado que fuese. Pero esa iluminación inicial es solo el comienzo. Nos proporciona, podríamos decir, una linterna para que podamos ver lo que nos rodea y podamos comenzar a salir de esa oscuridad. La "linterna" es análoga al Espíritu de Dios que ilumina nuestro pensamiento con los principios de la Palabra de Dios. Mientras más usamos la luz de la Palabra de Dios, mejor percibimos cómo son las cosas comparadas con cómo pensábamos que eran cuando estábamos a oscuras. Pero el proceso de cambiar años de errores e ideas falsas también necesita de tiempo y disciplina para estudiar la Palabra de Dios y humildad para aceptar su verdad cuando contradiga la "realidad" que nos construimos basados en nuestra experiencia. En nuestra cultura dinámica, de platos precocinados y de gratificación instantánea, de manera errónea creemos que podemos superar hábitos pecaminosos de toda una vida mediante soluciones rápidas. De modo equivocado creemos que si confesamos nuestro pecado, nos arrepentimos y sentimos dolor o pesar por nuestro pecado, de alguna manera Dios nos sacará de la cueva en algún elevador especial. Pero no es así.

Lo que sí sucede es que, por el poder del Espíritu Santo y la luz de la Palabra de Dios, se nos permite salir andando de la cueva. Es un proceso paso a paso. No es fácil, pero es posible. Esa es la solución de la gracia perfecta de Dios que está disponible para todo creyente (2 Co. 12:9). Como nuestro pensamiento es transformado por los principios de la Palabra de Dios, el Espíritu Santo comienza a producir una transformación del carácter de adentro hacia afuera. Es lamentable que muchos cristianos han experimentado algún truco falso para alcanzar la espiritualidad o nunca han experimentado en realidad el cristianismo bíblico y posteriormente se han rendido al fracaso. Argumentan que con toda sencillez que la Biblia no les funciona. Luego se atemorizan y se vuelven a una solución rápida como el sentimentalismo, el misticismo o la psicología secular. Una solución como esta que es popular en la actualidad consiste en culpar a los demonios de pecados muy arraigados.

Cómo derrotar al traidor

La carne, como el espía o traidor, trata de tomar ventaja mediante el engaño y el secreto. Trata de evitar su detección hasta que su trabajo de destrucción del alma esté completo. Nunca se rinde, abdica, ni disminuye su poder en esta vida. La promesa segura de las Escrituras es que la actividad de la naturaleza pecadora se puede sacar a la luz y al menos neutralizarla de forma parcial por medio del ministerio de Dios el Espíritu Santo y la Palabra de Dios.

En Gálatas 5 no solo nos da una descripción de cómo reconocer los síntomas de la carne sino también las instrucciones de cómo superar la carne. Los cristianos (y solo los cristianos) pueden hacer esto porque se ha desecho la tiranía del pecado por medio de nuestra nueva posición en Cristo. Romanos 6:6-7, 15-18 nos dice que ya no servimos a la naturaleza pecadora; por ende, podemos vivir en obediencia a Dios. Logramos este objetivo en la medida en que andemos en el Espíritu.

En Gálatas 5:16, Pablo comienza a dar sus instrucciones sobre el conflicto entre la carne y el Espíritu al ordenar sencillamente: "Andad en el Espíritu y no satisfagáis los deseos de carne". Ningún otro mandato se podría expresar de modo más enfático en el idioma griego. En esencia, Pablo dice: "Andad en el Espíritu y les será imposible obedecer a los deseos de la naturaleza pecadora". Cuando el creyente vive confiando en Dios Espíritu Santo en todo momento, en comunión con Dios y aprendiendo y aplicando la doctrina, la naturaleza pecadora se vuelve impotente. Pero desde el momento en que decide rendirse a una tentación atractiva ofrecida por su naturaleza pecadora, cae bajo su mando y comienza a andar "según la carne".

Después el apóstol continúa describiendo el conflicto entre las dos partes en guerra. Él ilustra como sería la vida de una persona en dependencia de cuál de las dos partes está al mando.

La idea de andar implica una fe gradual y en todo momento en algo. En la analogía de la caverna que usamos anteriormente, es ese ascenso momento a momento hacia fuera de la cueva confiando en la luz (el Espíritu Santo y la Palabra de Dios). Cuando decidimos obrar según la carne, la luz sale y nosotros invertimos la dirección de nuestro andar. Nuestra vida paso a paso, momento a momento debe conducirse confiando de manera total en la Palabra de Dios y el Espíritu Santo. Del mismo modo nos movemos hacia delante o hacia atrás.

El andar describe el estilo de vida del creyente confiando en el Espíritu Santo momento por momento. Nosotros decidimos seguir los impulsos de la naturaleza pecadora o decidimos confiar en el Espíritu. Con demasiada frecuencia, confiamos en la carne para hacer lo que Dios puede hacer y es por eso que Pablo le escribió esta carta a la iglesia de los gálatas. Ellos habían adoptado la ley mosaica del Antiguo Testamento como su norma de vida y por consiguiente vivían confiando en la carne. Aunque eran morales y religiosos, Pablo alertó a los gálatas de que trataban de hacer mediante su propio poder lo que solo Dios puede hacer a través del Espíritu Santo (Gá. 3:3).

Cualquiera, incluso los incrédulos, puede llevar una vida que de forma superficial parezca conforme a la norma de Dios. Pero sabemos por las Escrituras que una vida así se logra confiando en la carne. El cristiano debe saber que él no debe pasar su vida en el poder de la carne. Si lo hace, el esfuerzo finalmente se manifestará mediante las obras de la carne.

Con el planteamiento de Gálatas 5:18 se aclara aún más el andar en el Espíritu: "Si sois guiados por el Espíritu, no estáis bajo la ley". Por la frase "si sois guiados", algunas personas podrían pensar que un cristiano tiene opción al decidir si será o no guiado por el Espíritu, pero este no es el caso porque toda persona que ha recibido a Cristo como Salvador el Espíritu Santo mora de manera permanente dentro de él. Desde el momento de la salvación, el Espíritu Santo guía de forma continua al creyente. Romanos 8:14 nos dice que "todos los que son guiados por el Espíritu de Dios [todos los cristianos] . . . son hijos de Dios". El contexto demuestra que se refiere a una guía en verdad y santidad. Porque nos convertimos en hijos de Dios solo cuando recibimos a Cristo como nuestro Salvador (Jn. 1:12), podemos estar seguros de que el Espíritu nos guía de manera constante. El problema no es si nos está guiando, sino si nosotros seguimos su guía.

Un nuevo entendimiento

Cuando Jesús preparaba a sus discípulos para el momento en que ya no estaría con ellos, Él prometió enviarles el Espíritu Santo, quien los guiaría a toda la verdad (Jn. 16:13). Esta promesa se cumplió el día de Pentecostés, según se describe en Hechos 2. Cuando vino el Espíritu Santo, comenzó el nuevo organismo conocido como la iglesia y con él toda una nueva era en el programa de Dios.

Siempre que una persona en este siglo confíe en Jesucristo como su Salvador, el Espíritu Santo viene a morar dentro de ella. En ese mismo momento el Espíritu Santo también proporciona la capacidad de entender la Palabra de Dios. No es una especie de conocimiento místico e intuitivo y no es sencillamente tomar la Biblia y entenderla de inmediato. Lo que esto quiere decir fundamentalmente es que nosotros, quienes estábamos ciegos a la verdad espiritual y no podíamos entender la Palabra de Dios, ahora se nos ha dado la capacidad para entenderla. Mientras estudiamos la Palabra, la aprendemos y meditamos sobre ella, el Espíritu Santo nos permite entenderla y Él la aplica a nuestra vida. Con frecuencia, nuestro entendimiento de algunas de las cuestiones más difíciles de las Escrituras podrían requerir de años de estudio para entenderlas con exactitud. Los teólogos lo denominan "el ministerio esclarecedor del Espíritu Santo". No es una garantía de infalibilidad para cuando interpretemos las Escrituras sino una nueva capacidad dirigida por el espíritu para entender lo que no podíamos entender antes de ser salvos.

Esta nueva capacidad nos permite entender la verdad de la Palabra de Dios y aplicarla en la práctica. En el Nuevo Testamento resulta evidente una relación importante entre el Espíritu Santo y la Palabra de Dios, se dice que ambas son los medios por los que crecen los cristianos. El Espíritu Santo es quien obra en nosotros y nos guía mientras que la Palabra de Dios es el medio que Él utiliza para lograrlo. Ellos son buenos amigos y nunca viajan solos. Además, nunca discrepan; siempre están de acuerdo. Después de todo, el Espíritu Santo es el agente que el Padre utilizó para redactar las Escrituras, por tanto ¡Él las conoce muy bien! Por consiguiente, el Espíritu Santo nunca guiará a nadie a hacer algo que se contradiga con la Palabra escrita de Dios, no importa cuan convincentes sean las circunstancias ni intensa la experiencia.

Las herramientas del mecánico

Supongamos que llevamos un Chevy del 1957 con problemas en la caja de velocidades y el motor a un mecánico para que lo repare. Cuando venimos a Cristo, nuestra vida se puede comparar con ese Chevy, Durante años, hemos vivido según la carne y nuestra vida lo refleja. Cuando somos salvos, de manera automática no recibimos una nueva mentalidad y nuevas circunstancias. Nos han regenerado, pero ahora nos deben transformar. La regeneración es la obra de Dios en nosotros que nos da una nueva naturaleza y nos da la disposición de ser transformados. De la misma manera en que el mecánico de autos repara el auto, el Espíritu Santo transforma el desastre de nuestra vida en algo glorioso para Dios.

Si llevásemos ese viejo Chevy a un mecánico, no importa cuan talentoso y no importa cuan experimentado fuese él y quisiéramos que reparase el auto con solo un destornillador y un martillo, nos sacaría del garaje a carcajadas. El mecánico personalmente tiene la habilidad para realizar la tarea, pero está limitado por las herramientas que le permitimos utilizar. Sucede lo mismo con el Espíritu Santo. Las herramientas que Él utiliza para transformar nuestra vida se encuentran en la Palabra de Dios. Mientras más herramientas le permitamos utilizar, más equipado estará para realizar la tarea. Es por eso que se nos manda a renovar nuestro entendimiento (Ro. 12:2) y permitir que la Palabra de Cristo more en abundancia en nosotros (Col. 3:16). Que muchos cristianos no permitan que el Espíritu Santo utilice todas las herramientas necesarias constituye una de las razones principales por las que estas mismas personas a menudo piensan que el cristianismo y las soluciones de la Biblia no surten efecto. Luego se vuelven a una nueva experiencia que se supone les permita lidiar con sus problemas o comienzan a pensar que la Biblia necesita ayuda de otra fuente, como la psicología, para que en realidad les ayude con sus problemas.

El Espíritu de Dios nos guía mediante la Palabra de Dios. Al aprender la Palabra de Dios, le damos al Espíritu las herramientas para renovar y transformar nuestra vida. Este proceso ocurre de dos maneras. Primera, cuando encontramos una tentación, el Espíritu Santo nos hace recordar lo que la Biblia enseña sobre ese pecado.

Cuando decidimos rendirnos a la tentación y al pecado, entristecemos al Espíritu y dejamos de andar en el Espíritu para andar según la carne. Segunda, el Espíritu nos guía a través de la condenación, la cual tiene lugar a través de nuestra conciencia al extremo que nuestra conciencia ha sido transformada por las nuevas normas de la Palabra de Dios. Cuando nos negamos a rendirnos a la tentación al aplicar lo que hemos aprendido de la Palabra de Dios, ocurre el crecimiento espiritual. En ese momento nos encontramos en camino a la madurez, cada vez más capaces de "discernir el bien y el mal" (He. 5:14). Si pecamos, cuando el Espíritu nos condena debemos alejarnos de nuestro pecado y volver a Dios. Parte de volver a Dios implica confesar nuestro pecado, el cual, según 1 Juan 1:9, debe ser una característica estándar de la vida del cristiano.

El secreto para controlar la carne es aprender de la Palabra de Dios, permitiéndole que transforme nuestra vida y luego vivir según esta nueva norma. Esto explica el segundo uso de Pablo de "andad en el Espíritu" en Gálatas 5:25, donde la palabra griega equivalente a "andar" es *stoicheo*, no *peripateo*. *Stoicheo* significa "seguir un camino, seguir las huellas". El camino que aparece trazado son las instrucciones objetivas de la Palabra de Dios. Así, andamos con una confianza constante, guiados por el Espíritu por el camino de la Palabra de Dios.

Nueve tipos de frutos

Durante un período de tiempo, andar en el Espíritu (al igual que andar según la carne) producirá ciertos resultados denominados frutos. En Gálatas 5:22-23 se describe el fruto de nueve aristas del Espíritu. Estos nueve rasgos de la personalidad resultan evidentes en la vida del cristiano que anda en el Espíritu. Dios nos ha dado estas listas de control de modo que podamos evaluar nuestra vida para ver si andamos en el Espíritu o según la carne.

El amor, el primer fruto del Espíritu, con frecuencia se malinterpreta hoy día. No es una palabra emocional ni sentimental. En el griego se usan varias palabras diferentes para denotar amor, cada una de ellas se centra en un matiz de significado diferente. La palabra usada aquí es ágape, que connota una actitud mental de preocupación desinteresada por otros más que una relación emocional. La mejor descripción de este amor se encuentra en 1 Corintios 13 y en el propio Cristo (Jn. 3:16; Ro. 5:8).

El segundo fruto del espíritu es *el gozo*. No es felicidad ni efusión, sino una especie de actitud mental exaltada, estable que no se perturba ni se altera por las circunstancias cambiantes. Es la actitud que los cristianos deben tener cuando se enfrentan a dificultades y sufrimiento.

El próximo es *la paz*. Muy a menudo en las Escrituras se usa esta palabra para indicar el opuesto de ansiedad. No es una referencia a la paz mundial, paz militar, ni paz política sino una actitud mental que es relajada e imperturbable por preocupaciones y ansiedad porque descansa en el cuidado y provisión de Dios (Fil. 4:6-7).

La paciencia da la idea de resignación o de no responder a amenazas inmediatas, pero le da tiempo a las personas para que cambien de parecer. El ejemplo perfecto de esto es la paciencia que Dios tiene con nosotros. Esta paciencia se manifiesta tanto con las personas como los sucesos. Esta no es una actitud deprimente y sombría sino que está vinculada al gozo y a la paz.

La benignidad y *la bondad* son ideas estrechamente relacionadas. Benignidad es la actitud y bondad es la acción. Benignidad está en cierto sentido relacionada con la paciencia. Es una actitud de cortesía, respeto y consideración por las personas. La bondad describe la acción de la gracia hacia otros que están motivados por benignidad.

La fe expresa la idea de lealtad y constancia, valores que precisa la sociedad contemporánea. Esta característica incluye la lealtad a Dios, lealtad al cónyuge, lealtad a los hijos y lealtad a la iglesia. Muy a menudo, los compromisos en estas áreas solo se honran cuando convienen. La fe se demuestra cuando el compromiso con estas áreas no es conveniente ni agradable.

La mansedumbre en ocasiones se traduce como "docilidad". Alguien que es manso o dócil a menudo se describe como un pelele o un monigote, pero no se puede decir más del concepto bíblico. La idea bíblica de la docilidad a menudo se contrasta con el orgullo o la arrogancia, una característica central del sistema del mundo. En este sentido, docilidad es sinónima de humildad. Debemos recordarnos que "Dios resiste a los soberbios y da gracia a los humildes" (Stg. 4:6). La mansedumbre fluye a partir del reconocimiento de quienes somos y la sumisión a Dios. Esta cualidad se encuentra opuesta de manera directa a las obras de autorreafirmación de la carne.

El último fruto del Espíritu mencionado es *la templanza* o autodominio. Este tipo particular de autodisciplina a menudo se asocia con el control del deseo sexual, pero también se aplica a cada una de las otras áreas de la vida. Mientras continuamos creciendo y desarrollando patrones de hábitos religiosos en nuestra vida, el Espíritu Santo fortalece nuestra capacidad para dominar nuestro yo pecaminoso y controlar los deseos carnales para no rendirnos a tentaciones pecaminosas.

El problema del pecado con el que con tanta frecuencia luchamos es el resultado directo de la rendición a nuestra propia naturaleza pecadora. Es la carne la que batalla contra el alma. Es la carne la que es atraída y seducida a las tentaciones del mundo y de Satanás. Es la carne la que es débil. Porque ni Satanás ni el sistema del mundo puede hacernos pecar, el secreto de la liberación yace en aprender a andar en el Espíritu Santo con una confianza constante.

6

LA INVASIÓN DEL REY

Si yo por el Espíritu de Dios echo fuera los demonios, ciertamente ha llegado a vosotros el reino de Dios.

—Mateo 12:28

Nolan Ryan es único. Nunca en la historia del béisbol de las grandes ligas un lanzador poderoso mantuvo una bola rápida de noventa y cinco millas por hora a la edad de cuarenta y tres años. Unos pocos han llegado a esa edad como lanzadores, pero antes de Nolan Ryan ninguno había podido mantener ese grado de velocidad eficaz en su bola rápida.

Jesucristo también es único, excepto que Él es infinitamente superior. Nunca antes o en la historia de la humanidad ha habido un hombre que también fuese Dios. Si Nolan Ryan es especial en el campo del béisbol, entonces a un nivel infinito Jesucristo es único para la raza humana. Nunca antes alguien fue como Él y nunca habrá alguien como Él. Jesucristo es la Persona única, infinita y eterna del universo.

Dios Padre envió a Jesucristo en una misión única a la tierra para que cumpliera un número de objetivos únicos. El principal de ellos era llevar una vida perfecta que lo calificara para morir en la cruz como un sacrificio sustituidor por los pecados del mundo. Ningún otro humano en la historia podría haber cumplido esta misión porque todos los otros heredaron el pecado de Adán y estaban descalificados. Pero Jesucristo nació a través de la concepción de la virgen y el nacimiento; por lo tanto, Él no tenía las manchas del pecado original de Adán. Jesucristo, la segunda persona eterna de la Trinidad vino a la tierra por voluntad propia y cumplió su misión, libertar a la raza humana del castigo y esclavitud del pecado de modo que el hombre pudiera restablecer su relación original con Dios para cumplir el plan que Dios tiene con la humanidad.[1]

El ministerio único de Cristo

Cuando se trata de establecer un fundamento bíblico para muchos de los ministerios actuales de liberación, muchos de ellos tratan de modelar sus ministerios según el ministerio único de Cristo, en el que Él entró en conflicto directo con Satanás y sus demonios. Pero estos sucesos en la vida de Cristo resultaron únicos en su ministerio. Aunque debemos imitar a Cristo en su carácter, muchas de las cosas que dijo e hizo estaban relacionadas con su ministerio único y especial como el hombre-Dios que vino al mundo a salvar a los pecadores. ¿Cómo distinguir entonces aquellos aspectos de la vida de Cristo que debemos imitar, de aquellos que formaron parte de su ministerio mesiánico, y único, que solo a Él se le pidió que las hiciese? Creemos que las Epístolas del Nuevo Testamento se revelaron para dar instrucciones sobre cómo los cristianos deben vivir durante la era actual de la iglesia. Por consiguiente, las Epístolas instruyen a los creyentes solo en aquellas cosas que Dios quiere que hagan y para las que los ha preparado. Por tanto, en ninguna parte de las Epístolas se encuentran mandatos o ejemplos de cómo exorcizar, atar o reprender demonios (más adelante se abundará más sobre el tema).[2]

Aunque a los creyentes se les manda imitar el carácter de Cristo, sus milagros y conflictos con las potestades de las tinieblas fueron sus tarjetas de invitación a su condición única como Mesías. Estos milagros no constituyen un patrón para los tipos de encuentros directos con demonios que aseguran muchas personas dentro del movimiento de liberación. Aunque es cierto que los creyentes hoy día son tentados como lo fue Jesucristo el Mesías y que estamos inmersos en una lucha espiritual, debemos participar en la guerra de una manera algo diferente, como intentaremos demostrar en el próximo capítulo.

Una razón por la que muchas personas se ven confrontados con problemas en la lucha espiritual es que no logran entender por qué Jesús se encontró con los demonios en su andar por la tierra y por qué se nos da constancia de estos sucesos. Contaremos con una perspectiva adecuada de la lucha espiritual solo si entendemos el propósito del ministerio único de Jesús.

El Mesías llega a Israel

El Evangelio de Mateo se escribió para dar respuesta a la interrogante primordial que los judíos tenían acerca de la condición de Mesías de Jesús: "¿Si Jesús el Nazareno es en realidad el Mesías prometido, entonces dónde está el reino mesiánico?" Muchos judíos habían llegado a la conclusión errónea de que Jesús no era el Mesías porque, según se había pronosticado, aún no había llegado el reino mesiánico. Sin embargo, Mateo explica por qué no llegó el reino mesiánico. No fue porque Jesús no es el Mesías, sino más bien porque Israel por su incredulidad rechazó a su Rey y no puede haber un reino sin Rey. Esto explica por qué en el capítulo doce se narran los sucesos del Evangelio según Mateo y la famosa confrontación de Jesús y los fariseos, quienes acusaron a Cristo de hacer sus milagros por el poder de Beelzebú ("el príncipe de los demonios") o Satanás (12:22-37).

En este momento, Cristo se da cuenta de que Israel cometía el pecado de "blasfemia contra el Espíritu" (Mt. 12:31) al negar el testimonio del Espíritu Santo de que Jesús era el Mesías de Israel. Su afirmación de ser el Mesías se había certificado mediante sus muchas señales, maravillas y milagros, los cuales incluían su poder sobre Satanás y sus demonios, como se revela en este contexto (12:22-37). Ni siquiera los fariseos podían negar esta verdad. Por lo tanto, en vez de cuestionar la autenticidad de los milagros de Jesús, ellos acreditaban el origen de sus milagros a Satanás y no a Dios. Todo menos admitir la verdad: Jesús era el Mesías prometido.

Mateo contrasta esta incredulidad con la credulidad de Juan el Bautista en el capítulo 11. Lo que provocó la expresión de fe de Juan fueron los incidentes relatados en Mateo 10, que nos narra que Jesús reunió a sus discípulos y les dio "autoridad sobre espíritus inmundos, para que los echasen fuera" (10:1) para que pudiesen ir por Israel anunciando que el Rey estaba allí ("el reino de los cielos se ha acercado", 10:7). ¿Cuál era la evidencia confirmadora que les demostraría a las ovejas perdidas de la casa de Israel que Jesús era el Mesías? El poder de sanar y echar fuera demonios (Is. 29:18-19; 35:5-6).

Después de esto, Juan el Bautista, a quien Herodes había encarcelado, le envió un mensaje a Jesús, preguntándole si Él era en realidad el Mesías. Jesús respondió haciendo referencia a las señales confirmadoras: "Los ciegos ven, los cojos andan, los leprosos son limpiados, los sordos oyen, los muertos son resucitados y a los pobres es anunciado el evangelio" (Mt. 11:5). El pasaje paralelo también incluye echar fuera demonios (Lc. 7:21). La respuesta de Juan revela con claridad el propósito divino de estas señales y maravillas, incluso de las liberaciones demoníacas. El resultado, se reconfirmó la fe de Juan en Jesús. Pero su credulidad contrastaba de manera cruda con la incredulidad de los fariseos. Cuando presenciaron los milagros de Jesús, no pudieron refutarlos, así que los atribuyeron a Satanás. Lo que no osamos pasar por alto es que los encuentros de Jesús con los demonios estaban relacionados de forma directa con su afirmación de ser el Mesías y su ofrecimiento del reino.

Avances del reino

Sin duda, la mayoría de los lectores han visto un avance de una película, ya sea por televisión o cuando van al cine a ver otra película. El avance de la película está diseñado para mostrar algo, pero no demasiado, de cómo es la película. El avance despierta su curiosidad por ver esa película en particular. El avance está diseñado para causarle una gran impresión y que usted decida ver esa película. En cierto sentido, este fue uno de los propósitos de la primera venida de Cristo y explica algunos aspectos de su ministerio: abrirnos el apetito por la Segunda Venida y el reino mesiánico.

Una de las razones fundamentales por las que Cristo demostró que Él tenía poder sobre las enfermedades, la naturaleza y el reino espiritual (incluso Satanás y los demonios) fue proporcionar una visión de cómo sería el reino mesiánico si Israel aceptaba a Jesús como el Mesías. Pero el reino no vendría hasta que la nación de Israel aceptase a Jesús como su Rey. Sin embargo, lo rechazaron al elegir al rebelde Barrabás en lugar de elegir a Jesús y dijeron respecto a Cristo: "No queremos que éste reine sobre nosotros" (Lc. 19:14). Jesús proclamó justo antes de pronunciar el sermón en el monte de los Olivos (Mt. 24–25): "He aquí vuestra casa [el templo de Israel] os es dejada desierta. Porque os digo que desde ahora no me veréis, hasta que digáis: Bendito el que viene en el nombre del Señor. (Mt. 23:38-39).

El reino de Israel estaba relacionado con su respuesta a la condición de Mesías de Jesús. Como lo rechazaron, el reino mesiánico se pospuso hasta el tiempo futuro para finales de la Gran tribulación, cuando dijesen: "Bendito el que viene en el nombre del Señor".

El apóstol Pedro les hizo un señalamiento semejante a sus compatriotas judíos en Hechos 3:19-21: "Así que, arrepentíos y convertíos, para que sean borrados vuestros pecados; para que vengan de la presencia del Señor tiempos de refrigerios [el reino mesiánico] y él envíe a Jesucristo [el Mesías], que os fue antes anunciado [a Israel]; a quien de cierto es necesario que el cielo reciba hasta los tiempos de la restauración de todas las cosas, de que habló Dios por boca de sus santos profetas que han sido desde tiempo antiguo". La primera venida de Cristo no trajo como resultado la inauguración de su reino mesiánico de ninguna forma. A pesar de que Cristo lo ofreció y proporcionó un anticipo de cómo sería ese tiempo, Israel rechazó al Rey; así se pospuso el reino hasta que Cristo regresase a la tierra en gloria en la Segunda Venida.

Al asumir poder y autoridad sobre Satanás, los demonios, los padecimientos y las enfermedades, Cristo proporcionó un avance de las condiciones gloriosas que existirán durante el reino mesiánico, cuando los efectos de la maldición (la opresión satánica y la enfermedad) serán eliminados por mil años. ¿Cómo esto influye en nuestro estudio de Satanás y los demonios? Lo veremos a medida que analicemos la interacción de Cristo con las fuerzas demoníacas durante su primera venida.

El rebullir de los insectos

En algunas partes de Texas durante el verano, usted puede ver un campo de hierba de Guinea y todo aparenta estar en calma e inactivo. Sin embargo, cuando atraviesa ese campo usted provoca un rebullir en el mismo. A menudo una ola de saltamontes y otros insectos comienzan a saltar a medida que usted anda por el campo. Algunos podrían saltarle encima al pasar y ocasionalmente podría encontrarse una o dos liebres o incluso una serpiente de cascabel. ¿Qué provoca este tipo de actividad? La mera presencia de un ser humano caminando por las cercanías altera las actividades ocultas y normales que se habían estado produciendo en este herbazal.

Sucedió lo mismo con el ministerio de Cristo. Con frecuencia era solo su presencia al pasar por la tierra de Israel la que provocaba que la actividad del reino demoníaco se hiciera notar. Esta actividad siempre había existido, pero la presencia mesiánica de nuestro Señor hizo rebullir el mundo espiritual y sacó esa actividad a la luz. En una ocasión, un demonio le preguntó a Cristo: "¿Has venido acá para atormentarnos antes de tiempo?" (Mt. 8:29), demostrando su tremendo temor por la autoridad del Señor del universo. Sí, Cristo había venido para hacer rebullir las cosas en su primera venida, pero su victoria final solo ha de llegar en el futuro, cuando Jesús establezca el reino mesiánico. Mucha de la actividad demoníaca de Israel durante ese tiempo se le puede atribuir a la mera presencia de Cristo, el hombre-Dios.

Se verá más adelante cómo esta confrontación acentuada con el reino demoníaco durante la vida de Jesús estaba relacionada con su ministerio único al estudiar la forma y frecuencia con que el Nuevo Testamento habla de los demonios. El equivalente griego de "demonio (*daimonion*) y sus palabras relacionadas se usan setenta y siete veces en el Nuevo Testamento. La palabra se encuentra sesenta y siete veces en los cuatro Evangelios, siete veces en las Epístolas y tres veces en Apocalipsis.

Se encuentra una proporción similar en las cuarenta y dos veces que se usa el sinónimo de demonios: "espíritus malignos / inmundos": veintitrés veces en los Evangelios, trece veces en Hechos, tres veces en las Epístolas y tres veces en Apocalipsis.

El plan de tres partes

La frecuencia y la manera en que el Nuevo Testamento maneja los problemas relacionados con lo demoníaco no es consecuente con el pensamiento y la práctica por la que abogan muchas personas en los ministerios contemporáneos de liberación. No estamos contraponiendo una parte del Nuevo Testamento con otra; sino que, como estas dos secciones mantienen armonía, debemos reconocer que las Epístolas no advierten a los creyentes que tenga cuidado con la posesión demoníaca, ni tampoco describen cómo formar un ministerio de liberación. Aún así, estas actividades resultaron primordiales para el ministerio de Cristo y a un menor grado para los apóstoles. ¿Por qué sucedió esto?

Creemos que una razón fundamental de por qué 87 por ciento de las 119 referencias a los demonios tienen lugar en la sección histórica (Evangelios y Hechos) del Nuevo Testamento es que están vinculados a los sucesos únicos asociados con la misión mesiánica de Jesús y al comienzo y establecimiento de la iglesia. La victoria total sobre Satanás y el reino demoníaco está programada para ocurrir solo cuando llegue el reino mesiánico. Jesús vino a ofrecerle a Israel este reino, pero Israel rechazó a su Rey y a su reino. Por lo tanto, el reino mesiánico se encuentra pospuesto durante la era actual de la iglesia, hasta que la segunda venida de Cristo provoque la eliminación de Satanás y sus hordas demoníacas de su reinado de mil años en esta tierra. Sin embargo, como Cristo estuvo en la tierra durante su primera venida, entabló combate directo con Satanás y los demonios, mientras que durante su ausencia actual la batalla se lleva a cabo de modo indirecto o de manera defensiva, como demostraremos en próximos capítulos.

Sin lugar a dudas: Cristo garantizó en la cruz la victoria total sobre Satanás y los demonios. La realización de la victoria de Cristo en nuestra experiencia se implementa en tres etapas. La fase uno de la salvación se produce cuando nos convertimos en creyentes, momento en que somos justificados (declarados justos, Gá. 2:20), se nos da una vida espiritual (regeneración, Tit. 3:5) y nos convertimos en criaturas nuevas en Cristo (2 Co. 5:17). Todo lo cual –y mucho, mucho más– Dios hace por nosotros en el momento en que confiamos solo en Cristo para nuestra salvación. Durante la fase dos, llevamos una vida cristiana; todavía poseemos una naturaleza pecadora y todavía podemos cometer cualquier pecado como el que cualquier incrédulo pueda cometer, pero también podemos no pecar. Sin embargo, hasta la fase tres no recibimos nuestro cuerpo nuevo y de resurrección, el cual no posee una naturaleza pecadora, que no tendrá en lo absoluto ninguno de los aspectos del pecado.

El plan de Dios es cierto y seguro porque el precio de toda nuestra redención ya Cristo lo pagó en la cruz. No es cuestión de si Él puede hacerlo; más bien, su plan se lleva a cabo en diferentes fases. Así también sucede con la victoria de Cristo sobre Satanás y el reino demoníaco: se lleva a cabo en fases. Esto resulta crucial para comprender lo que sucede cuando Cristo se encuentra con Satanás y las potestades demoníacas en los Evangelios.

Analicemos ahora con mayor detenimiento cómo Jesús lidió con las potestades de las tinieblas.

Satanás ataca a Jesús

Al comienzo de su ministerio, Jesucristo fue al desierto para orar y ayunar durante cuarenta días (Mt. 4:1-11). Al final de este período de ayuno, Satanás apareció y lo tentó tres veces. Cuando fue tentado, Cristo refutó a Satanás con las Escrituras pero no entabló con él un diálogo extenso ni discutió con él la interpretación de un pasaje. En la tercera tentación, Cristo reprendió a Satanás y le dijo que se marchara. Satanás se marchó de inmediato y a continuación no se sostuvo ni diálogo extenso ni discusión.

Satanás no trató de hechizar a Jesús con un maleficio místico para atarlo a su voluntad como si Él fuese un robot. En cambio, la fuerza de las tentaciones de Satanás estaba basada en la compulsión intencionada de sus argumentos. El primer argumento fue un intento de adular a Cristo porque Él es el Hijo de Dios (Mt. 4:3). Aquí Satanás usa una teología falaz basada en la deidad de Jesús. Si Jesús hubiese sucumbido, Él habría estado obrando de manera independiente al plan del Padre y de ese modo habría comprometido su misión. Jesús lo refutó citando y aplicando de forma correcta Deuteronomio 8:3, que enfatiza la prioridad de la obediencia a Dios sobre todo lo demás.

En el segundo argumento, Satanás fue más sutil y citó las Escrituras (Sal. 91:11-12). En verdad, fue una interpretación y aplicación incorrectas del pasaje. Satanás tentó a Cristo para que hiciese una demostración de su poder milagroso al saltar del pináculo del templo (Mt. 4:5-6) y que los ángeles lo rescatasen, ganando así fama y notoriedad. Es decir, Satanás trató de convencer a Cristo de que actuara según los métodos de Satanás. Cristo rechazó este argumento interpretando y aplicando con precisión las Escrituras: "No tentarás al Señor tu Dios" (Mt. 4:7, cita de Dt. 6:16).

En el tercer argumento, Satanás le ofreció a Cristo el mundo entero si Él lo adoraba (Mt. 4:8-9). Jesús no cuestionó la capacidad de Satanás de hacer su oferta; el tentador era en realidad el "dios de este mundo". Pero la respuesta lacónica y definida de Cristo en el versículo 10 fue un uso exacto de Deuteronomio 6:13: "A Jehová tu Dios temerás y a él solo servirás".

La respuesta de Jesús al ataque de Satanás sirve como prototipo de cómo el creyente debe manejar tales ataques. Primero, a diferencia de Eva, en ningún momento Cristo se rindió ante la lógica de las tentaciones de Satanás. En su lugar, Cristo comprendió el método engañoso de Satanás porque Él dominaba las Escrituras y estaba capacitado para refutarlo con la manera de pensar de Dios. Él usó con precisión la Palabra de Dios "viva y eficaz" (He. 4:12). Segundo, la naturaleza de este encuentro no fue mística, dos hechiceros que se atacan uno a otro con sus poderes mágicos, como se ha descrito en caricaturas contemporáneas. Tercero, el poder que le posibilitó a Jesús derrotar las tentaciones fue la verdad inherente en las Escrituras, no un poder metafísico ni el uso del Espíritu Santo. Recuerde que Jesús maneja estas tentaciones en su humanidad y así nos sirvió de patrón y nos dio el ejemplo. Este encuentro con Satanás no está diseñado para dar credenciales, como fue el caso de echar fuera demonios.

El manejo de Cristo de las tentaciones de Satanás es el patrón exacto que se les recomienda a los creyentes en las Epístolas para lidiar con alguna tentación . Como Satanás y sus demonios aún están tentando al pueblo de Dios durante la era de la iglesia lanzando falsas maneras de interpretar los problemas de la vida en cuanto a pensamiento cósmico y doctrina de demonios (1 Ti. 4:1; Stg. 3:15), el manejo de Cristo de la tentación sirve como modelo de cómo los creyentes pueden mantenerse firmes y refutar los ataques de Satanás y sus potestades demoníacas. Este es el patrón expuesto también en las Epístolas.

Atar y desatar

Hace algunos años, presenciamos un culto de "liberación" conducido por un pionero archiconocido de este campo. Sucedieron muchas cosas raras en el culto. Muchos de los demonios tenían nombres, como por ejemplo, el demonio de la lujuria, la gula, la preocupación, la murmuración y la crítica. Un demonio tenía incluso el nombre de un alimento.

El evangelista encargado de la "liberación" tenía una rutina que seguía al echar demonios fuera de las personas. Primero, averiguaba un poco sobre el individuo. Luego le preguntaba cuál era su problema. (Siempre suponía que la causa era un demonio más que cualquiera otra.) Luego le hablaba con autoridad al demonio y le ordenaba manifestarse. Tras hacer esto, por lo general entablaba una conversación con el demonio, con frecuencia muy divertida, mientras insultaba, cuestionaba y por último le ordenaba al demonio marcharse "en el nombre de Jesús" y "por el poder de la sangre de Cristo". Algunos demonios requerían de varias conversaciones antes de marcharse finalmente. Una de las cosas que siempre hacía cuando les ordenaba marcharse era atarlos y enviarlos al "pozo del infierno".

La práctica de atar a Satanás o los demonios y a los espíritus malignos no es solo algo que algunos cristianos hacen durante sesiones públicas y privadas de liberación sino también una actividad personal ejercida con frecuencia por un número creciente de cristianos. En ocasiones una persona ora porque Satanás sea atado de cegar a una persona a quien se le presenta el evangelio con la creencia de que esto mejorará la probabilidad de que el oyente confíe en Cristo como su Salvador. O alguien podría orar porque un acontecimiento próximo a suceder sea protegido de la influencia de las potestades demoníacas al atar los demonios para impedirles que ejerzan influencia sobre ese suceso. En otras ocasiones, las personas tratan de atar a Satanás y sus demonios para que no influyan en ciertas ubicaciones geográficas, como por ejemplo una nueva casa a la que la persona se mudará, una nueva iglesia o un sitio particular en una ciudad o vecindario. Al hacer esto, creen ellos, podrían mejorar el poder e impulso de Dios en las vidas de creyentes y de incrédulos.

Para muchas personas esta práctica es necesaria para tener éxito en la lucha espiritual. Analicemos los pasajes bíblicos fundamentales a partir de los cuales quienes sostienen esta creencia alegan tener un mandato bíblico para esta práctica.

¿Mandato de atar?

La interpretación incorrecta de tres pasajes de Mateo conforma el fundamento básico para la enseñanza y práctica populares de "atar". Primero, analizaremos Mateo 12:29, donde Jesús dijo: "¿Cómo puede alguno entrar en la casa del hombre fuerte y saquear sus bienes, si primero no le ata?" Cristo hace este planteamiento como ilustración al refutar la afirmación de los fariseos de que Jesús "echa fuera los demonios solo por Beelzebú, príncipe de los demonios" (12:24). Los fariseos se negaron a admitir, como muchas de las personas comenzaban a sugerir, que Jesús era en realidad el Hijo de David (12:23), el Mesías prometido de Dios. Por tanto, ellos atribuyeron su poder a una alianza con Beelzebú, su otra alternativa sobrenatural en el universo. La respuesta de Cristo afirma su soberanía sobre Satanás. La ilustración señaló que habría que controlar al hombre fuerte para robar su casa. La lógica del argumento de Cristo consiste en que Cristo no estaba confabulado con Satanás sino que echaba fuera demonios por la virtud de su poder divino inherente. Sería erróneo sacar de este pasaje la conclusión de que Cristo establecía un patrón universal a seguir por los creyentes. Sin embargo, esta fue una ilustración histórica del poder personal de Cristo sobre Satanás.

Llegará el día en que Satanás: "el hombre fuerte", será atado, conjuntamente con sus huestes demoníacas y no tenemos que especular sobre cuándo sucederá. Apocalipsis 20:1-3 revela que Satanás estará atado por mil años durante el reino milenario inmediatamente después de la segunda venida de Cristo. No será librado hasta los últimos días del reino milenario, cuando él instigue la última insurrección contra el Señor en la revolución de Gog y Magog. Luego del Milenio, Satanás será depositado en el lago de fuego y azufre por los siglos de los siglos (Ap. 20:10). Mientras tanto, durante la era actual, Satanás como "león rugiente, anda alrededor buscando a quien devorar" (1 P. 5:8). El antídoto para el creyente no es atarlo sino "resistir firmes en la fe" (1 P. 5:9 con Stg. 4:7). El propio

Jesús atará al hombre fuerte, Satanás, en nombre de sus seguidores en un tiempo futuro. Él nunca usa a creyentes para que hablen en nombre de Él en esta área.

Las llaves del reino

> Y a ti daré las llaves del reino de los cielos; y todo lo que atares en la tierra será atado en los cielos; y todo lo que desatares en la tierra será desatado en los cielos. (Mt. 16:19)
>
> De cierto os digo que todo lo que atéis en la tierra, será atado en el cielo; y todo lo que desatéis en la tierra, será desatado en el cielo. (Mt. 18:18)

El centro de estos pasajes es la palabra atar (*deo*). ¿Cómo se usa esta palabra en contexto y qué significa? La palabra tiene el significado básico de "unir por medio de ataduras". Como resultado se obtiene inactividad por parte de la persona atada. Aquí, la palabra atar se usa con su opuesto: "desatar". En estos contextos, la idea de atar y desatar tiene la fuerza de la noción judicial de "prohibir" y "permitir". Los líderes religiosos de Israel usaron esta frase en la época de Cristo para referirse a lo que estaba prohibido (atado) y lo que estaba permitido (desatado). Por esto nuestro Señor le dijo a Pedro que Él le daría "las llaves del reino de los cielos; y todo lo que atares en la tierra será atado en los cielos; y todo lo que desatares en la tierra será desatado en los cielos" (Mt. 16:19).

Pedro debía convertirse en uno de los apóstoles sobre quien se fundaría la iglesia cristiana (Ef. 2:20). Por tanto, Pedro y los apóstoles serían los agentes humanos mediante los cuales se negaría o aprobaría la entrada al reino de los cielos, en dependencia de si la llave coincide con la cerradura. Las frases será atado y será desatado según se usan en el tiempo perfecto griego quieren decir que la acción de atar y desatar en los cielos precederá la acción de atar y desatar en la tierra.

Una traducción que esclarecería este aspecto del griego original sería la siguiente: "Te daré las llaves del reino de los cielos, pero todo lo que ates en la tierra es aquello que ya se habrá atado en los cielos y todo lo que desates en la tierra es aquello que ya se habrá desatado en los cielos". Pedro debía atar las cosas en la tierra, pero solo lo que ya se había atado en los cielos. Pedro debía normar en la tierra la entrada al reino de los cielos basado en la norma que Dios ya había establecido en los cielos: aquellos que respondan al evangelio de la fe solo en Cristo estarán seguros de forma eterna en su salvación. Pedro debía ser el mediador de la Palabra de Dios entre Dios y el hombre y esa norma es la que Pedro estableció en Mateo 16:16, en primer lugar, que Jesús era "el Cristo, el Hijo del Dios viviente". En el momento en que una persona confía en Cristo como su Salvador, queda "atada", destinada a la eternidad en el cielo. Cuando una persona rechaza a Cristo como Salvador, queda "desatada", es decir: "ya ha sido condenado, porque no ha creído en el nombre del unigénito Hijo de Dios" (Jn. 3:18).

Afirmación de la voluntad de Dios

"Atar y desatar" se usan exactamente de la misma manera en Mateo 18:18, que se traduce de forma literal de la siguiente forma: "De cierto les digo que todo lo que puedan atar en la tierra será aquello que ya se ha atado en el cielo; y todo lo que puedan desatar en la tierra será aquello que ya se ha desatado en el cielo". Jesús dice que los creyentes pueden tener confianza en que cuando ellos excomulguen a alguien en la tierra, están cumpliendo la voluntad de Dios que ya se ha determinado en el cielo. Esta verdad debe darles confianza en lo que hacen. Por ende, en este contexto atar y desatar expresan la idea que corresponde a nuestro lenguaje judicial moderno de declarar a alguien culpable (atar) o inocente (desatar). La decisión del tribunal no hace a alguien culpable o inocente sino que sencillamente determina si los hechos del pasado violan o cumplen la norma celestial de Dios.

En ambos pasajes, ninguna de las dos palabras sugiere algo similar a la noción contemporánea de atar a Satanás o las potestades demoníacas. Sin embargo, estas referencias hacen alusión a llevar a cabo la voluntad celestial de Dios en la tierra según ya se ha determinado en el cielo. De hecho, la idea contemporánea de atar y desatar tiene más que ver con los métodos relacionados con echar y quitar hechizos, pertenecientes al ocultismo, que con cualquier cosa relacionada con el cristianismo bíblico. Por lo tanto, nosotros como creyentes debemos tener extremo cuidado cuando adoptemos prácticas que no constituyen un mandato de las Escrituras. Un erudito expresó al comentar sobre estos dos pasajes:

> Una atadura y desatadura puramente mágica como la que se puede encontrar en otros casos del uso griego y rabínico [pasajes fuera de la Biblia] queda descartada por el contexto. Jesús no les da a Pedro ni a los otros discípulos poder alguno para encantar o liberar por medio de la magia. El significado común de las expresiones rabínicas es igualmente indiscutible, en primer lugar, para declarar prohibido o permitido y de ese modo imponer o eliminar una obligación, por medio de una decisión doctrinal.[3]

¿Una práctica neutral?

Alguien podría afirmar que esta es una práctica neutral usada tanto para bien como para mal. Esta es la misma lógica que a menudo se usa en la magia. Aquellos que creen que usan la magia para hacer bien la llaman magia blanca mientras que un uso maligno de la magia se denomina magia negra. El problema es que la Biblia no enseña el uso de esta técnica en lo absoluto. Es una suposición no demostrada que las prácticas extrabíblicas se pueden usar para bien. La Biblia nos enseña a hacer la voluntad de Dios a la manera de Dios. No estamos diciendo que todo el que use este método esté necesariamente relacionándose con lo oculto, pero sí estamos diciendo que es posible que el uso sincero de esta técnica resulte en echar y combatir hechizos porque la Biblia no recomienda este tipo de técnica.

Según Apocalipsis 20:2, 10, al parecer este tipo de conflicto directo con Satanás y las potestades demoníacas tiene lugar en el plano espiritual, no el plano terrenal. Dios se mueve de forma directa para restringir a Satanás y a sus potestades demoníacas o Él usa sus ángeles elegidos para cumplir su voluntad en este aspecto. Como demostraremos en el resto del libro, la estrategia de Dios para la humanidad es lidiar con el problema o pecado específico mediante el cual Satanás y las potestades demoníacas podrían estar atacándonos y lidiar con ese pecado o problema de forma directa. Los creyentes nunca están autorizados para entablar combate con Satanás o los demonios de manera directa. Cuando obedecemos la voluntad de Dios con relación al problema, Dios y sus ángeles lidian con Satanás y las potestades demoníacas entre bastidores.

El conflicto de Cristo con las potestades demoníacas

Los sucesos relacionados con demonios ocurren en once ocasiones en los primeros tres Evangelios. Resulta útil prestar atención al siguiente análisis detallado de estos sucesos (los pasajes paralelos se encuentran en paréntesis). Tres planteamientos generales sobre echar fuera demonios: (1) Mateo 4:24: "... y le trajeron todos los que tenían dolencias, los afligidos por diversas enfermedades y tormentos, los endemoniados, lunáticos y paralíticos; y los sanó" (cp. Mr. 3:11; Lc. 6:18); (2) Mateo 8:16: "Y cuando llegó la noche, trajeron a él muchos endemoniados; y con la palabra echó fuera a los demonios y sanó a todos los enfermos" (cp. Mr. 1:29-34; Lc. 4:38-41); (3) Lucas 7:21: "En esa misma hora sanó a muchos de enfermedades y plagas y de espíritus malos y a muchos ciegos les dio la vista".

También se describen ocho incidentes específicos: (1) Marcos 1:23-28 (cp. Lc. 4:33-37); (2) Mateo 8:28-34 (cp. Mr. 5:1-20; Lc. 8:26-40); (3) Mateo 15:21-28 (cp. Mr. 7:24-30); (4) Mateo 17:14-21 (cp. Lc. 8:2); (5) Marcos 9:14-29 (cp. Lc. 9:37-43); (6) Mateo 12:22 (cp. Lc. 11:14); (7) Lucas 13:10-17; (8) Mateo 9:32-34. Dos pasajes cubren a los discípulos y los demonios: (1) Mateo 10:1-16 (cp. Mr. 3:13-19; Lc. 9:1); y (2) Marcos 6:7, 13. Un incidente de la enseñanza estaba relacionado con la acusación de los fariseos de que el poder de Cristo provenía de Beelzebú (Mt. 12:43-45; cp. Mr. 3:22-30; Lc. 11:14-26).

En la primera sección, vemos tres planteamientos generales relacionados con Jesús y su capacidad para echar fuera demonios. En el primer incidente, muchas personas traían ante Jesús a los enfermos y a los endemoniados y Él los sanaba y echaba fuera "muchos demonios" (Mr. 1:34). El propósito de estos sucesos era demostrar que Jesús era el Hijo de Dios, como testificaban algunos de los demonios (Lc. 4:41). Este aspecto es consecuente con los primeros tres Evangelios: demostrar que Jesús era el Mesías porque Él tenía poder y autoridad sobre el reino demoníaco.

Una razón por la que esto resulta significativo se remonta a la primera profecía sobre el Mesías en la Biblia, se encuentra en Génesis 3:15: "Y pondré enemistad entre ti y la mujer y entre tu simiente y la simiente suya; ésta te herirá en la cabeza y tú la herirás en el calcañar". El Mesías vencería a Satanás y Jesús le demostró esto a Israel. Porque Él tenía poder y autoridad sobre Satanás y las potestades demoníacas, Él era el Mesías prometido.

Cuando Jesús echó fuera los demonios, muchos de ellos estaban "dando voces y diciendo: Tú eres el Hijo de Dios. Pero él los reprendía y no les dejaba hablar, porque sabían que él era el Cristo [el Mesías]" (Lc. 4:41). Este incidente contrasta de manera severa con muchas personas de ministerios contemporáneos de liberación que sostienen conversaciones con demonios. Por lo general, Cristo no les permitía que hablaran, ni siquiera que dijeran la verdad que Él era el Hijo de Dios, al parecer porque Él no quería que espíritus de mentira testificaran la verdad.

Solo una vez Jesús les pidió que se identificaran a sí mismos (Mr. 5:9). Jesús quería que Israel creyera la verdad porque esta provenía de boca de Dios y no de boca de demonios. Además, Él no quería darles a las personas que sopesaban la evidencia de su liberación la oportunidad de rechazarlo porque el testimonio provenía de una fuente no confiable, afirmando así el principio de que un bien hecho de mala manera es aún un mal. Los fines nunca justifican los medios. El hombre no se puede comprometer con el mal, ni siquiera para lograr un fin al parecer noble.

El ministerio único de Jesús se ve de nuevo en el tercer planteamiento general sobre la capacidad de Jesús de echar fuera demonios. Este incidente implica a Juan el Bautista, a quien había encarcelado el rey Herodes porque él ofendió a la esposa de Herodes con su predicación. Mientras se encontraba en prisión, Juan comenzó a preguntarse si Jesús era, después de todo, en realidad el Mesías. Él envió a un mensajero donde Jesús para inquirir sobre el asunto y la respuesta de Jesús se describe en Lucas 7:21: "En esa misma hora sanó a muchos de enfermedades y plagas y de espíritus malos". Esta descripción de lo que Jesús estaba haciendo era suficiente para evacuar toda duda que pudiese tener Juan porque era una descripción de una actividad mesiánica indiscutible.

Los casos específicos

Los siete incidentes específicos descritos en los primeros tres Evangelios siguen el patrón general que vimos con anterioridad. En el primer incidente, Jesús entró en una sinagoga, un lugar de adoración y un espíritu inmundo gritó desde dentro de alguien: "¿Qué tienes con nosotros, Jesús nazareno? ¿Has venido para destruirnos? Sé quien eres, el Santo de Dios" (Mr. 1:24). Una vez más, Jesús mandó

Categoría	Escrituras		
	Mateo	**Marco**	**Lucas**
Tres planteamientos generales sobre echar fuera demonios	8:16 4:24	1:29-34 3:11	4:38-41 6:18 7:21
Ocho incidentes específicos descritos con detalle		1:23-28	4:33-37
	15:21-28	5:1-20	8:26-40
	8:28-34	7:24-30	
		9:14-29	9:37-43
	17:14-21		8:2
	12:22		11:14
			13:10-17
	9:32-34		
Un caso de enseñanza cuando los fariseos acusaron a Jesús que su poder provenía de Beelzebú	12:43-45	3:22-30	11:14-26
Dos ocasiones en relación con los discípulos	10:1-16	3:13-19 6:7, 13	9:1

callar al demonio y luego echó al espíritu maligno fuera del hombre. Este incidente le proporcionó a Jesús notoriedad con respecto a su autoridad sobre las potestades demoníacas.

Sin duda, la narración más extensa con relación a las potestades demoníacas tiene lugar en el incidente que a menudo se titula "El endemoniado gadareno" (5:1-20). Esta es la historia acerca de Jesús que echa demonios fuera de un hombre y los envía a un hato de cerdos. Como de costumbre, el encuentro comenzó cuando los demonios dentro del hombre reconocieron a Cristo como "Jesús, Hijo del Dios Altísimo" (v. 7). Luego Jesús echó fuera los demonios, pero aquí Él le ordenó al espíritu inmundo que primero le dijese su nombre. El demonio respondió: "Legión me llamo, porque somos muchos" (v. 9). Nótese que el demonio no se llamaba lujuria, murmuración, adulterio, odio, ni ninguno de los otros nombres que a menudo les dan a los demonios aquellos que participan en intentos contemporáneos de liberación. "Legión" es más una descripción genérica que demuestra que había muchos espíritus inmundos dentro del hombre. No podía haber sido un nombre propio a menos que toda la multitud tuviese el mismo nombre, una posibilidad muy improbable. A diferencia de la creencia popular actual de que los nombres de los demonios están relacionados con el pecado o el hábito que causan en su víctima, la Biblia revela algo bien diferente.

Este es el único lugar donde Jesús entabló un diálogo extenso con los demonios, pero no fue para adquirir información de ellos, como abogan ciertos practicantes contemporáneos de la liberación sino más bien para satisfacer una solicitud de los demonios respecto a donde se dirigían. Cuando el hombre fue liberado, Jesús le prohibió viajar con Él, pero en su lugar le ordenó regresar a "casa, a los tuyos y cuéntales cuán grandes cosas el Señor ha hecho contigo y cómo ha tenido misericordia de ti" (v. 19). Cristo no permitió que los demonios testificaran quién era Él, pero Él si quiso que este hombre libertado testificara sobre la gracia y misericordia de Dios, que era el fundamento de su liberación.

Los incidentes del tres al siete siguen el mismo patrón como se puede notar en los ejemplos anteriores.

¡Una de las observaciones más significativas que podemos hacer es que ni uno solo de estos casos revela a alguien que viniera a Jesús par que le liberara de un demonio! Cada una de las personas era traída por otra persona, excepto el gadareno. Y en ese caso él no vino a Jesús para que lo liberase, sino que "corrió y se arrodilló ante él", demostrando adoración y preguntó: "¿Qué tienes conmigo, Jesús, Hijo del Dios Altísimo?" Luego le pidió a Jesús que no lo atormentase. Es claro que este hombre no venía en busca de una liberación. Si se puede inferir algo de estos ejemplos, es que las personas poseídas por demonios no buscan la liberación.

Una segunda observación considera la terminología. Nunca se dice que Jesús o los discípulos exorcizaron un demonio. Exorcismo es una transliteración del griego *exorkizo*, que se usa siempre para casos ritualistas y mágicos de incrédulos para eliminar demonios. En la Biblia, Jesús y los discípulos solo "echan fuera" (*ekballo*) demonios, una distinción vital en metodología. Las prácticas de los liberadores modernos, sean extremistas o más moderadas, tienen más que ver con los exorcistas de los días de Jesús que con los discípulos.

Los discípulos y los demonios

Los doce discípulos de Jesús comenzaron a echar fuera demonios cuando Jesús los envió a predicarles a sus compañeros israelitas que el reino de Dios se acercaba. Al parecer Marcos demuestra que este encargo ocurre dos veces, en 3:13-19 y 6:7-13. Es claro que la razón por la que Jesús delegó este poder y autoridad sobre el reino demoníaco en sus discípulos fue como señal de autenticidad para sus compatriotas de que su Rabí era en verdad el Mesías. Solo el Mesías podía liberar a aquellos que se encontraban bajo el dominio de las potestades demoníacas. Este fue un poder y autoridad dado solo a los doce discípulos y para que no hubiese ningún malentendido sobre quiénes eran, se nombran de forma específica en Mateo 10:2-4. Jesús les dijo: "Y yendo, predicad, diciendo: El reino de los cielos se ha acercado. Sanad enfermos, limpiad leprosos, resucitad muertos, echad fuera demonios" (Mt. 10:7-8). Tal como el ministerio de Cristo, el ministerio de los doce apóstoles con relación a echar fuera demonios fue una señal que apuntaba a la venida del reino mesiánico.

Toda esta evidencia de que Jesús era el Mesías produjo una colisión frontal con los líderes judíos de los días de Cristo. Temían perder sus posiciones de liderazgo si Jesús era en realidad el Mesías. Así que cuando se vieron acorralados, teniendo que admitir la cualidad mesiánica genuina de los milagros y la liberación demoníaca que Jesús demostró , trataron de decir que la fuente de su poder y autoridad no provenía de Dios, sino de un pacto que Jesús había hecho con el propio Satanás de modo que Él pudiera lucir bien.

Afirmaciones lúcidas

El papel protagónico de la demostración de Jesús de su poder y autoridad sobre Satanás y las potestades demoníacas ocupa el primer plano en el drama de los Evangelios. Un incidente en particular surge como resultado de la liberación que realiza Jesús a un hombre endemoniado (Mt. 12:22). La respuesta de las personas fue el asombro mientras se preguntaban: "¿Será este aquel Hijo de David?" (v. 23). Cuando los escribas y los fariseos oyeron esto, acusaron a Jesús de estar confabulado con el propio Satanás. Cristo los refutó de manera personal primero, luego prosiguió a refutar la lógica de su acusación, demostrando que era falsa. Está claro: El poder de Jesús sobre Satanás y las potestades demoníacas fue una señal de que Él era el Mesías porque solo el Mesías sería más fuerte que Satanás.

7

ESTRATEGIAS DEL ENEMIGO

Cuando el espíritu inmundo sale del hombre, anda por lugares secos, buscando reposo; y no hallándolo, dice: Volveré a mi casa de donde salí. Y cuando llega, la halla barrida y adornada. Entonces va y toma otros siete espíritus peores que él; y entrados, moran allí; y el postrer estado de aquel hombre viene a ser peor que el primero.

—*Lucas 11:24-26*

Esa era la noche que habíamos esperado durante toda la semana. El evangelista iba a efectuar un culto de liberación la última noche de una semana de reuniones. Este "ministro de liberación" nos había estado enseñando toda la semana sobre Satanás y las potestades demoníacas y por último había llegado el momento de verlo llevar a la práctica lo que había predicado.

Mientras nos dirigíamos con gran expectación hacia el otro extremo del pueblo, en nuestro auto atestado de cristianos, la discusión se centró en Julia. Luego de oír la predicación aquella semana, Julia había llegado a creer que el demonio del chisme residía en ella. Todos tratábamos de discernir, según lo que habíamos aprendido, si la razón por la que Julia se pasaba de seis a ocho horas al día al teléfono chismeando era porque ella estaba poseída por un demonio o, como pensaba su esposo, sencillamente porque esta era el área de pecado a la que ella sucumbía con facilidad. Julia decidió que aquella noche se le liberara de un demonio del que estaba convencida era la raíz de su problema.

Cuando aparcamos en el área de estacionamiento ya atestada, sabíamos que esa noche habría la mayor audiencia de la semana. Nos abrimos camino entre la multitud hasta el banco que habíamos ocupado toda la semana y nos sentamos, a la expectativa. No nos decepcionaron. En el transcurso de la noche vimos cosas en realidad sorprendentes. Entre los incidentes se encontraban los siguientes: Múltiples voces en forma de chillidos salieron de una mujer. Una segunda mujer cayó redonda con convulsiones cuando el ministro le ordenó al demonio que saliera en el nombre de Jesús y luego un joven se desmayó y estuvo tendido en el suelo inconsciente por un período extendido. Otra señora de forma literal vomitó lo que el ministro denominó el demonio de la gula en respuesta al mandato a ese espíritu maligno de salir de ella. Prácticamente todos los casos manejados por el ministro de liberación parecieron raros y requirieron de su vasta experiencia y discernimiento para por fin descubrir los trucos nefarios implementados por los demonios en su afán siempre fútil de seguir ejerciendo control sobre sus víctimas.

Julia se dirigió al frente cuando dieron las nueve aquella noche. El evangelista le indicó con un gesto que ella sería la próxima. De manera rápida, él comenzó a interrogar a Julia como había hecho antes de la liberación de los otros.

—¿Es usted cristiana?

—Sí.

—¿Ha renunciado usted a todas las obras de Satanás de su pasado?

—Sí — declaró ella.

—Entonces, ¿cuál es la naturaleza de su opresión? —preguntó él en pos de descubrir la base de su situación.

Julia confesó entonces su participación excesiva en chismes. Ella renunció al chisme 'en el nombre de Jesús' cuando el ministro le ordenó al demonio que se manifestara. Cuando el espíritu maligno finalmente habló, el ministro exigió saber el nombre del demonio.

—¡Cháchara! —le respondió la voz con un grito— . ¡Me encanta hablar de otras personas!

—Bueno, está a punto de dejar de utilizar las cuerdas vocales de esta hija de Dios, porque lo enviaré al pozo — expresó el ministro. Luego le ordenó al demonio que saliera de Julia en el nombre de Jesús mientras "pedía que la sangre" cubriera a la víctima. El demonio emitió un alarido repentino y agudo que asustó a la mayoría de los presentes y luego se marchó. Julia regresó a su asiento al parecer habiendo vencido a Satanás.

Quedaba poco tiempo después de la liberación de Julia, así que el evangelista pidió que todo aquel que creyera que padecía de algún tipo de opresión demoníaca levantara la mano. Casi todos los presentes levantaron la mano. Después realizó una liberación grupal y pronunció unas palabras de despedida sobre cómo mantenerse libres y no regresar a la esclavitud de la opresión demoníaca.

¿Especialista en liberación?

Yo (Thomas) recuerdo los meses siguientes. Cada vez que tenía alguna clase de problema en mi vida, al instante creía que era alguna especie de opresión demoníaca. Yo repetía los pasos que habíamos aprendido para echar fuera demonios en aquellos encuentros, en caso de que todavía estuviesen allí.

Mi amiga Julia de forma rápida se convirtió en nuestra especialista local de liberación y se pasaba mucho tiempo al teléfono en repetidas ocasiones echando fuera demonios de nuestros amigos cada vez que se topaban el menor problema. La vida de Julia saltó de una experiencia de crisis a otra. Pocos meses después su esposo fue trasladado fuera del pueblo y cerca de un año después de eso, escuché que tenían problemas matrimoniales severos, lo que finalmente los llevó al divorcio. Después de eso, nunca más supe de ninguno de ellos.

Yo era un cristiano joven cuando me expuse a la práctica y enseñanza de la liberación contemporánea. Sin embargo, luego de años de estudio de las Escrituras me he convencido de que esta clase de enseñanza y práctica no está autorizada en lo absoluto por la Biblia. Cuando analizo ahora lo que pasé en aquel momento y veo este mismo tipo de enfoque hacia Satanás y las potestades demoníacas que crece a pasos agigantados en la época actual, me vienen a la mente repetidas veces un número de interrogantes. ¿Cuánto control Dios le permite tener a Satanás sobre las personas? De un modo más específico, ¿qué puede o no hacerle Satanás a los creyentes? Sin embargo, la pregunta que más nos hizo reflexionar de todas —la que no se le ocurrió analizar al ministro de liberación, a mí mismo, ni a mis amigos en aquel momento— fue si un creyente verdadero y renacido pudiera quedar poseído por demonios. Si los cristianos no pueden sufrir posesión demoníaca, entonces toda la idea de un ministerio de liberación de creyentes no es bíblicamente válida. Si un cristiano puede tener dentro un demonio, entonces la lucha espiritual supondría una perspectiva totalmente diferente. Para comprender las respuestas a estas preguntas, primero debemos comprender cuánto control tiene Satanás sobre las personas.

El poder de Dios

Muchos eruditos de la Biblia consideran que el primer libro de la Biblia dado al hombre por Dios haya sido el libro de Job. Al comienzo de la historia, cuando todos los ángeles (tanto los santos como los profanos) vinieron a presentarse delante del Señor, Él le dijo a Satanás: "¿De dónde vienes?" Satanás respondió: "De rodear la tierra y de andar por ella" (Job 1:7). ¿Por qué Satanás estaba "paseándose" por la tierra? Una expresión similar se encuentra en 1 Pedro 5:8, donde Pedro dice que "vuestro adversario el diablo, como león rugiente, anda alrededor buscando a quien devorar". La respuesta queda clara: Satanás ronda y anda alrededor de la tierra buscando a quien devorar. Sin embargo, a medida que seguimos el desarrollo del diálogo de Satanás con el Señor, nos damos cuenta de que aunque el maligno es capaz de atacar a los seres humanos, esto no quiere decir que se le permita.

En el libro de Job se hace un énfasis superior en la soberanía de Dios. Tenemos que reconocer que nada sucede en la creación de Dios sin el permiso de Dios, incluso el mal. Dios no es autor de pecado, pero su plan para su creación permite la decisión del hombre y la presencia del mal. Satanás y la humanidad son responsables de introducir y mantener el pecado en el mundo de Dios. A pesar de esto, Dios es aún soberano sobre el mal que padeció Job.

Primero, Dios parece haber tenido un período regular en que todos los ángeles, tanto los elegidos como los malignos, tenían que presentarse ante Él (Job 1:6; 2:1). Esto demuestra su autoridad sobre los dos dominios. Segundo, el Señor inició la conversación con Satanás preguntándole si había "considerado a mi siervo Job". Tercero, Satanás entonces pidió permiso de Dios para dañar a Job. ¡Ciertamente Satanás no pediría permiso en una cuestión así si no fuese necesario! Cuarto, Satanás reconoció que el Señor había puesto una cerca alrededor de Job y de su casa que impedía que Satanás acechara a Job sin permiso divino. Quinto, después de darle permiso a Satanás, Dios limitó el grado de sufrimiento que le permitiría infligir a Satanás (Job 1:12; 2:6).

La soberanía de Dios sobre su creación quiere decir que Satanás no cuenta con libertad para atropellar a las criaturas de Dios, fundamentalmente sus hijos, sin el permiso del Señor. El salmista dice: "Ciertamente la ira del hombre te alabará; tú reprimirás el resto de las iras" (Sal. 76:10). Esto lo ilustra la interacción entre Dios y Satanás en Job. Sin embargo, algunas personas defienden el criterio de que tenemos que "orar para que haya una cerca de espinas" alrededor de nuestros hermanos creyentes para protegerlos. Las Escrituras señalan que Dios de forma automática levanta una cerca de espinas alrededor de sus hijos. Como cualquier Padre cariñoso, Dios protege a los miembros de su familia desde el momento de la salvación. Orar porque haya una cerca de espinas es innecesario.

Debemos tener presente la soberanía de Dios sobre toda su creación si vamos a evitar dos errores comunes. Primero, cuando algunas personas se enteran de las cosas que Satanás puede hacer, ellos podrían responder como si Dios no reprimiera la actividad de Satanás. Otras personas podrían asegurar que saben que Dios es soberano pero luego no aplican ese aspecto de su carácter en su pensamiento al actuar como si la protección de los ataques satánicos y demoníacos dependiera de sus propias acciones. Una vez más, admiten en teoría que Dios es soberano, pero se comportan de una manera que en realidad niega su soberanía. Aquellos que son susceptibles fundamentalmente a esta percepción incorrecta se preocupan de manera constante por si pudieran tener alguna herencia familiar, maldición o pecado desconocido que no hayan resuelto de un modo especial y que podría constituir el motivo de "opresión satánica". Este error no les permite darse cuenta de que Dios aplicó de modo soberano todos los aspectos de su salvación a nuestra vida cuando nos convertimos en sus hijos.

Segundo, si no tenemos en cuenta la soberanía de Dios a medida que estudiamos lo que Satanás le puede hacer a las personas, entonces podríamos reaccionar de un modo fatalista a esta información. Conocer las muchas maneras en que Satanás nos podría atacar podría hacer que sencillamente levantáramos los brazos, nos rindiéramos y dijéramos: "¿Qué sentido tiene intentar luchar contra probabilidades imposibles?" Esta es la otra cara de la moneda del primer error. El creyente orientado bíblicamente debe responder con una confianza activa en Dios caracterizada por una seguridad sosegada en la protección de Dios.

La soberanía de Dios es como un filtro que nos protege de cualquier cosa que Él no haya planeado para nuestra vida para moldearnos según la imagen de nuestro modelo: Jesucristo. Ahora que tenemos bien colocados nuestros filtros, analizaremos lo que Satanás puede hacer a las personas.

El poder subordinado de Satanás

Satanás y los demonios pueden afectar a las personas de muchas maneras. Aún así, solo porque puedan hacer esto no quiere decir que todas las cosas que vamos a enumerar sucedan con la misma frecuencia o a todas las personas, ni que necesariamente su origen sea demoníaco en un caso particular. Señalaremos las cosas que Satanás es capaz de hacer y que ha hecho en uno u otro momento según se revela en las Escrituras.

Ya hemos visto que Satanás es el contrincante de Dios, lo que explica por qué con todo lo que hace trata de distorsionar lo que Dios ha hecho. Jesús hace mención de esto en Juan 10:10: "El ladrón no viene sino para hurtar y matar y destruir; yo he venido para que tengan vida y para que la tengan en abundancia". Jesús crea algo y Satanás lo destruye.

Si Dios nos da un regalo, Satanás quiere robárnoslo. Dios nos da la vida, pero Satanás quiere la muerte. Si Dios construye o crea algo, Satanás quiere romperlo y destruirlo. Dios le dio a Adán y a Eva el regalo de una vida hermosa en Edén, pero Satanás dijo que aún Dios les ocultaba algo bueno. Cuando la primera pareja cayó por esa mentira, perdieron el regalo del Edén y en consecuencia fueron echados al desierto.

Dios le ha dado a cada persona la vida, tanto física como espiritual. A menudo Satanás trata de persuadir a las personas de que deben preferir la muerte a la vida. Esto puede asumir muchas formas. Él puede alentar a una persona para que le quite la vida a otro ser humano, como Caín hizo con Abel. O puede tratar de convencer a una persona de que la única salida de sus problemas es quitarse su propia vida: suicidarse, como hizo el rey Saúl. O Satanás podría usar un motivo mundano, como por ejemplo "necesito alcanzar mi realización máxima" para convencer a un hombre de que solo podría ser feliz si abandonara a su esposa y cuatro hijos. Pero Cristo vino a devolverle la vida al hombre caído a través de la salvación y a enseñarnos cómo llevar un estilo de vida que a menudo se denomina en Proverbios "el camino de la vida". Proverbios 15:4 nos informa que lo que decimos en un momento afecta la vida que llevamos en ese momento: "La lengua apacible es árbol de vida; mas la perversidad de ella es quebrantamiento de espíritu".

Dios es quien creó el mundo maravilloso en el que vivimos. Satanás, por el contrario, de manera continua trata de destruir la obra de Dios. A Satanás le encanta destruir las relaciones como el matrimonio y la familia. Satanás es como el niño malicioso que rompe todo lo que toma en sus manos.

Satanás quiere destruir y pervertir nuestra relación con Dios y adoración a Dios promoviendo la idolatría y la falsa religión. Él logra esto distorsionando quien es Jesús en realidad, haciendo que las personas se sientan bien con su idolatría y falsa adoración y al enseñar que podemos alcanzar la salvación al hacer buenas obras. Satanás y sus demonios son la fuente de las falsas doctrinas. Pablo denominó este tipo de engaño "doctrinas de demonios" producida por "espíritus engañadores" (1 Ti. 4:1). Santiago se extiende, identificando todo pensamiento no bíblico como "terrenal, animal, diabólico" (Stg. 3:15).

Los otros poderes de Satanás

Satanás también tiene un efecto en las naciones y en la historia de la humanidad. Daniel 10:13 registra el incidente de una lucha espiritual, que duró tres semanas, entre un ángel elegido y el "príncipe del reino de Persia", representando el reino demoníaco. Al ángel elegido se le hizo necesario la asistencia de un ángel de mayor rango, Miguel, porque él no podía manejar solo al príncipe de Persia. Este suceso tuvo lugar con relación a la revelación que hizo Dios de su plan para Israel y los pueblos gentiles. Por tanto, este conflicto angélico afecta los asuntos de las naciones en la tierra. Apocalipsis 16:13-16 es un ejemplo de un efecto similar que los demonios producirán al influir los planes y acciones de los líderes durante la tribulación. Es posible que los cambios repentinos que se han producido en Europa Oriental hayan sido el resultado de interferencia angélica. Pero que esto sea así no es asunto del creyente. Los principios para llevar una vida cristiana y la respuesta a circunstancias externas no cambian, provenga el ataque de la humanidad caída, de los ángeles caídos o de nuestra propia naturaleza caída.

Es lamentable que algunas personas han usado estos pasajes para desarrollar la doctrina denominada "espíritus territoriales". En la raíz de esta enseñanza hay un elemento de verdad, que los demonios, según las Escrituras, sí ejercen cierta influencia geopolítica. Sin embargo, esto es todo lo que las Escrituras dicen acerca del tema. La gran mayoría de lo que se dice hoy sobre espíritus territoriales se ha desarrollado a partir de la experiencia, no de la Biblia. Recuerden que no es el vaso de agua sino la pequeña cantidad de cianuro en el agua la que les hace daño.

Las Escrituras no dan indicación, mandato, ni autorización para que los creyentes por medio de la oración alejen la influencia de estos demonios, ni tampoco dicen que sea necesario liberar a una ciudad, vecindario o nación de la influencia de estos demonios como precursor del evangelismo. Una vez más, este criterio refleja un enfoque de "el diablo me obligó" y de forma sutil cambia la responsabilidad de las decisiones personales del individuo a alguna otra entidad o suceso. Los defensores de esta doctrina suponen que las personas no pueden responder al evangelio en un área determinada porque los demonios no se lo permiten. ¿No podría ser que sencillamente rechazan el evangelio y niegan el conocimiento de Dios por su propia voluntad (Ro. 1:18-20)? Las Escrituras nunca presentan el problema como otra cosa aparte de la voluntad personal. Aunque es cierto que Satanás ha cegado el entendimiento de todos los incrédulos (2 Co. 4:4), las Escrituras no dan ejemplo ni mandato alguno que nos inste a alejar estos demonios con oraciones para que pueda producirse un efecto evangélico. De hecho, todo creyente en la historia humana, inclusive el fariseo Saulo de Tarso, fue inicialmente cegado por Satanás hasta que respondieron a la verdad del evangelio.

Está claro que Pablo y sus condiscípulos nunca practicaron un ministerio de oración de liberación en el libro de Hechos. Esta idea está basada en un criterio muy bajo del poder de Dios y en un criterio muy alto del poder de Satanás.

Además de cegar a las personas al evangelio, Satanás y sus demonios también pueden provocarles enfermedades físicas y hasta la muerte a las personas. Esto se ilustra en los dos primeros capítulos de Job, donde el Señor le da a Satanás permiso para dañar a Job con enfermedades físicas y luego para matar a sus hijos. Algunas de las enfermedades físicas nombradas en la Biblia que podrían tener un origen demoníaco incluyen la epilepsia (Mt. 17:15-18), la mudez (Mt. 9:33), la ceguera (Mt. 12:22), sordera (Mr. 9:25) y deformidades físicas (Lc. 13:11, 16). Sin embargo, aunque la enfermedad podría tener algún origen demoníaco, aún así Satanás tiene que obrar en las leyes biológicas que Dios creó. Estos males no son enfermedades místicas que ofuscan a los médicos y se eliminan mediante encantamientos mágicos como en el paganismo. Una enfermedad provocada por Satanás aún tendría toda la patología de una enfermedad que se adquiere de forma natural; la misma cura que surtió efecto en esta última surtiría efecto en la primera.

Algunos trastornos mentales también pueden ser inducidos por demonios (Mr. 5:4-5). Una conducta tan rara puede incluir violencia (Mt. 8:28), arranques de fuerza anormal (Mr. 5:4), desvaríos / llanto / gritería (Mr. 5:5), automutilación (Mr. 5:5), espuma por la boca (Mr. 9:20), desnudez (Lc. 8:27) y el crujir de los dientes (Mr. 9:18).

Resulta absolutamente imprescindible plantear que estas condiciones no siempre son provocadas por demonios. Con frecuencia, los creyentes envueltos en las consecuencias mentales y emocionales autodestructivas de sus propias malas decisiones pueden volverse delirantes, sicóticos y divorciados de la realidad y pueden imitar muchas características que están asociadas con la posesión demoníaca. El rey Saúl es un ejemplo de las Escrituras. Además, no toda posesión demoníaca genuina tiene efectos idénticos. Hoy día, muchas personas pueden cometer el salto mental incorrecto de que una persona violenta tiene que estar poseído por un demonio sencillamente porque en ocasiones un síntoma puede ser característico de la posesión demoníaca.

Por otra parte, aun cuando la causa fundamental de la enfermedad o problema es sobrenatural, la solución bíblica no yace necesariamente en una relación directa con el demonio. Las Escrituras siempre presentan la solución haciendo referencia al progreso firme en el crecimiento espiritual mediante el aprendizaje de principios bíblicos y la aplicación de los mismos de forma consecuente al pensamiento y estilo de vida del creyente. Las Escrituras nunca autorizan ni tampoco siquiera insinúan que los creyentes debieran identificar, reprender o atacar a los demonios. (Abordaremos más sobre este problema en el próximo capítulo.)

¿Qué sucede cuando una persona acepta a Jesucristo como su Salvador y se convierte en cristiano? ¿De qué manera esto influye en cómo Satanás y sus demonios pueden afectar a esa persona?

¿Qué es la posesión demoníaca?

¿Cómo la Biblia describe y define la posesión demoníaca? Para comprender de manera apropiada la enseñanza bíblica sobre la lucha espiritual, debemos comenzar por un entendimiento claro de lo que las Escrituras quieren decir cuando se refieren a la posesión demoníaca. Una perspectiva errónea sobre este asunto traerá como resultado nuestro entendimiento incorrecto de la Palabra de Dios según Él la ha hablado, lo que en cambio nos llevaría a confiar en el criterio humano.

Como en el Antiguo Testamento no hay ejemplo claro de posesión demoníaca, nuestro análisis se centrará en el Nuevo Testamento. El Nuevo Testamento usa más de un término para referirse a la posesión demoníaca. Primero, la palabra griega *daimonizomai* es una forma participial del sustantivo usado de manera más común como equivalente a demonio (*daimonion*). *Daimonizomai* con frecuencia se traduce como "estar poseído por un demonio", o, cuando se usa para describir a una persona en esa condición, se traduce como "demoníaco". La palabra se usa trece veces,[1] todas las veces en los Evangelios. Se ha vuelto muy popular para atenuar el significado de esta palabra traducirla como "endemoniar".[2]

La segunda palabra del griego es *daimonion echein*: "tener un demonio". Esta frase se utiliza ocho veces en Mateo, Lucas y Juan.[3] La gramática griega expresa la idea de que el individuo se caracteriza por tener un demonio que mora dentro de él.

Una definición clásica de posesión demoníaca es la del difunto Merrill Unger:

> La posesión demoníaca es una condición en la que uno o más espíritus malignos o demonios habitan el cuerpo de un ser humano y pueden controlar de forma total y a su antojo a la víctima. Al embotar de modo temporal su mente, pueden hablar y actuar mediante él como si fuera su total esclavo o instrumento. El demonio (o demonios) que habita viene y va de una manera muy similar a la del propietario de una casa que puede o no estar "en casa". Cuando el demonio está "en casa", este puede precipitar un ataque. En estos ataques la víctima pasa de su estado normal, en el que actúa como las otras personas, al estado anormal de posesión.[4]

Hasta aquí, esta es una definición bastante exacta; sin embargo, a medida que Unger posteriormente desarrolla su definición, se hace aparente que confía, al menos hasta cierto punto, en experiencias con lo que él creía fueran personas poseídas por demonios.

Confusión extrabíblica

Creemos que una definición sólida del demonismo debe estar basada únicamente en la información de la Biblia. Es lamentable que algunas personas hoy día permiten que la experiencia determine más allá de la definición:

El problema con la definición del Dr. Unger es que aunque puede ser correcta en algunos casos, puede que no sea lo bastante amplia para que funcione en todos los casos de posesión demoníaca.[5]

Este escritor critica la definición derivada de la Biblia por Unger desde su propia experiencia. Como muchos otros, él ofrece su propia definición autónoma de la posesión demoníaca. Él eleva su interpretación de sus experiencias al mismo nivel de los relatos bíblicos. Después, sobre la base de esta suposición, él usa la combinación de sucesos bíblicos con sucesos clínicos contemporáneos para derivar conclusiones sobre la posesión. Este es el tipo de metodología inválida que por lo general lleva a las personas a la conclusión de que los cristianos pueden quedar poseídos por demonios.

Cuando una persona rechaza las Escrituras como la única autoridad, cualquier cosa es posible si se lleva a mayores extremos. (Y al parecer siempre hay personas que están dispuestas a llevar una idea más allá del consenso contemporáneo.) La lista que aparece a continuación revela lo que las personas en el siglo XVII creían ser síntomas de una persona endemoniada:

1. creerse uno mismo poseído;
2. llevar una mala vida;
3. estar constantemente enfermo, tener excesiva somnolencia y vomitar objetos poco comunes (ya sean objetos naturales —sapos, serpientes, gusanos, hierro, piedras, etc.— u objetos artificiales: clavos, alfileres, etc.);
4. blasfemar;
5. hacer un pacto con el diablo;
6. estar atormentado por espíritus;
7. mostrar un semblante horrible o aterrador;
8. estar cansado de vivir;
9. ser incontrolable y violento; y
10. hacer los sonidos y movimientos de un animal.[6]

Incluso las definiciones de la posesión demoníaca del siglo XVII estaban basadas en la experiencia humana o en la experiencia humana más la Biblia, no en la Biblia solamente.

Si damos cabida para cualquier criterio extrabíblico por pequeño que pueda ser en este asunto, le abrimos las puertas a criterios erráticos. Por ejemplo, ¿quién podría decir que la lista anterior del siglo XVII es errónea si la Biblia no es la única norma? La opinión de todo el mundo se vuelve tan posible como la de una sola persona. Veamos como la Biblia sola describe la posesión demoníaca.

La claridad del contexto

Como la Biblia no contiene definición sistemática de la posesión demoníaca, la mejor manera de comprender este problema es analizar las características de los ejemplos bíblicos que nos definen estas palabras. En los dos términos analizados con anterioridad vemos que alguien que se dice estar "endemoniado (*daimonizomai*)" o "tiene un demonio (*echo daimonion*)" es una persona que tiene uno o más demonios que habitan en ella, ellos residen dentro del cuerpo, no dentro del alma o espíritu. Por ejemplo, aunque el gadareno demoníaco se titula como "endemoniado" en Marcos 5:15-16, 18, se dice que la misma persona "tiene un demonio" en Lucas 8:27. Se produce una variación del uso de este sinónimo cuando se dice que las personas poseídas por demonios "tienen un espíritu inmundo" (Mr. 5:2, 8). Si nuestra información sobre la posesión demoníaca estuviese limitada a estas tres palabras, sería razonable llegar a la conclusión de que estos son solo términos genéricos que describen alguna suerte de actividad demoníaca en relación con los seres humanos. De hecho, este criterio lo ejemplifica un método que se vuelve muy popular hoy día. Se afirma que la idea de la posesión demoníaca en sí no se da en el griego del Nuevo Testamento:

> Estar endemoniado quiere decir estar bajo el control de uno o más demonios. El demonismo no es una cuestión de extremos, como la disyuntiva de estar por completo libre o totalmente esclavizado; es una cuestión de grados.[7]

Este escritor afirma que los términos del español posesión demoníaca e influencia demoníaca son inventos puramente teológicos que no reflejan de forma exacta el idioma original de la

Biblia. Todo cuanto dice la Biblia, afirma este razonamiento, es que las personas están endemoniadas. Pero ¿esto es verdad? ¡Absolutamente no! Una comprensión correcta del griego revela que la forma normal de traducir este término griego como posesión demoníaca ha sido correcta siempre.

Este método comete la falacia de definir una palabra basado en los significados de su raíz o etimología y no en como se usa y se define en realidad la palabra en el contexto. Endemoniado y tener un demonio se usan en las Escrituras como un solo tipo extremo de actividad demoníaca: hacer que uno o más demonios residan dentro del cuerpo de una persona y ejerzan control al anular la voluntad del individuo con relación a sus funciones corporales. El alma de la persona, su identidad, se mantiene ahí, aunque quizás esté inconsciente. Su voluntad de creer o rechazar el evangelio se mantiene ahí, pero su capacidad para controlar su cuerpo no. Estas palabras nunca describen un caso que implique poco menos que una sencilla influencia o una inducción de ideas en la mente de alguien. Por ejemplo, estos términos nunca describen las actividades de Satanás de acusación, tentación, engaño o persecución; ellos solo describen el caso extremo de estar controlado internamente por un demonio.

Jesús nos facilita una ilustración de la posesión demoníaca en uno de sus diálogos con los fariseos. En Mateo 12:28-29, 43-45, Jesús compara la víctima poseída con una casa en la que habitan los demonios. Echar fuera los demonios es análogo a sacar de la casa a los habitantes. Por lo tanto, la posesión demoníaca incluye claramente a los espíritus malignos / inmundos (otro término para demonios) que moran dentro de un individuo. Este aspecto lo reafirman los términos utilizados para describir la mudanza y desahucio de los demonios de su cautivo. Ambas transiciones están registradas en Marcos 5:13, con la "salida" (*exerchomai*) de los demonios de su huésped humano y luego la "entrada" (*eiserchomai*) en el hato de cerdos. A María Magdalena se le describe en Lucas 8:2 como la mujer "de la que habían salido siete demonios (*exerchomai*)". Estos términos precisos proporcionan claridad para el significado de *daimonizomai*, lo que hace indiscutible que la palabra en realidad significa que un demonio mora dentro del cuerpo de un huésped humano.

La definición anterior del Dr. Unger describe bien como, una vez entrado en una persona, los demonios pueden entonces "hablar y actuar mediante él como si fuera su total esclavo o instrumento. . . . Cuando el demonio está 'en casa', este puede precipitar un ataque. En estos ataques la víctima pasa de su estado normal, en el que actúa como las otras personas, al estado anormal de posesión".[8]

En la Biblia, la posesión demoníaca es el control interno y directo por parte de los demonios (denominados también espíritus malignos) de su víctima al residir en ella. Ahora analizaremos el problema crucial de si los cristianos pueden ser poseídos por demonios. ¿Puede sucederle esto a los cristianos?

¿Un cristiano puede ser poseído por demonios?

No creemos que la Biblia enseñe que un cristiano pueda ser poseído, lo que quiere decir que en su cuerpo o en la casa física del alma inmaterial, more un demonio. Sin embargo, sí creemos que Satanás y las potestades demoníacas pueden influir u oprimir de forma severa a los cristianos. Los problemas clave de este asunto giran alrededor de las diferencias entre el control / habitación interna y la influencia externa.

El Espíritu Santo. Las Escrituras enseñan con claridad que el Espíritu Santo mora dentro de todo creyente. Primera Corintios 6:19 dice: "¿O ignoráis que vuestro cuerpo es templo del Espíritu Santo, el cual está en vosotros, el cual tenéis de Dios?" El Espíritu Santo vive dentro de todo creyente en la era de la iglesia. Él ha convertido el cuerpo físico en la morada de la Trinidad. Además, 1 Juan 4:4 nos dice: "Mayor es el que está en vosotros [el Espíritu Santo], que el que está en el mundo [Satanás y las potestades demoníacas]". Por ende, un demonio no puede entrar y controlar el cuerpo físico de un creyente porque el Espíritu Santo vive allí. Analícelo de esta manera: como el Espíritu Santo vive en la casa material de un creyente, cada vez que un demonio toca a la puerta el Espíritu Santo responde a la puerta. Como Dios Espíritu Santo es más fuerte que cualquier ser demoníaco, incluso el propio Satanás, entonces ningún demonio o espíritu maligno podría entrar. Es así de sencillo: Dios es mayor que Satanás; por eso, Él protege a sus hijos.

Jesús usó esta misma analogía cuando refutó a los fariseos: "Cuando el espíritu inmundo sale del hombre, anda por lugares secos, buscando reposo y no lo haya" (Mt. 12:43). En esta ilustración, el demonio busca una nueva casa porque fue echado fuera del individuo que una vez ocupó. El equivalente de "echar fuera", *exerchomai*, es la misma palabra usada para referirse a la salida de un demonio en otros casos de posesión. Luego el demonio desahuciado dice: "Volveré a mi casa de donde salí" (v. 44). El demonio y sus amigos solo pueden entrar en la casa si está vacía, es decir "desocupada". Como la casa está desocupada, los demonios entran, *eiserchomai*, otro término técnico para la posesión demoníaca. En el caso de todos los creyentes, la casa está ocupada y Dios Espíritu Santo responde a la puerta aunque se haga el intento de una reposesión. Este pasaje dice que solo las casas vacías –los incrédulos– pueden reocuparse; por ende, los cristianos no pueden quedar poseídos por demonios.

Guardados del mal. Algunos otros pasajes del Nuevo Testamento señalan que la victoria de Cristo sobre Satanás y las potestades demoníacas fue tan grande y su poder es tan vasto que protege por completo a los creyentes "del mal". Primero, Jesús rogó en su gran oración de Sumo Sacerdote porque el Padre "los guardase [a los cristianos] del mal" (Jn. 17:15). ¿Pero qué quiso decir exactamente con "guardar de"? Según señala un escritor, si esta es una oración para proteger a los creyentes de tentación o influencia, entonces fue una oración vacía que nunca fue contestada.[9] Esto no concordaría con el poder intercesor de la segunda persona de la Trinidad, así que se debe haber querido expresar algo más.

La preposición *ek* aquí se usa para expresar ruptura o separación. Lo que haya querido expresar nuestro Señor, excluiría la invasión del cuerpo de un hijo de Dios por parte de demonios profanos. Como sabemos que el Padre ha escuchado y está cumpliendo la petición de Cristo, al menos debe incluir la protección de todos los creyentes, tanto los obedientes como los desobedientes, de la posesión demoníaca.

Después el apóstol Juan escribió que a todo creyente Dios le guarda y que "el maligno no le toca" (1 Jn. 5:18). El contexto de 1 Juan 5:18-

19 refleja la oración intercesora del Señor en Juan 17:19. También se refiere al creyente que vive en el mundo, en la propia esfera de influencia del diablo. Este pasaje específico contiene varias dificultades técnicas que primero debemos resolver para que sea posible una interpretación precisa. Primero, la identidad de aquel "que ha nacido de Dios" (un participio perfecto) es indiscutible y se refiere al creyente regenerado. Segundo, la identidad de aquel "que fue engendrado por Dios" (un participio pasivo aoristo) se encuentra sujeta a discusión. Algunas personas argumentan que el cambio de tiempos gramaticales indica un cambio de referencia, por tanto el segundo participio se refiere al Señor Jesucristo.[10] De ese modo, el versículo se traduciría: "Sabemos que ningún creyente regenerado peca; pues Jesucristo, Aquel que fue engendrado por Dios le guarda. . ." De nuevo esta traducción demuestra que el Señor nos guarda y protege de la posesión demoníaca. Sin embargo, aquellos que quieren decir que los cristianos pueden ser poseídos por demonios rechazan esta interpretación. Aunque estamos de acuerdo con que el criterio anterior es la mejor interpretación, asumiremos, solo por la discusión, la posición opuesta.

Esto supone la segunda dificultad con este pasaje. El complemento del verbo guarda es lee en algunos pero no muchos de los manuscritos antiguos. Una lectura alterna encontrada en el Texto de la Mayoría podría entenderse que signifique "él mismo". Aquellos que creen que los cristianos pueden ser poseídos por demonios tratan de evadir la implicación de este pasaje al rechazar la lectura estándar del texto griego para favorecer la lectura alterna del Texto de la Mayoría.[11] Pero aunque aceptemos solo por la discusión que esta es la lectura e interpretación correcta del texto, no obstante, ella sustenta el criterio de que un creyente no puede ser poseído por demonios. Zane Hodges defensor del Texto de la Mayoría, quien defiende la misma lectura alterna que sugiere C. Alfredo Dickason, llega a la conclusión de que el pasaje aún quiere decir que los creyentes no pueden ser poseídos por demonios.

> Por eso Juan afirma que "aquel que ha nacido de Dios se guarda a sí mismo (no hay equivalente para salvo en el origi-

> nal)". Esto replantea la verdad de [1 Jn.] 3:9 de una forma ligeramente diferente. El nuevo hombre de un creyente (o "nuevo yo"; Ef. 4:24; Col. 3:10) es fundamentalmente inmune al pecado y por ende el maligno (cp. 1 Jn. 2:13-14; 3:12), Satanás, no le toca.[12]

No es la frase discutida textualmente sino el verbo de la proposición final el que resuelve de forma contundente la discusión contra la posesión demoníaca del creyente. El griego *hapto* en la voz media quiere decir "tocar, asirse de o agarrar".[13] Esta palabra expresa tocar con intenciones de dañar, lo que quiere decir que Satanás no puede tocar ni dañar seriamente al creyente.[14] Como esta interpretación incluiría como mínimo la morada de un espíritu inmundo, queda claro que el cristiano está protegido de la posesión demoníaca. La proposición final: "el maligno no le toca", no está condicionada a la proposición anterior sino que es una realidad adicional. ¡Es difícil imaginar cómo un creyente podría ser poseído por demonios pero también decir que el maligno no le ha tocado! En realidad este pasaje añadiría peso a la enseñanza de que los creyentes no pueden ser poseídos por demonios.

Pablo declaró en 2 Tesalonicenses 3:3 que "fiel es el Señor, que os afirmará y guardará del mal". La preposición griega *apo*, traducida aquí "de", es diferente de los pasajes anteriores. Aquí la preposición expresa la idea de estar alejado de algo y cuando se usa en combinación con el infinitivo guardar, quiere decir proteger algo "para que no se pierda o se dañe".[15] Esta protección se basa en la fidelidad del Señor, no en la fidelidad del hombre. Nada en el contexto demuestra que se aplique solo a creyentes que andan en obediencia. Asumir ese criterio es presumir la interpretación de uno mismo para predeterminar la conclusión. ¡No en balde algunos escritores creen que las Escrituras no son del todo claras en este asunto!

Resulta difícil creer que la protección de nuestro fiel Señor permitiera que uno de sus hijos fuese poseído por demonios. No tiene sentido con respecto a las Escrituras. ¿Por qué entonces algunas personas afirman que los creyentes pueden quedar expuestos a alguna forma de posesión demoníaca?

¿La experiencia es más lúcida que las Escrituras?

Un método popular en la actualidad sustenta la afirmación de que los cristianos pueden ser poseídos por demonios sobre la base de estudios monográficos. Dickason es típico de algunos que concluyen que los cristianos pueden ser poseídos por demonios. Ciñéndose a un análisis extenso de argumentos bíblicos usados para sustentar o negar la posesión demoníaca, él resume que los datos bíblicos no dan una conclusión: "A partir del estudio y análisis de los argumentos a favor y en contra, llegamos a la conclusión de que no podemos decir con certeza razonable que cualquiera de las dos posiciones sea correcta".[16] ¿Cómo trata él de resolver este supuesto empate? Él se adentra en la esfera de la "investigación científica". Luego de citar muchas monografías de fuentes reputadas, él llega a la conclusión: "Debemos aceptar la probabilidad nada despreciable de que el consejo y la investigación guiados bíblicamente han demostrado por experiencia que algunos cristianos han estado endemoniados. La evidencia favorece grandemente esta conclusión".[17] Al parecer, como él no puede interpretar la Biblia de forma decisiva en este asunto, es capaz de analizar e interpretar la experiencia humana fuera del contexto de las Escrituras de modo que la balanza se incline hacia la posesión demoníaca del cristiano. La interpretación de Dickason de estas monografías lo hace declarar que el "peso de la prueba recae en aquellos que niegan que los cristianos pueden quedar endemoniados".[18] ¿Por qué? En un empate, no se considera que haya mayoría en ninguna de las dos partes. Pero creemos que la Biblia es clara y el peso de la prueba recae en aquellos que piensan que las Escrituras no son claras.

Como muchas otras personas que han luchado para darle respuesta a esta interrogante, Merrill Unger cambió su criterio, aunque el cambio no fue el resultado de una mayor exégesis de la Biblia ni de una mejor comprensión del significado de la palabra. Él cambió del planteamiento: "Solo los incrédulos están expuestos a la posesión demoníaca"[19] al planteamiento: "La influencia demoníaca [incluso la posesión demoníaca] puede ocurrir en diferentes grados de severidad y en una variedad de formas, tanto en cristianos como en no cristianos". ¿Qué provocó el cambio de parecer de Unger? Como sucedió con Dickason, fue la interpretación de experiencias de cristianos. Unger escribió: "Desde la primera publicación de demonología bíblica en 1952, el autor ha recibido numerosas cartas de misioneros de todo el mundo que cuestionan la teoría de que los verdaderos creyentes no pueden ser poseídos por demonios. . . . Las afirmaciones de estos misioneros parecen ser válidas".[20] ¿Pero cómo puede alguien desde este lado de la eternidad saber con certeza que estos eran creyentes o que estaban poseídos por demonios?

Para resumir esta posición, vemos que Dickason y Unger argumentan que las Escrituras son confusas y que Dios no ha aclarado lo suficiente el problema de la posesión demoníaca. Al hombre se le deja a sus propios medios para determinar las respuestas de esta interrogante importante. Bajo esta nube de incertidumbre, el hombre debe adentrarse en un terreno diferente para decidir el asunto: el terreno de la experiencia. Esta evidencia empírica es tan abrumadora, argumentan ellos, que debemos romper el empate en favor del concepto de que los cristianos pueden ser poseídos por demonios.

Sin embargo, este enfoque tiene problemas graves y errores fatales.[21]

De regreso a la Biblia

Primero, toda la idea de que cualquier área del pensamiento sea eliminada de la autoridad del criterio divino de las Escrituras es una falacia. Las Escrituras deben ser la fuente de la que derivemos un marco bíblico para que podamos entonces adentrarnos en otros campos del pensamiento para expandir nuestra enseñanza y adquirir sabiduría. Sin conclusiones definitorias de la Biblia que nos guíen en el reino espiritual e invisible de las potestades demoníacas, no somos muy diferentes de alguien que trate de explorar las cavernas de Carlsbad a oscuras. Cuando hacemos esto, en efecto, hemos abandonado la Palabra de Dios en esta área y hemos sustituido nuestros pensamientos y experiencias en lugar de interpretar nuestras experiencias según el criterio de la Biblia. Jesús le dijo a Nicodemo en Juan 3 que Él había descendido del cielo específicamente con el propósito de revelar cosas celestiales (vv. 9-13), las cuales nosotros como criaturas terrenales no podemos descubrir si Dios no nos lo dice. Por lo tanto, los estudios monográficos y las experiencias no son la vía para romper el supuesto empate que se encuentra en las Escrituras.

Segundo, Dickason interpreta tan a la ligera la información bíblica de por qué un cristiano no puede ser poseído por un demonio que naturalmente él llega a la conclusión de que la Biblia no es clara. Como cree ha interpretado su experiencia con precisión, él supone que deben existir argumentos válidos que demuestren que un creyente pueda ser poseído por demonios. Él se encuentra predispuesto a declarar que la Biblia, de forma total, no establece una conclusión en este tema. El hecho de que la Trinidad mora dentro del creyente y lo protege debería ser razón suficiente para que cualquier persona llegara a la conclusión de que los cristianos no pueden ser poseídos por demonios. Además, cuando esta verdad fantástica se combina con la realidad de que ni siquiera se menciona la posesión demoníaca como algo por lo que los creyentes debieran preocuparse después de la resurrección de Cristo y la venida del Espíritu Santo en el día de Pentecostés, pues eso debiera eliminar cualquier posible duda existente. El peso de la prueba recae en aquellos que creen que los cristianos pueden ser poseídos por demonios porque las Escrituras no apoyan este criterio. Las pruebas válidas deben provenir de las Escrituras, no de la experiencia.

Dickason y otros dan argumentos muy extensos en sus grabaciones y libros para demostrar, basados en sus monografías, que los cristianos a los que ellos aconsejaban se encontraban bajo una opresión demoníaca tan grande que solo un diagnóstico de posesión demoníaca justificaba sus síntomas. Esto es teología anecdótica, no teología bíblica exegéticamente válida. Con frecuencia, se describe al creyente, al lidiar con su problema, como si hubiese probado, sin éxito alguno, todas las técnicas de la vida cristiana según se encuentran en el Nuevo Testamento. En el aspecto que a menudo se hace hincapié es que si la persona no se hubiese dado cuenta de que estaba poseída por un demonio y no hubiese sido liberada, nunca habría adquirido los medios para superar este problema aplicando los principios divinos que se encuentran en la Biblia.

Un silencio retumbante

Pero si los cristianos pueden ser poseídos por demonios, entonces ¿por qué las Epístolas del Nuevo Testamento, aquellas cartas escritas de manera específica para enseñar a los creyentes cómo vivir una vida cristiana victoriosa hasta el regreso de Cristo, no nos dicen que los creyentes pueden ser poseídos por demonios o nos ordenan echar demonios fuera de cristianos o por el contrario nos dicen cómo lidiar con este problema? Resulta inconcebible que las Epístolas no aborden un tema tan importante como este.

Si las Escrituras no son claras en cuanto a si los cristianos pueden ser poseídos por demonios, como se argumenta, entonces en realidad no puede ser clara en cuanto a cómo lidiar con cristianos que están poseídos por demonios. Por el contrario, si las Epístolas proporcionaran instrucciones sobre cómo echar fuera demonios, entonces quedaría claro que los cristianos podrían ser poseídos por demonios. Por ende, como no existe ninguna instrucción en el Nuevo Testamento para lidiar con cristianos poseídos por demonios y suponiendo que los cristianos pueden ser poseídos por demonios, entonces una vez más nos volvemos a la experiencia y al ensayo y error como nuestro maestro en esta área.

Para aquellos que sugieren que algunos de nuestros argumentos están basados en el silencio de las Escrituras, creemos que tal silencio dice mucho. En el capítulo dos, demostramos que la Biblia con claridad asegura darnos todas las cosas que pertenecen a la vida y a la piedad (2 P. 1:3) y es suficiente para prepararnos para toda buena obra (2 Ti. 3:17). La posesión demoníaca cristiana es con certeza una cuestión vital perteneciente a la piedad para la que deberíamos estar preparados. Si la Biblia afirma proporcionar todo lo que pertenece a la piedad pero ignora este tema en particular, podemos tener absoluta confianza en que los cristianos no han de preocuparse por la posesión demoníaca. Por tanto, aquellos que enseñan la posesión cristiana indirectamente están negando la suficiencia de las Escrituras y están sobrepasando su autoridad al promover la autoridad de su propia experiencia. Han olvidado la advertencia de Pablo: ". . . que en nosotros aprendáis a no pensar más de lo que está escrito, no sea que por causa de uno, os envanezcáis unos contra otros" (1 Co. 4:6).

Unger en su libro anterior, *Demonología bíblica,* hizo la siguiente observación útil:

> Solo los incrédulos están expuestos a la posesión demoníaca; a la influencia demoníaca, tanto los creyentes como los incrédulos. En el primer caso, se invade de forma real la personalidad, se habita el cuerpo y se obtiene un control dominante; mientras que en el otro, el ataque se efectúa desde fuera, mediante presión, sugestión y tentación.[22]

Este planteamiento expresa con precisión nuestro propio criterio y distingue de un modo apropiado la repercusión demoníaca en los incrédulos y creyentes. La característica fundamental de la posesión es un asalto interno en el incrédulo. La influencia demoníaca en los creyentes es un asalto desde fuera y está relacionada con ideas y pensamientos, descrito de mejor manera como el pensamiento del mundo, que se caracteriza como diabólica (Stg. 3:15). La diferencia es tan grande como tener un enemigo dentro de su casa que tiene un arma apuntando a su cabeza obligándolo a obedecer sus deseos y como tener a alguien fuera que trata de persuadirlo de hacer algo. Como señaló Unger, la influencia demoníaca desde fuera asume la forma de persuasión "mediante presión, sugestión y tentación".[23] Por consiguiente, el creyente no se encuentra bajo el tipo de opresión que con frecuencia imaginan aquellos que creen que un cristiano puede ser poseído por demonios. En cambio, Cristo le ha dado libertad a la voluntad para obedecer, aunque el creyente puede elegir someterse a la naturaleza pecadora y seguir las ideas satánicas y no a Cristo en una situación específica. Por otra parte, si en realidad fuese poseído por demonios, tendría que ser liberado para poder tener libertad para obedecer.

Algunos cristianos hacen una distinción semejante entre la posesión y la influencia en teoría pero luego definen lo que quieren decir con "influencia" de tal modo que a efectos prácticos están diciendo que un creyente puede ser poseído por demonios. Hemos oído una versión de ese criterio expresada algo así: "La posesión demoníaca en realidad quiere decir demonismo en el Nuevo Testamento. Un cristiano no puede quedar poseído por un demonio, pero puede estar endemoniado". (Como vimos anteriormente, estar poseído por demonios es estar endemoniado y viceversa.) Luego, este criterio describe "influencia" en el creyente de tal modo que es en realidad el tipo de posesión interna que afecta a los incrédulos.

No hay creyentes poseídos por demonios en la Biblia

"Satanás puede y sí endemonia creyentes", declara John Wimber.[24] Él trata de sustentar su creencia de que los cristianos pueden ser poseídos por demonios a partir de varios pasajes bíblicos. Su primer ejemplo es el rey Saúl, cuya historia se relata en el libro de 1 Samuel. Estamos de acuerdo con Wimber que Saúl era creyente porque Samuel señaló que estarían juntos en el paraíso (1 S. 28:19). Sin embargo, Wimber de manera equivocada identifica el hecho de que Saúl era atormentado (16:14) con la posesión demoníaca.

Por varias razones, esta situación no pudo haber sido un caso genuino de posesión demoníaca.

1. Se dice que el espíritu malo lo envió Dios, no Satanás (16:14).
2. El espíritu malo se apartaba cuando David tocaba el arpa (16:23) y en las Escrituras no se dice que ningún demonio se aparte al tocar música. Por el contrario, los demonios se echan fuera en el nombre del Señor.
3. Saúl más tarde se arrepintió de su pecado (26:21). El Nuevo Testamento presenta una persona poseída por demonios como una víctima que necesita libertad, no arrepentimiento.
4. Las preposiciones hebreas aclaran que el espíritu malo venía sobre Saúl o se apartaba de él; nunca se dice que haya entrado en Saúl, como sería de esperar si la idea que se deseara expresar fuese la posesión demoníaca. Vimos con anterioridad que los términos de la posesión demoníaca son entrar y salir de una persona, no venir sobre. La descripción de este pasaje es consecuente con un ataque externo que sí le sucede a los creyentes. Finalmente, como el caso del rey Saúl se considera el candidato más fuerte para la posesión demoníaca del Antiguo Testamento, se deduce que no hay casos genuinos de posesión demoníaca registrados en el Antiguo Testamento.

Wimber cita Lucas 13:16 y el hecho de que Jesús llamó "hija de Abraham" a una mujer que había estado poseída por demonios durante dieciocho años. Él cree que este planteamiento quiere decir que ella era creyente. Primero, a partir de esto él no puede demostrar que un creyente del Nuevo Testamento pueda ser poseído por demonios, fundamentalmente un cristiano pos-Pentecostés. Segundo: "hija de Abraham" es un término nacionalista para una ciudadana de Israel. Muchos israelitas eran creyentes, pero la mayoría de ellos no lo eran. Nada del texto demuestra si en aquel momento ella era creyente.

Una tercera sugerencia es que Judas era creyente porque él era uno de los doce discípulos. No hay dudas de que Judas fue poseído por demonios. Juan 13:27 usa una terminología clara de la "posesión demoníaca" (cp. Lc. 8:30) al describir que "después Satanás entró [*eiserchomai*] en él [Judas]". Sin embargo, debiera quedar igualmente claro que Judas no era creyente. Primero, Jesús comentó en Juan 6:70: "¿No os he escogido yo a vosotros los doce y uno de vosotros es diablo?"[25] A Judas se le señala como ese diablo en el próximo versículo. Este no es un término para un cristiano. Con certeza el peso de la prueba recaería en alguien que demostrara que Judas era creyente después de un comentario como ese en su expediente. Segundo, Jesús le dice a los Doce en el Aposento Alto que todos los doce discípulos estaban "limpios", excepto Judas (Jn. 13:10-11).[26] "Limpio" (*katharos*) en este contexto indica con claridad la salvación. Tercero, Judas, el "hijo de perdición" pereció (*apolummi*), la misma palabra usada para aquellos que no creen solo en Cristo para obtener su salvación (Jn. 3:16). Resulta erróneo identificar un discípulo necesariamente como creyente porque no todos los discípulos de Cristo eran creyentes.

Hay quienes dicen que Pedro estaba poseído por demonios cuando Jesús lo reprendió en Mateo 16:23: "Pero él, volviéndose, dijo a Pedro: ¡Quítate de delante de mí, Satanás!; me eres tropiezo, porque no pones la mira en las cosas de Dios, sino en la de los hombres". Una vez más, esta es una suposición infernal que puede demostrarse como errónea. La influencia de Satanás era la de la persuasión desde fuera, no una obra desde dentro. ¿Por qué? Porque Pedro había aceptado un criterio erróneo sobre el papel del Mesías: Pedro no quería que Jesús muriese.

Pero esto se oponía a los planes de Dios para con Jesús, así que Jesús reconvino a Pedro para hacerle saber el origen de ese tipo de pensamiento falso. El pensamiento falso se identifica con el pensamiento diabólico (Stg. 3:15).

Anteriormente, cuando Pedro había declarado que Jesús era "el Cristo, el Hijo del Dios viviente" (16:16), Jesús había dicho que la fuente e inspiración de ese pensamiento era una revelación de Dios. Sin embargo, cuando Pedro reprendió a Jesús por seguir la revelación de la voluntad de Dios para su vida, Jesús quiso garantizar que Pedro supiese que el origen de este pensamiento no era Dios sino Satanás. Nótese que Jesús explicó tras su reprensión que Pedro no ponía la "mira en las cosas de Dios, sino en las de los hombres" (16:23). Este planteamiento es una ilustración de cómo Satanás usa la persuasión desde fuera de Pedro para tratar de convencerlo de que crea una enseñanza falsa.

Ananías y Safira son otros candidatos a ejemplos de creyentes que estaban "endemoniados" para mentir porque "Satanás llenó tu corazón para que mintieses al Espíritu Santo" (Hch. 5:3). El razonamiento es que alguien cuyo corazón está "lleno" de algo experimenta control interno y por ende posesión demoníaca. No vamos a debatir si Ananías y Safira eran creyentes, pero supondremos que lo eran. El problema con este versículo es que se proporciona muy poca información. Es posible entender la frase "Satanás llenó tu corazón" de dos maneras. El primer punto de vista es que Satanás, el "padre de mentira" (Jn. 8:44), influyó en el corazón de Ananías para que mintiese. Esta situación se asemejaría al tipo de persuasión mental y externa que vimos en el suceso anterior con Pedro. El segundo punto de vista, la manera en que lo entienden los practicantes de la liberación, es que Satanás entró en el corazón de Ananías. Sin embargo, si este fuera el caso, entonces sería Satanás quien mintió; aún así, fue Ananías quien mintió y fue castigado. Si Ananías hubiera sido Satanás —o poseído por demonios— habría sido Satanás dentro de él quien mentía y la solución habría sido echar fuera a Satanás porque Ananías sería la víctima inocente y no el perpetrador que la Biblia declara que ha sido. El próximo versículo dice: "¿Por qué pusiste esto en tu corazón?" (Hch. 5:4). Ananías, como todo creyente, controla sus pensamientos y es responsable de sus pensamientos, decisiones y acciones, no Satanás. Por ende, esta situación es un ejemplo de cómo Satanás usa el pensamiento rebelde de un cristiano como base de operaciones, influyéndolo con "doctrinas de demonios" (1 Ti. 4:1).

Un último ejemplo se centra en el hombre incestuoso de 1 Corintios 5. Algunas personas sostienen que él era un creyente cuya conducta era un síntoma de posesión demoníaca. Por eso, Pablo colocó a este hombre fuera de la iglesia y dentro de la esfera de Satanás para que fuese disciplinado, con el resultado de que el hombre pudiera perder su vida física, aunque esto no afectaría su destino eterno (v. 5). Sin embargo, Satanás no tiene que poseer internamente a una persona para matarlo. El rey Saúl no estaba poseído por demonios, pero fue llevado a la muerte por un espíritu maligno (1 S. 31). Está bien claro que Job no corrió peligro de ser poseído por demonios, pero el Señor le dijo a Satanás que él podía hacerle cualquier cosa excepto matarlo. A Pablo le fue dado un aguijón en su carne para que le abofetease, un mensajero demoníaco (denominado un *aggelos* o "ángel" de Satanás, 2 Co. 12:7), aún así no estaba poseído por demonios.

Una escala móvil

Al responder esta interrogante importante de la posesión demoníaca de los cristianos, fundamentalmente a luz de varias experiencias que al parecer demuestran la posesión demoníaca de cristianos, nos resulta útil usar el siguiente gráfico.

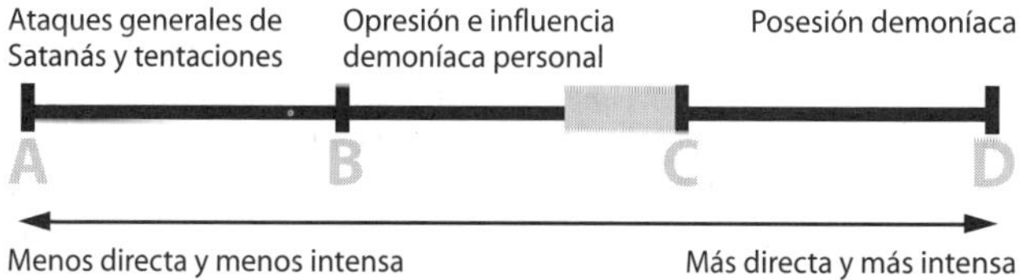

La línea representa todo el espectro de actividad demoníaca hacia las personas. La intensidad de esta actividad se incrementa de izquierda a derecha en la línea. La primera sección, entre las líneas

A y B, cubre los ataques generales de Satanás hacia todas las personas, incluso los creyentes. Este asalto incluye la tentación, oposición y los intentos de influir y controlar mediante falsas doctrinas. La segunda sección, entre las líneas B y C, cubre todas las áreas de opresión demoníaca intensificadas desde fuera del cuerpo. Este asalto puede incluir influencia mediante falsa enseñanza e incluso actividad ocultista. La tercera sección, entre las líneas C y D, cubre la posesión demoníaca, la morada interna de uno o más demonios. La propia Biblia no nos da una descripción completa de todo lo que son capaces los demonios. Por esta falta de información completa, en cuanto a la capacidad satánica de engañar, combinada con nuestros defectos en el área del discernimiento, es probable que ciertas actividades, como el control de las cuerdas vocales o incluso que los demonios derriben a alguien al suelo, puedan ser provocadas por un demonio sin requerir de habitación interna, pero que asemeje la posesión. Esto se indica con el área sombreada. Decir algo más definido sobre este problema va más allá de la información que proporcionan las Escrituras y es una pura especulación de nuestra parte.

En el análisis final, no nos es necesario definir estas diferencias porque Dios no nos ha llamado a ser diagnosticadores espirituales. No importa cuál sea el grado de influencia demoníaca, la solución es la misma: los cristianos deben someterse, "pues, a Dios; resistid al diablo, y huirá de vosotros" (Stg. 4:7). En ningún momento en las Escrituras la solución para el creyente se expresa en una terminología de liberación como por ejemplo "atar" o "reprender" al demonio.

Los apóstoles y las potestades demoníacas

Se dice que en tres ocasiones los apóstoles participaron de echar fuera demonios (Hch. 8:5-8; 16:16-18; 19:11-12). Ninguno de estos pasajes contiene un debate sobre si los liberados eran cristianos; todos estarían de acuerdo con que no lo eran. Estos son sucesos de gran importancia pues son señales de la autoridad concedida a los apóstoles por la Cabeza resucitada (Cristo) para actuar y hablar en su nombre, como lo demostró el hecho de que ellos al igual que su Maestro tenían autoridad sobre Satanás. Cuando los apóstoles edificaron el fundamento de la iglesia (Ef. 2:20) y se estableció el límite y naturaleza del mensaje del evangelio, la norma para lidiar con incrédulos poseídos por demonios era la predicación del evangelio.

Al creer en Cristo como Salvador, un incrédulo es liberado no solo de su pecado sino también de cualquier posesión demoníaca que pueda haberlo aquejado. Por tanto la manera bíblica apropiada para liberar a un incrédulo de demonios es predicarle el evangelio. No le proporciona ningún beneficio a la víctima que alguien eche fuera demonios (si es posible) solo para que se mantenga siendo no salvo. Cristo les dijo a los fariseos en Mateo 12 que cuando el demonio regresa a su antigua casa y la encuentra barrida y adornada, irá a buscar otros siete demonios, de modo que el estado de la persona será peor que al principio. Cualquier creyente puede liberar a otra persona de demonios al conducirlo hacia Cristo. Las Escrituras no requieren de un segundo paso de liberación para que el creyente quede libre de las potestades demoníacas; Cristo barre la casa y la deja limpia en el momento de la salvación y el Espíritu Santo la ocupa.

Otros criterios verdaderos

Como los cristianos no pueden ser poseídos por demonios, no hay que liberarlos de la posesión demoníaca. Satanás puede influirnos desde fuera, pero Dios Espíritu Santo protege a sus hijos de la reposesión interna después de la salvación. Una de las tragedias de los ministerios contemporáneos de liberación es que ellos intentan hacer algo que constituye una total pérdida de tiempo: tratar de liberar a cristianos de los demonios. Como hemos hecho ver en capítulos anteriores, la verdadera guerra espiritual se centra en primer lugar en el mundo y la carne, no en la preocupación por demonios. El cristiano debe centrarse en la conducta ética apropiada de acuerdo con la Palabra de Dios, no en una batalla metafísica con Satanás y sus demonios.

De un modo creciente, al parecer los cristianos hoy día están quedando atrapados en la preocupación por Satanás y las potestades demoníacas. Esta distracción ha provocado que olviden que se está llevando a cabo una guerra en tres frentes, no solo con el diablo, que es muy real, sino también con el mundo y la carne. Muchos cristianos se han obsesionado tanto con Satanás que están sufriendo invasiones en los otros dos frentes: el mundo y la carne. De hecho, muchas de las falsas enseñanzas de hoy día sobre Satanás y las potestades demoníacas son en realidad productos de este sistema del mundo. También, algunas de las mismas personas que se encuentran al frente de los ministerios de liberación están siendo derrotadas por la naturaleza pecadora en muchas esferas de sus vidas porque creen que están poseídos por el diablo en vez de por sus propios deseos.

El llamado de la actualidad es permitir que la Biblia nos diga quién es nuestro enemigo real, lo que incluye nuestro plan de batalla y cómo llevarlo a cabo. Como cristianos, debemos estar por completo sumisos a Jesucristo y a su Palabra. Satanás quiere que usted ponga sus ojos en él; Dios quiere que usted ponga sus ojos en Él y en su Palabra.

8

CÓMO HACER RESISTENCIA AL AGRESOR

Someteos, pues, a Dios; resistid al diablo y huirá de vosotros.
—Santiago 4:7

Las fuerzas de las tinieblas influyen y, en circunstancias extremas, oprimen a los cristianos. Satanás anda alrededor como león rugiente buscando a quien devorar. Él y sus fuerzas demoníacas son un enemigo perenne contra los cristianos. En el capítulo anterior, vimos las muchas formas en que Satanás y los demonios pueden influir y afectar a los cristianos. ¿Cuál es, entonces, nuestra defensa contra estos enemigos?

Una forma de enseñanza popular en la actualidad se centra en la solución de la liberación y el exorcismo. Según este criterio, la liberación no es solo para los cristianos sino también para los no cristianos. Por lo general, la liberación se presenta en cuanto a exorcismo, reprender y atar a Satanás. Sin embargo, resulta extraño de forma excepcional que no encontremos instrucción ni mandato alguno en las Escrituras para reprender y atar a Satanás; en cambio, encontramos el mandato importante de resistirnos al diablo. Este mandato se encuentra en tres pasajes semejantes y cruciales en el Nuevo Testamento: Efesios 6:10-18; 1 Pedro 5:6-9; y Santiago 4:7. Estos pasajes no solo fortalecen nuestra confianza en la lucha espiritual sino que también nos suministra cierta certeza de que Satanás no nos puede cegar.

El problema del temor

Hoy día muchas enseñanzas populares promueven una actitud de temor entre los cristianos. Hace poco tiempo llegó a mi escritorio un ejemplo de esto. El escritor de esta historia es un ex misionero que ahora pertenece a un ministerio de liberación.[1] En un momento no creía que los cristianos pudieran ser poseídos por demonios, pero luego tuvo una experiencia que dice él le cambió por completo su visión del mundo. Un cambio tan radical es común. Pero en lugar de sufrir este cambio por el estudio intensivo de la Biblia, las personas cambian sus criterios porque tienen alguna suerte de experiencia que no concuerda muy bien con su entendimiento previo de las Escrituras. Aunque no creemos que los cristianos puedan ser poseídos por demonios y por ende cuestionemos la interpretación de este escritor de su experiencia, otros factores en la historia provocan preocupaciones aún mayores: Él promueve el temor y la angustia entre los cristianos en lugar de promover la confianza en Cristo y la suficiencia de su Palabra y nada más.

El episodio que relata este escritor ocurrió en los años 60 cuando su hija era una joven adolescente. Mientras estuvo ausente de casa, él recibió una llamada telefónica muy preocupante de su esposa, quien insistía que regresase a casa de inmediato porque su hija estaba actuando de un modo extraño y la esposa creía que la joven estaba poseída por un demonio. En ese momento él negó esta explicación, no creyendo que los cristianos pudieran ser poseídos por demonios. No obstante, regresó a casa rápidamente y se encontró a su hija muy confundida y asustada.

El comenzó a preguntarle por su relación con el Señor. Su respuesta, según él relata, demuestra a una joven que al parecer andaba con el Señor. Ella dijo: "Papá, ayúdame. Tengo miedo. Amo a Jesús y quiero hacer lo correcto. ¿Qué me sucede?" Mientras oraba con su hija, notó un pentagrama en una cadena que colgaba de su cuello. En respuesta a sus preguntas, ella dijo que era un regalo de un amigo. Cuando él le preguntó lo que simbolizaba ella respondió: "No sé; supongo que es una especie de amuleto de buena suerte. Aparece en la cubierta de algunos álbumes musicales. Muchos chicos lo llevan puesto".

Luego de descubrir el significado del pentagrama como símbolo de lo oculto, le dijo a su hija que necesitaba quitárselo y rechazar a las fuerzas espirituales que tenía asociada el objeto. Cuando ella obedeció, dice él que de inmediato se vieron inmersos en una confrontación frente a frente con espíritus malignos. Él oró y renunció a los demonios asociados con el pentagrama y después de un segundo suceso más tarde esa noche, relata él que ella quedó finalmente liberada.

Aunque no conocemos y tampoco es nuestra intención explicar exactamente lo que sucedía en la vida de esta joven, la manera en que se relata la historia nos deja con ciertas interrogantes muy significativas y que no se han tratado.[2] Si esta interpretación del suceso es, en verdad, correcta, entonces deberíamos tener un temor justificado de que nosotros, también, podríamos recoger de manera inconsciente un demonio y quedar poseídos. A primera vista, el padre al parecer presenta a su hija como una cristiana bastante madura para su edad y como alguien que anda con el Señor. Con toda inocencia había recibido símbolos y prácticas ocultistas por medio de un amigo y por ende recogió un demonio. Cualquiera que se entere de una experiencia así se preguntaría si pudiera recoger de manera inocente un demonio por tener un objeto ocultista de forma inconsciente en alguna parte de la casa. ¿Si alguien entrase o pasase por una tienda que vende esos objetos, no podría "recoger" un demonio? En la historia al parecer el padre sí da alguna indicación de que la chica sabía más de lo que él imaginaba en un principio. Ella tenía no solo el collar del pentagrama sino también una caja completa de baratijas ocultistas y se había expuesto a música *rock* duro y a la meditación trascendental (MT).

Formulación de preguntas

En este momento el cristiano inteligente debe hacerse varias preguntas. ¿Un cristiano puede quedar expuesto inconscientemente a objetos ocultistas y por ende recoger un demonio y quedar oprimido o poseído por demonios? Segundo, si la participación es inocente y hecha por ignorancia, dónde está la protección de un Dios soberano y cariñoso? Tercero, si esta suerte de cosas sucede (opresión demoníaca pero no posesión), ¿cuál debe ser la respuesta del creyente? ¿Qué debe hacer el cristiano para rechazar los ataques de Satanás en este siglo?

Primera Pedro 5:8 es un pasaje bien conocido que describe la estrategia de Satanás durante este siglo como león rugiente: "Sed sobrios y velad; porque vuestro adversario el diablo, como león rugiente, anda alrededor buscando a quien devorar". Dios en su sabiduría no solo nos advierte de los ataques de Satanás sino que también proporciona una instrucción clara sobre cómo lidiar con estos ataques: "Al cual resistid firmes en la fe, sabiendo que los mismos padecimientos se van cumpliendo en vuestros hermanos en todo el mundo" (1 P. 5:9). Esta otra explicación aclara la forma en que el diablo acecha.

Pedro escribió esta epístola a los creyentes que estaban dispersos y que sufrían la persecución por su fe. No fue Satanás quien los atacó de forma personal sino un asalto indirecto mediante el sistema cósmico: la cultura, las ideas, los incrédulos a su alrededor cuyos pensamientos estaban dominados por ideas falsas y de criterios humanos, las que también se denominan diabólicas en Santiago 3:15. El contexto de 1 Pedro sugiere fuertemente ataques indirectos de Satanás mediante el sistema cósmico y no enfrentamientos directos con Satanás y los demonios. No obstante, seamos atacados directa o indirectamente por fuerzas demoníacas la solución siempre es la misma: "Resistid al diablo y huirá de vosotros".

Algunos podrían pensar que la resistencia incluye el exorcismo, así que antes de entender el significado de resistirse al diablo, debemos analizar primero el exorcismo.

¿El exorcismo es una alternativa?

Con la popularidad de la película *El exorcista* (así como el hincapié que han hecho los maestros de liberación), la respuesta que muchas personas esperan que la Biblia les proporcione al problema de la opresión o posesión demoníaca es el exorcismo. Sin embargo, como hemos visto, eso no es lo que la Biblia enseña realmente. Las únicas personas según la Biblia que echaron fuera demonios por el poder de Dios fueron el Señor Jesucristo, los apóstoles y Felipe. Sin embargo, la Biblia también tiene registrado que los exorcistas judíos e incrédulos intentaron echar fuera demonios en el nombre de Jesús (Hch. 19:13) y que en el juicio final habría muchas personas que habrían echado fuera demonios en el nombre de Jesús y que habrían realizado muchos milagros en su nombre, pero Jesús los rechazaría, diciendo: "Nunca os conocí; apartaos de mí, hacedores de maldad" (Mt. 7:23). Echar fuera demonios de modo fraudulento o incluso de modo real no valida la experiencia ni demuestra que su practicante es hijo de Dios. En una entrevista reciente, Paul Hiebert, profesor del departamento de Misiones del Mundo del Seminario Fuller, comentó sobre algunos episodios de exorcismo que él había presenciado en la India en los que los gurús hindúes realizaban exorcismos y las personas al parecer se liberaban de los demonios. Obviamente, eso no se hizo por el poder de Dios.

Al parecer una actitud predominante que transmiten los ministros de liberación es que cualquiera que esté oprimido o poseído por un demonio debe ser liberado. A algunas personas las pudiera sorprender saber que al parecer este criterio no lo sustentó el apóstol Pablo. Hechos 16 dice que cuando Pablo y Silas estaban en Filipos, una esclava que tenía un espíritu de adivinación (un demonio que le daba la capacidad de adivinar) los seguía a todas partes, dando un testimonio preciso de su mensaje. Muchas personas creerían que Pablo habría lidiado con este problema mucho antes, pero no lo hizo. Hechos 16:18 nos dice que "esto lo hacía por muchos días". Finalmente: "desagradando" a Pablo, él le ordenó al espíritu salir de ella. Nótese que él no le ordenó al espíritu salir para poder dar testimonio a la muchacha, ni tampoco le ordenó al espíritu salir de ella para que pudiera recibir mejor su mensaje, tampoco le ordenó al espíritu salir por compasión y amor a la muchacha. Por el contrario, él le ordenó al espíritu que saliera porque le desagradó, probablemente porque no quería que la verdad que él proclamaba fuese validada por el testimonio de un espíritu maligno.

Señales y prodigios

Cuando analizamos el Nuevo Testamento, encontramos que echar fuera demonios fue uno de los tantos Milagros que entraron en la clasificación de señales y prodigios. Hechos 5:12 dice: "Por la mano de los apóstoles se hacían muchas señales y prodigios en el pueblo". El pasaje continúa describiendo en detalles en qué consistían estas señales y prodigios, curar a los enfermos así como a los afligidos con espíritus inmundos. Las señales y los prodigios estaban fundamentalmente diseñados a autenticar y validar el ministerio de los apóstoles; eran únicamente de los apóstoles y de las personas que se encontraban muy cercanos a ellos. Si otros además de los apóstoles pudieran realizar estas señales y prodigios, entonces el apóstol Pablo no podría haber dicho: "Con todo, las señales de apóstol han sido hechas entre vosotros en toda paciencia, por señales, prodigios y milagros" (2 Co. 12:12). Estos pasajes demuestran con claridad que la única práctica legal de echar fuera demonios como señal o prodigio era apostólica.

En algunas iglesias hoy día existen aquellos que mantienen que la función apostólica continúa. Aunque entablar una discusión extensa sobre esta cuestión se aleja del campo de aplicación de este libro, digamos que la Biblia no sustenta este criterio. Los apóstoles eran hombres que habían presenciado la vida y resurrección del Señor y que Él los había nombrado de forma directa (Hch. 1:21-22). Esta función fue para establecer los fundamentos y por lo tanto, única de los inicios de la iglesia (Ef. 2:20). Aquellos que continúan realizando esta función lo hacen sin fundamento bíblico. Porque este don / función ha cesado, las señales y los prodigios han cesado también, y con ellos el echar fuera demonios.

Esto no quiere decir que Dios ya no haga milagros ni libere a los atormentados por demonios. Durante el período del ministerio de nuestro Señor en la tierra y los primeros años de la iglesia, Dios delegó la capacidad de hacer milagros en unos pocos elegidos. Estos hombres hicieron esos milagros mediante el poder de Dios según su propio criterio. Determinaron cuándo harían esos milagros y a quién curarían. Dios medió en los milagros mediante estos individuos. Hoy día, Dios aún hace milagros y libera personas atormentadas por demonios, pero Él hace estas acciones directa y no indirectamente mediante su pueblo. (Claro está, Él puede hacerlo en respuesta a la oración de una persona por otra o en respuesta a la oración de una persona no salva que se convierte a Cristo y busca la salvación.) El escritor de la carta a los hebreos, la cual se escribió a finales del período apostólico, reconoció que incluso a finales del período apostólico, las señales y los prodigios eran cosa del pasado (He. 2:3-4). Claramente, la solución bíblica a la opresión o posesión demoníaca en este siglo nunca se expresa como echar fuera demonios sino como resistirse al diablo.

Cómo resistir al diablo

El único mandato dado a los creyentes para lidiar con Satanás es resistirse al diablo. Resulta significativo que este mandato se da tres veces en el Nuevo Testamento (1 P. 5:9; Stg. 4:7; Ef. 6:13). La palabra traducida resistir significa "ponerse contra" u "oponerse". Es una palabra compuesta de la preposición griega *anti*, que significa "contra" y *histemi*, que significa "ponerse". La palabra llegó a significar "ponerse uno mismo en contra de, oponerse, resistirse, soportar".

Efesios 6:10-18 le dice al creyente que se vistan de toda la armadura de Dios para que puedan "resistirse" o estar firmes contra el diablo. Nótese que cuando Pablo explica por qué debemos vestirnos de la armadura, no solo dice que nos permitirá ponernos en contra (*antihistemi*) (v. 13) sino también para que podamos estar firmes. La palabra "estar firme" es sencillamente otra forma de la palabra griega usada por "resistirse". Es la palabra *histemi*, que significa "ponerse". Nosotros resistimos al diablo vistiéndonos de la armadura de Dios.

Este grupo de palabras refleja un uso militar. Es la palabra usada en órdenes dadas a un centinela. Su responsabilidad era primeramente defensiva en vez de ofensiva, ya que la responsabilidad de un centinela era cuidar el campamento o fortaleza y vigilar al enemigo. Si se divisa al enemigo o trata de infiltrarse en el campamento, entonces el guardia debe alertar a las tropas para que puedan defender su posición. No es responsabilidad del guardia ir a la ofensiva, buscar al enemigo y entablar combate con él.

Es de gran importancia prestar atención al aspecto defensivo de esta orden porque es justamente lo contrario de lo que algunas personas enseñan en la actualidad sobre la lucha espiritual. Las ideas de atar, reprender, exorcizar o dominar a Satanás y a las fuerzas demoníacas son ideas de ofensiva. Cuando los creyentes se lanzan en la ofensiva contra Satanás, se están sobrepasando de sus límites legales al verse inmersos en situaciones que el Señor nunca quiso para ellos. Este tipo ofensivo de respuesta Pedro la describió como característico de los falsos maestros (2 P. 2:10-11). Con frecuencia, esta respuesta abre las puertas a la opresión demoníaca en la vida del creyente.

Tal como un guardia que divisó al enemigo y salió a entablar combate con él se expondría de forma peligrosa a los ataques del enemigo, un creyente es susceptible a un ataque satánico incrementado cuando deja de resistirse y comienza a atacar. Quizás la razón por la que algunas iglesias tienen tantas personas que tienen tantos problemas con demonios es que se encuentran enfrascados en una campaña agresiva contra Satanás que los ha ubicado en una posición de desobediencia bíblica y han abierto sus puertas a la opresión demoníaca. Debemos reconocer que la batalla es del Señor, no nuestra. Por mucho que se espiritualice con la terminología religiosa no se puede transformar la atadura y reprensión en alguna forma de lenguaje defensivo.

Estar firmes

Un ejemplo hermoso de lo que se quiere decir con estar firmes se encuentra en la huida de Israel de Egipto. Cuando los israelitas siguieron la orden del Señor de abandonar Egipto, los siguieron el Faraón y todas sus carrozas, caballería e infantería. Faraón representaba el establecimiento militar más grande de la época y él lanzó todo cuanto tenía contra los israelitas. En realidad, esta amenaza los abrumó y sembró temor en sus corazones: una situación no muy diferente de la del cristiano que constituye el blanco de Satanás. Cuando los israelitas en su temor acusaron a Moisés de sacarlos de Egipto para morir, Moisés demostró el tipo de actitud y acción que los cristianos deben tener en la lucha espiritual: "No temáis; estad firmes (*histemi* en el LXX) y ved la salvación de Jehová. . . Jehová peleará por vosotros y vosotros estaréis tranquilos" (Éx. 14:13-14). Al obedecer y estar firmes, el Señor los libertó primero abriendo el Mar

Rojo como una vía para escapar y luego ahogando al ejército del Faraón en las aguas cuando estas se cerraron sobre ellos.

Los israelitas debían estar firmes; esa era su responsabilidad. El Señor los libertaría; esa era su responsabilidad. De la misma manera que los creyentes hoy día deben estar firmes contra Satanás; esa es nuestra responsabilidad. Debemos resistir en nuestra posición en Cristo. Luego Dios se ocupa de Satanás. Estamos a la defensiva y Dios ejecuta la ofensiva.

Cómo vestirse de la armadura de Dios

Cuando nos preguntamos de forma específica cómo debemos resistirnos y estar firmes contra el diablo, las Escrituras son claras: los cristianos deben resistirse o estar firmes contra el diablo vistiéndose de toda la armadura de Dios. Pablo plantea esto dos veces en Efesios 6 para garantizar que recibamos el mensaje. De la misma manera que un guardia se pondría su armadura y recogería su armamento antes de ir a su posta, el creyente debe ponerse su armadura para que pueda estar firme.

Este pasaje sobre la lucha espiritual comienza diciéndole al cristiano que "se fortalezca en el Señor y en el poder de su fuerza" (Ef. 6:10). Esto no solo nos recuerda el planteamiento de Moisés a los israelitas que debían estar firmes y ver la liberación del Señor sino también el planteamiento de David que "de Jehová es la Batalla" (1 S. 17:47).

Uno de los títulos dados a Dios en el Antiguo Testamento es el de Señor de huestes o Señor de ejércitos. Este título se refiere a su posición como Comandante en Jefe de todas las huestes angélicas. Una vez que nos convertimos en ciudadanos del cielo, debemos someternos a su autoridad como General al mando. Es en su fuerza que peleamos y según sus órdenes.

Esto quiere decir que primero debemos someternos a Él y a su señorío si queremos vencer en nuestro combate espiritual. La sumisión implica humildad. Por eso los otros dos pasajes relacionados con estar firmes contra el diablo enfatizan la humildad y sumisión a Dios. Pedro nos dice: "Revestíos de humildad; porque: Dios resiste a los soberbios y da gracia a los humildes. Humillaos, pues, bajo la poderosa mano de Dios, para que él os exalte cuando fuere tiempo" (1 P. 5:5-6). El mandato de Santiago es casi idéntico en 4:6 y 4:10. Intercalado entre estas dos oraciones él dice: "Someteos, pues, a Dios; resistid al diablo y huirá de vosotros".

Esta es una promesa fantástica de Dios. Cuando nos sometemos a Dios como nuestro Señor y como el Comandante en Jefe de la guerra, entonces mostramos humildad. Ya no seguimos nuestra voluntad sino la de Él. Esta humildad fue ejemplificada por Jesucristo cuando se revistió de humildad al ocupar la posición y la forma de un siervo y se humilló haciéndose obediente hasta la muerte (Fil. 2:8-9).

La esencia de la humildad es ponernos nosotros mismos en la posición de siervos de Dios y abandonar toda reclamación a derechos personales. Jesús expresó este principio cuando Él dijo: "Si alguno quiere venir en pos de mí, niéguese a sí mismo y tome su cruz y sígame" (Mt. 16:24). Si nos vamos a revestir de toda la armadura de Dios y obrar en su fuerza, primero debemos humillarnos bajo la mano poderosa de Dios.

Solo con una actitud de humildad como esa podemos someternos a Dios y vestirnos de toda su armadura. Pero antes de analizar la armadura, debemos entender algunas cosas. Primero, el pasaje de la armadura es solo una analogía. Debemos tener cuidado de no inferir más de lo debido de cada componente. La armadura es solo una ayuda visual para asistirnos en la comprensión de lo que quiere decir vestirse del Señor Jesucristo (Ro. 13:14). "Vestirse de Cristo" quiere decir tener el carácter de Cristo. En esencia, vestirse de la armadura es una ilustración de la vida cristiana: Al tener su carácter, podremos estar firmes contra las confabulaciones del diablo, tal como hizo Jesús cuando fue puesto a prueba en el desierto.

Seis componentes de la armadura

Vestirse de toda la armadura de Dios implica dos aspectos. El primer aspecto apunta a vestirse de toda la armadura mientras que el segundo aspecto apunta a cada componente de la armadura. Cuando decidimos seguir al Señor Jesucristo en la lucha espiritual y someternos a Él, en un sentido nos vestimos de toda la armadura. Esto no quiere decir necesariamente que cada componente esté en su lugar, que no necesite más ajuste, sino que la armadura como un todo esté en su lugar. Primero cuando confiamos en Cristo como nuestro Salvador, nos identificamos con Él y recibimos su justicia. Esta condición se denomina santificación de posición o santidad de posición. Como nuestra posición es "en Cristo", a los ojos de Dios estamos acreditados y vestidos con su justicia perfecta.

Así y todo, aunque en cuanto a posición somos justos y santos, aún pecamos y aún necesitamos crecer como cristianos. Este proceso de crecimiento se conoce como santificación progresiva. Es el andar diario, secuencial y progresivo del creyente en que él de forma gradual aprende los principios de la Palabra de Dios, los aplica de modo consecuente y avanza hacia la madurez espiritual. Para resumir, la santificación de posición es vestirse de toda la armadura de Dios mientras que la santificación progresiva se centra en cada componente de la armadura.

En el libro de Josué, los israelitas invadieron la tierra de Canaán para apoderarse de ella, como Dios mandó. Cuando entraron en el territorio, tuvieron unas cuantas batallas campales y conquistaron unos cuantos pueblos clave, como Jericó y Hai. Después de estas victorias, tenían prácticamente el control del territorio, pero la batalla aún no acababa. Ellos tenían el control en cuanto a posición pero no por completo porque aún tenían que llevar acabo una operación de limpieza, lo que suponía años para eliminar los diferentes focos de resistencia.

La armadura que Pablo describió en Efesios 6 consta de seis componentes. Muchos intérpretes creen que la idea de la ilustración vino a Pablo cuando estaba en Roma bajo arresto domiciliario, probablemente encadenado a uno o dos miembros de la Guardia pretoriana. Cuando observó su armadura y preparación para la batalla, él usó esto para ilustrar cómo el creyente debe defenderse de las confabulaciones del diablo. Es claro que Pablo usó esta ilustración para señalar algo en particular porque él no mencionó cada uno de los componentes de la armadura que podría llevar un soldado romano. Es de fundamental importancia notar el orden en que él presentó estos componentes.

El cinturón de la verdad. Lo primero que debemos hacer para triunfar en la lucha espiritual es ponernos el cinturón de la verdad. Para un soldado romano, el cinturón era un componente muy importante. Un soldado romano por lo general llevaba puesta una túnica larga y suelta. Obviamente, tal pieza de vestir le sería un obstáculo en la batalla, obstaculizaría sus movimientos. Por lo tanto, él ceñía un cinturón a la cintura y luego trababa las puntas sueltas de la túnica al cinto de manera que no le fueran tropiezo. Esto lo preparaba para la batalla e impedía que tropezara con la túnica o que esta lo entorpeciera.

Jesús usó esta misma frase en Lucas 12:35: "Estén ceñidos vuestros lomos". La idea de ponerse el cinturón hace énfasis en la disposición, preparación, viveza y la vigilancia. Esta misma idea de eliminar obstáculos se encuentra Hebreos 12:1, donde la analogía es la carrera. Nosotros debemos "despojarnos de todo peso y del pecado que nos asedia". Al usar la ilustración del soldado en su segunda epístola a Timoteo, Pablo le recordó que un buen soldado no se enredaría con los negocios de esta vida porque entorpecería su éxito como buen luchador (2 Ti. 2:4).

El cinturón que elimina los obstáculos de nuestra lucha y nos prepara para la batalla es el cinturón de la verdad. La verdad en este versículo se refiere a la Palabra de Dios como verdad objetiva. Algunas personas han sugerido que esto se refiere a la sinceridad o integridad porque la espada que se menciona más adelante es también la Palabra de Dios. Pero ahí la idea es la Palabra de Dios puesta en práctica en ciertas situaciones específicas. El cinturón de la verdad no puede referirse a la sinceridad general y a la integridad personal porque estas son inadecuadas como preparación para la lucha contra las fuerzas satánicas. Es solo la Palabra de Dios la que nos prepara e instruye sobre el pecado en nuestra vida, para que podamos eliminar el pecado que nos obstaculiza en nuestra lucha espiritual. La verdad de la Palabra de Dios también es el ancla de nuestra alma, tal como el cinturón ayudaba a atar la coraza y a sostener la espada.

Jesús hizo énfasis en la necesidad de las Escrituras para la santificación cuando Él dijo: "Y conoceréis la verdad y la verdad os hará libres" (Jn. 8:32). Solo cuando de manera personal nos ponemos el cinturón de la verdad, entregándonos a la verdad absoluta y la suficiencia de la Palabra de Dios, estamos libres de obstáculos en la lucha espiritual. En la actualidad muchos cristianos son ineficientes en la vida cristiana y en la lucha espiritual porque no se han entregado por completo a la Palabra de Dios, la que por sí sola es suficiente para prepararlos para cada situación de la vida. Con frecuencia, hoy día el cristiano cae en la trampa que explicamos en el capítulo dos: mezclar la Biblia con otras formas de verdad. En lugar de aceptar solo la Biblia, muchas personas hoy día mezclan el criterio divino de la Biblia con el criterio humano de la psicología, la sociología o las técnicas de autoayuda. Tratan de resolver los problemas de su vida no mediante Cristo solamente, sino mediante Cristo y algo más. Esta tendencia los ha dejado de manera peligrosa discapacitados para ejercer resistencia contra Satanás. De hecho, al aceptar la Biblia y algo más, están haciendo exactamente lo que Satanás quiere que hagan.

La coraza de justicia. Ningún soldado romano iría a la batalla sin llevar puesta su coraza. En cierto momento los soldados romanos usaban corazas hechas de cuero o cascos de animales, aunque la coraza más común era una pieza sólida de metal que cubría la parte frontal del torso del soldado desde la base del cuello hasta la parte superior de los muslos. Esta placa protegía todos sus órganos vitales, incluso el corazón y los intestinos.

En la Biblia, el corazón y los intestinos son muy significativos porque representaban la parte inmaterial del hombre. La palabra corazón a menudo se refería a la mente y la palabra intestinos representaba las emociones. Proverbios 3:5 nos enseña: "Fíate de Jehová de todo tu corazón y no te apoyes en tu propia prudencia". Proverbios 4:23 nos advierte: "Sobre toda cosa guardada, guarda tu corazón; porque de él mana la vida".

En los idiomas originales de las Escrituras, los intestinos o los riñones se usan para representar emociones. Muchas veces cuando nos encontramos en una situación muy emotiva, como por ejemplo una situación de preocupación o ira, nos la sentimos en el estómago. Una versión bíblica traduce Filipenses 2:1 literalmente: ". . . si algunos intestinos y misericordias". Con frecuencia la palabra traducida "compasión" tiene el sentido de "intestinos" en el griego original.

El objetivo de toda esta información es que nuestros pensamientos y emociones deben estar protegidos de los ataques de Satanás por la coraza de justicia. Algunas de las tácticas primarias de Satanás son influir a las personas mediante falsas doctrinas y la confianza en sus emociones en lugar de confiar en la verdad de la Palabra de Dios. Para proteger la mente y las emociones, el cristiano debe ponerse la coraza de justicia.

Esta justicia tiene dos aspectos. El primer aspecto es la justicia de Cristo, la cual nos han imputado o acreditado: "Mas el que no obra, sino cree en aquel que justifica el impío, su fe le es contada por justicia" (Ro. 4:5). Justicia se refiere a nuestro derecho ante Dios. Satanás y sus demonios a menudo atacan al cristiano sembrando dudas respecto de su salvación o su relación con Dios o acusando al creyente por el pecado que hay en su vida. El único fundamento que tenemos como respuesta a esos ataques es que nuestro estar ante Dios no tiene nada que ver con nuestra propia justicia, sino que se basa única y completamente en la justicia de Jesucristo. Sin embargo, hay más en ponerse la coraza de justicia que solo disfrutar nuestra justicia de posición en Cristo.

El segundo aspecto incluye la justicia personal. Esto no se refiere a nuestra propia bondad, porque no tenemos ninguna. En cambio, se refiere a la justicia y santidad que produce el Espíritu Santo en nuestra vida como resultado de un crecimiento en Cristo, obediencia a los preceptos divinos y la vida conforme al Espíritu Santo (Gá. 5:15-26). Este aspecto es la parte progresiva de nuestra santificación.

Aunque todo creyente es justo por posición en Cristo, es responsable de perseguir la santidad en su vida obedeciendo a Cristo y transformando su carácter y conformándolo al carácter de Cristo. Este proceso sucede en la vida del creyente cuando reconoce el pecado que hay en su vida y se aleja de él para volverse a Cristo. Pedro también relaciona este proceso con lidiar con los deseos de la carne: "Como hijos obedientes, no os conforméis a los deseos que antes teníais estando en vuestra ignorancia; sino, como aquel que os llamó es santo, sed también vosotros santos en toda vuestra manera de vivir; porque escrito está: Sed santos, porque yo soy santo" (1 P. 1:14-16).

Esto es parte de lo que se quiere decir con estar firmes contra el diablo. En Santiago 4:7-10, vemos que este concepto está relacionado no solo con la idea de la sumisión y la humildad sino también con limpiarse del pecado. Santiago 4:8 dice: "Acercaos a Dios y él se acercará a vosotros. Pecadores, limpiad las manos; y vosotros los de doble ánimo, purificad vuestros corazones". Aunque el fundamento para la limpieza del creyente del pecado es la redención de Cristo, los creyentes aún pecan (1 Jn. 1:8). La solución para los pecados cometidos después de la salvación es la confesión, la admisión de los pecados conocidos ante Dios (Sal. 32:5): "Si confesamos nuestros pecados, él es fiel y justo para perdonar nuestros pecados y limpiarnos de toda maldad" (1 Jn. 1:9).

Siempre que un cristiano peca, en esencia, le entrega su lealtad a Satanás y se rebela como un hijo contra su Padre. En ese momento el cristiano se encuentra influido ya sea por su carne o por el mundo a seguir a Satanás de un modo obediente. En el momento del pecado, el cristiano se expone a sí mismo contra el ataque satánico. Cuando ocurre esta brecha en su defensa, si no se aleja de su pecado mas continúa en él, Satanás puede expandir el control que tiene sobre su vida. Finalmente, el creyente puede vivir en una verdadera rebelión contra Dios. En algún momento, es posible que el creyente pueda estar involucrado con algún aspecto de lo oculto y ser oprimido por un demonio. Esto es exactamente lo que sucedió en la vida del rey Saúl en el Antiguo Testamento y terminó en una opresión demoníaca, depresión severa y participación en lo oculto.

Sin embargo, como sucedió con Saúl, la solución al problema de la opresión demoníaca es confesar su pecado y comenzar a vivir en obediencia a Dios. Dios le dio a Saúl muchas veces la oportunidad de alejarse de su pecado, pero como nunca lo hizo, Dios continuó disciplinándolo mediante la opresión demoníaca.

Lo mismo ocurrió en el Nuevo Testamento. En dos casos diferentes, el Nuevo Testamento nos habla de los cristianos que habían caído en un pecado grave y prolongado, y, porque no se alejaron del pecado, los entregaron a Satanás para que los disciplinara (1 Co. 5:5; 1 Ti. 1:20). La solución para este problema nunca se presenta en las Escrituras de ninguna otra manera que como la sumisión al plan, los preceptos y principios de Dios. Si el creyente hace esto, Satanás huirá.

Calzados los pies con el apresto del evangelio de la paz. Hoy día el calzado se compra atendiendo más a la moda que a su función. Pero cualquiera que trabaje de pie (o corra, o escale) sabe el valor de un par de zapatos o botas bien hechas. Los soldados romanos también valoraban sus zapatos porque se daban cuenta de que la eficacia en la batalla bien podía depender de la seguridad de sus pisadas. Ellos usaban sandalias, fuertes suelas atadas a sus pies con tiras de cuero. La parte de abajo de las suelas estaban reforzadas con tachuelas para protegerse de pinchos o estacas enterrados en la tierra como defensa.

Asimismo, los zapatos espirituales que usan los cristianos les proporcionan tanto una pisada firme y segura contra el diablo como protección. Los zapatos se describen como "la preparación" del evangelio de la paz. Literalmente, eso significa presteza. Lo que nos prepara o nos alista, lo que nos da estabilidad y protección contra los ataques de Satanás, es el "evangelio de la paz".

Las Escrituras nos dicen que antes de ser salvos éramos enemigos de Dios, pero la muerte de Cristo es el fundamento de nuestra reconciliación: "Porque si siendo enemigos, fuimos reconciliados con Dios por la muerte de su Hijo, mucho más, estando reconciliados, seremos salvos por su vida" (Ro. 5:10). Cuando confiamos en Cristo como nuestro Salvador, estamos justificados por fe. El resultado es que ahora tenemos paz con Dios: "Justificados, pues, por la fe, tenemos paz para con Dios por medio de nuestro Señor Jesucristo" (v. 1). Este es el evangelio de la paz: el hecho de que estamos en paz con Dios, que nos han transferido de modo permanente al reino de su Hijo y que ahora estamos de su lado contra la rebelión de Satanás. Esta es nuestra nueva posición en Cristo y es sobre la base de esta nueva posición que podemos resistirnos al diablo.

Por ende, siempre que nos encontremos tentados a dudar o a pecar, por nuestra posición en Cristo como un hijo de Dios (y porque estamos en paz con Dios), podemos estar firmes. Satanás puede atacar y tentar todo lo que quiera, pero nunca habrá de cambiar. Podemos mantenernos firmes e inflexibles porque nuestros pies están bien asentados en nuestra relación inquebrantable con Dios.

El escudo de la fe. Aunque los soldados romanos llevaban uno de dos tipos de escudos, aquí se menciona el más grande. Este escudo era un escudo grande y oblongo, un metro veinte centímetros de alto y medio metro de ancho que el soldado usaba para esconderse como protección de las flechas y los misiles llameantes que el enemigo lanzaba.

El escudo que protege al cristiano es el escudo de la fe. Mostrar fe significa confiar en Dios. No importa cuál sea la situación y no importa cuán difícil puedan parecer las instrucciones de Dios, nosotros debemos confiar en Dios. "Sin fe es imposible agradar a Dios; porque es necesario que el que se acerca a Dios crea que le hay y que es galardonador de los que le buscan" (He. 11:6). Solo creyendo en Dios podemos evitar los engaños y trampas que Satanás nos pone. Adán y Eva cayeron en la trampa de Satanás en el huerto del Edén porque confiaron en su propia capacidad y no en la Palabra de Dios. La mayor arma de Satanás es hacer que desconfiemos de la Palabra de Dios. Siempre que pecamos, estamos creyéndole a Satanás y jurándole lealtad. Recuerde, la fe significa que la Palabra de Dios es más real para nosotros que nuestras propias experiencias, sentimientos y circunstancias.

Con el escudo de la fe, no solo podemos extinguir en sentido general los misiles que Satanás le lanza al mundo sino que también podemos extinguir todos los misiles que Satanás nos lanza a nosotros. La Palabra de Dios es suficiente para manejar toda tentación, todo asalto y todo problema que Satanás nos lanza, no lanzando un ataque de reprensión, ni atándolo y tampoco por exorcismo sino manteniéndonos firmes vistiéndonos de la armadura de Dios. Al confiar y obedecer a Dios, no tenemos que preocuparnos por ningún ataque que Satanás pueda usar; cada truco que experimenta puede manejarse solamente confiando en Dios.

El yelmo de la salvación. El yelmo del soldado romano estaba hecho de cuero y metal y estaba diseñado para proteger su cabeza de las flechas y espadas. Lo que protege a los cristianos es su salvación. Sin embargo, Pablo no dice que la persona necesite ser salva porque ya es salva; de no ser así, no llevaría puesto los otros componentes de la armadura.

En capítulos anteriores, mencionamos las tres fases de nuestra salvación que describe el Nuevo Testamento. La primera fase se denomina justificación, que tiene lugar cuando una persona confía en Cristo para su salvación. Esto es salvación del castigo del pecado. La segunda fase es la santificación, que es la fase conocida como la vida cristiana, donde aprendemos la Palabra de Dios y aprendemos a aplicarla para ser libertados del poder del pecado. La tercera fase es la glorificación, que ocurre cuando un cristiano va al cielo y es libertado de la presencia misma del pecado.

El yelmo de la salvación habla de la aplicación de la Palabra de Dios en nuestra vida actual en la tierra. Esta es la fase de nuestra salvación. Pablo habla de ello en Filipenses 2:12, donde nos dice que nos ocupáramos de nuestra salvación con temor y temblor. Nos ponemos el yelmo de la salvación al permitir que los principios de la Palabra de Dios renueven y transformen nuestras mentes.

La espada del Espíritu, que es la Palabra de Dios. La espada mencionada aquí es la espada corta que llevaban los soldados romanos. Se usaba en combate cuerpo a cuerpo y era un arma que tenía que usarse con mucha precisión. Su función era primeramente defensiva porque se usaba para esquivar los ataques de corto alcance del enemigo. No era el sable grande, que sería el arma por elección en una campaña ofensiva.

La espada que el cristiano lleva se describe acá como la Palabra de Dios. Pero esta no es la Palabra de Dios de modo general. El término traducido "palabra" acá no es el griego *logos*, sino *rhema*, que se refiere a una palabra específica o a una unidad del habla, como por ejemplo una promesa o principio de las Escrituras. En la lucha espiritual, no basta con tener solo un conocimiento general de las Escrituras; debemos también tener un conocimiento específico de las Escrituras y usar este conocimiento correctamente.

Nuestro Señor demostró de forma gráfica este punto cuando hizo frente a su tentación en el desierto. Cuando Satanás puso a prueba al Señor, Jesús no atacó ni reprendió a Satanás sino que rechazó sus ataques con golpes específicos de las Escrituras. Cuando Satanás tentó al Señor, este mostró un conocimiento de las Escrituras, pero él la tergiversó y la usó inadecuadamente. Como Jesús tenía un conocimiento exacto y excelente de las Escrituras, Él pudo defenderse de Satanás. De la misma manera, el cristiano puede defenderse de los ataques de Satanás usando con precisión las Escrituras. Esto quiere decir que debemos conocer las Escrituras lo bastante bien para usarlas en cualquier situación y usarlas de la manera correcta. Muchos cristianos son ineficaces en la batalla contra Satanás porque solo tienen un conocimiento parcial (y en muchos casos impreciso) de las Escrituras.

La promesa de Dios a usted

Debemos asumir una posición defensiva contra Satanás y someternos a Dios. Cuando nos resistimos al diablo con humildad y sumisión a Dios, se nos promete que Dios se ocupará de la batalla por nosotros y Satanás huirá. La idea acá es de dos fuerzas diferentes. Por un lado está el creyente, cuya responsabilidad es defensiva mientras que, por el otro lado, está el Señor y los ángeles santos, cuya responsabilidad es la ofensiva. Cuando descansamos en nuestra posición adecuada, el Señor y sus ángeles atacan por el flanco y derrotan a Satanás.

Quizás haya estado plagado de manifestaciones demoníacas. Quizás haya estado inmerso en lo oculto antes de ser salvo o haya estado inmerso desde entonces. Pero cualquiera que sea la razón, quizás usted se enfrente a una opresión espiritual grave. De ser así, el significado de Efesios 6 no debe perderse en usted porque es un pasaje de gran consuelo. Cuando Satanás le ataca, usted debe descansar en su posición en Cristo, confiar en su Palabra y someterse a Dios. El resultado será que Satanás y sus huestes tendrán que huir. Esa es la promesa de Dios para usted.

9

EL ARMA MÁS PODEROSA

Confesaos vuestras ofensas unos a otros y orad unos por otros, para que seáis sanados. La oración eficaz del justo puede mucho.

—Santiago 5:16

En el capítulo anterior, aprendimos que la Biblia nos da enseñanzas claras sobre cómo obtener la victoria en nuestra lucha contra las fuerzas de Satanás: solo nos debemos vestir de la armadura de Dios y por ende resistirnos al diablo. Aunque esta enseñanza es sencilla en cuanto a concepto, no es fácil de llevar a cabo en la vida real y cotidiana. Cuando Pablo concluye su descripción de la armadura, hace un señalamiento muy directo que muy a menudo ignoramos en nuestra experiencia práctica y diaria:

> Orando en todo tiempo con toda oración y súplica en el Espíritu y velando en ello con toda perseverancia y súplica por todos los santos. (Ef. 6:18)

Las acciones que refuerzan y fortalecen la armadura son dos: la oración y la perseverancia. Estas acciones son tan vitales en la actualidad y así y todo están tan carentes en las vidas de muchos cristianos que queremos dedicar dos capítulos para centrarnos en lo que significan y cómo se aplican en la lucha espiritual diaria.

¿La oración en realidad cambia las cosas?

En las Escrituras se mencionan y se encomiendan tanto la oración que no se puede cuestionar su necesidad. Pero ¿por qué debemos orar? Después de todo, Si Dios es soberano y hace todas las cosas según el designio de su voluntad (Ef. 1:11), ¿por qué molestarse en pedir a Dios que haga algo si ya Él ha determinado lo que hará? A veces esta pregunta se formula: "¿La oración en realidad cambia las cosas?"

La oración no es más que la comunicación con Dios por parte de un cristiano. La oración según las Escrituras puede tener uno o más de los siguientes elementos: confesión, adoración, alabanza, acción de gracias , intercesión por otros y súplica por uno mismo. La oración es el medio por el que se fortalece la comunión de un cristiano con Dios. En oración, revelamos nuestras almas a Dios; en ese proceso, nuestras almas se nutren, nuestros espíritus se revitalizan, nuestras actitudes se conforman al carácter de Dios y nuestra atención se aguza por las promesas de Dios. En resumen, se fortalece nuestra capacidad de mantenernos firmes.

En la lucha espiritual resultan importantes tres aspectos de la oración. El primer aspecto es la acción de gracias. Con frecuencia en el calor de la batalla, cuando nos enfrentamos al desaliento o al sufrimiento, somos tentados de forma creciente a ensimismarnos y a sucumbir a la compasión propia y al síndrome de "pobre de mí". Comenzamos a centrarnos en el problema y el conflicto y olvidamos que el Señor batalla por nosotros. A medida que transcurre el tiempo, la fatiga espiritual se hace sentir. Es por eso que tan a menudo se juntan la oración y la perseverancia. En oración, descansamos, nos refrescamos y nos reconcentramos en la obra de Dios en nuestra vida.

El segundo aspecto de la oración que es vital en la lucha espiritual es la confesión. Confesión quiere decir que reconocemos el pecado en nuestra vida y lo admitimos ante Dios. La actitud que subyace a la confesión es la humildad. Reconocemos que hemos desobedecido a Dios y admitimos nuestra culpabilidad. A la confesión subyace el entendimiento de nuestra propia dependencia de Dios y la realidad de que Cristo ya pagó por completo por ese pecado. Primera Juan 1:9 promete: "si confesamos nuestros pecados, él es fiel y justo para perdonar nuestros pecados y limpiarnos de toda maldad". La palabra traducida "limpiar" aquí es la misma palabra usada en Santiago 4:8: "Pecadores, limpiad las manos". Como vimos en el capítulo anterior, debe interiorizarse por completo el planteamiento de Santiago 4:6-10. Ese pasaje se enmarca en los versículos 6 y 10 por los mandatos a ser humilde porque la verdadera humildad implica confesión de pecado. Esto es parte de someterse a Dios y resistirse al diablo. Esto es lo que significa acercarse a Dios. Cuando lo hacemos, se nos promete que Dios se acercará a nosotros. Jesús asoció nuestro nivel de obediencia con una mayor revelación de Dios: "El que tiene mis mandamientos y los guarda, ése es el que me ama; y el que me ama, será amado por mi Padre y yo le amaré y me manifestaré a él" (Jn. 14:21).

El tercer aspecto de la oración que es vital en la lucha espiritual es la súplica. Cuando encontramos oposición y hostilidad en el mundo de la carne, el mundo o Satanás, le suplicamos a Dios que nos ayude. Esto de nuevo demuestra la actitud básica que es fundamental para la lucha espiritual: la humildad. En oración, adoptamos una actitud de sumisión y humildad hacia Dios. Le suplicamos que interceda en nuestro nombre.

Dependencia total

La imagen primaria de la oración en la Biblia es la de un subordinado que se acerca a su superior para hacer peticiones. Hace hincapié en la actitud de dependencia total, incluso cuando se sabe de antemano que la petición sea la voluntad y el deseo del superior. Aunque un empleado (digamos un representante de ventas) pudiera saber que su jefe quiere que él realice sesiones de entrenamiento sistemáticas con el personal de ventas, aún así debe ver a su jefe para arreglar horarios, coordinar los encuentros con otros eventos y confirmar autorización para lo que hace. Esta consulta demuestra la sumisión del representante de ventas a su jefe y su reconocimiento de que sirve a una autoridad superior.

En oración, dependemos de Dios y le pedimos lo que ya sabemos que es por lo general la voluntad de Dios, solicitando la ayuda de Dios en ciertas áreas y luego esperando que el Señor obre los detalles. En ocasiones nuestra súplica podría estar por lo general dentro de la voluntad de Dios, pero en ese momento específico podría estar fuera de la voluntad soberana de Dios. Podría ser una cuestión de tiempo (cuando Dios solo dice "espera") o podría ser una cuestión de que Dios sencillamente negó la petición. Algunas veces nos resulta difícil comprender las negaciones de Dios, fundamentalmente cuando implican prolongado sufrimiento, pobreza, desempleo, enfermedad o vivir una relación difícil. En esos momentos, se nos tienta a tratar de resolver de forma impaciente el problema por nuestros propios medios en lugar de esperar en el Señor. Necesitamos perseverar en nuestra dependencia.

A veces nos preguntamos por qué Dios no responde algunas de nuestras oraciones, fundamentalmente cuando nos parece que estas se encuentran por completo dentro de la voluntad de Dios. Después de todo, tenemos la promesa de 1 Juan 5:14-15: "Esta es la confianza que tenemos en él, que si pedimos alguna cosa conforme a su voluntad, él nos oye. Y si sabemos que él nos oye en cualquiera cosa que pidamos, sabemos que tenemos las peticiones que le hayamos hecho". Este pasaje plantea de manera clara que cuando pidamos conforme a la voluntad de Dios, Él nos contestará.

Otras promesas de oración que Jesús hizo también indican que cuando vayamos al Padre en el nombre de Jesús, Él nos oirá y contestará.

> Y todo lo que pidiereis al Padre en mi nombre, lo haré, para que el Padre sea glorificado en el Hijo. Si algo pidiereis en mi nombre, yo lo haré. (Jn. 14:13-14)

> Si permanecéis en mí y mis palabras permanecen en vosotros, pedid todo lo que queréis y os será hecho. (Jn. 15:7)

> Y todo lo que pidiereis en oración, creyendo, lo recibiréis. (Mt. 21:22)

¿Dios tiene que contestar las oraciones?

Estas grandes promesas de las Escrituras que demuestran ciertas respuestas de Dios a nuestras oraciones suponen otra pregunta. Si seguimos todas las pautas presentadas en la Biblia para la oración, ¿eso obliga a Dios a contestar nuestras oraciones? La respuesta a esta pregunta es sí y no. Es sí en el sentido de que cuando oramos según las promesas claras que Dios nos ha hecho, Dios está obligado a contestar (lo que queremos decir exactamente con esto se aclarará más adelante en el capítulo), aunque el momento depende de Él. Pero la respuesta también es no, por tres razones. Primera, con frecuencia juntamos el "cuándo" y el "cómo" a la súplica de oración general, dándole así al hombre, la criatura, control sobre Dios, el Creador. En la práctica actual de la lucha espiritual, las oraciones de muchas personas, aunque se expresen en palabras que demuestran una súplica, no son más que mandatos por parte del creyente a Dios para que interceda de una forma específica. Esto es orgullo, no humildad. Un enfoque orgulloso en la oración hace este tipo de oración más satánica que santa. Siempre que hagamos algo con orgullo, seguimos a Satanás en su rebelión.

La súplica es en esencia la solicitud de intercesión o protección de un hijo a un padre. Cómo se hace y cuándo se hace se dejan por completo a la voluntad soberana del Padre.

En Santiago 5:16b se encuentra una promesa de oración muy importante: "La oración eficaz del justo puede mucho". Luego Santiago hace alusión a las oraciones de Elías para ilustrar este principio. Pero antes de analizar a Elías para ver varios principios que son característicos de la oración eficaz, primero debemos preguntarnos qué es "la oración eficaz".

Una versión traduce esta frase como "la oración eficaz y ferviente", e implica que de alguna manera el fervor hace más eficaz la oración. Algunas personas interpretan que esto significa que mientras más fuerte oremos, más eficaz será la oración y así manejan la oración como algo místico o mágico. Se conoce que algunas iglesias promueven sesiones de maratones de oración basados en esta interpretación. Sin embargo, la Biblia siempre hace la distinción entre la oración y la magia.

El problema de este versículo es la construcción inusual del griego. Sin insistir de modo excesivo, sugerimos que la manera más consecuente de entender este versículo es darse cuenta de que no es la oración en sí la que es fuerte o eficaz sino más bien quien la contesta. En esencia: "la oración del justo puede mucho cuando es eficaz".[1] Elías proporciona el ejemplo de cuánto puede lograrse mediante la oración.

Elías y la promesa

La oración eficaz está basada en las promesas de Dios. El caso específico que menciona Santiago ocurrió al comienzo del ministerio de Elías. Santiago 5:17-18 plantea: "Y oró fervientemente para que no lloviese y no llovió sobre la tierra por tres años y seis meses. Y otra vez oró y el cielo dio lluvia y la tierra produjo su fruto". (El incidente al que se refiere este pasaje está registrado en 1 R. 17:1–18:45.)

El ministerio de Elías era para el reino norte de Israel durante la época del reino dividido. Acab, el rey de Israel, se había casado con Jezabel, hija del sumo sacerdote de Baal adorado en Tiro, que usó su posición como reina para imponer y promover la adoración de Baal en el reino norte. Ella instigó una política de ejecutar a cualquier conocido profeta de Dios. (Esta época fue uno de los períodos más aciagos en la historia de Israel.) Los pocos profetas que quedaban vivos se escondían en cuevas y las personas se entregaban por completo a la adoración idólatra de Baal y Asera.

En este momento, Elías apareció repentinamente, anunciando el castigo de Dios sobre Israel por su rebelión. El juicio anunciado está basado en la promesa de Dios en la ley mosaica. Cuando Israel se preparaba para entrar en la tierra que Dios había prometido darles, Moisés les recordó a las personas sus obligaciones del pacto para obedecer a Dios. Parte del pacto contenía promesas de bendición por obediencia y advertencias de castigo por desobediencia. Se mencionó un castigo específico por idolatría: "Guardaos, pues, que su corazón no se infatúe y os apartéis y sirváis a dioses ajenos y os inclinéis a ellos; y se encienda el furor de Jehová sobre vosotros y cierre los cielos y no haya lluvia, ni la tierra dé su fruto y perezcáis pronto de la buena tierra que os da Jehová" (Dt. 11:16-17).

Elías fue capaz de pararse ante el poderoso rey de Israel y anunciar este castigo sobre él porque él conocía la promesa de Dios. No se nos dice si Dios le dijo a Elías específicamente que confrontara a Acab o si Elías conocía las promesas de Dios y las aplicó a su situación. (Creemos que el segundo caso es más probable, en especial porque 1 R. 18:1 plantea de forma específica que Dios le dijo a Elías que fuera donde Acab a anunciar el final de la sequía.) Sin embargo, en cualquiera de los dos casos las acciones de Elías estaban basadas en la promesa de Dios.

Entre el momento en que Dios le dijo a Elías que anunciara a Acab el fin de la sequía y la llegada de la lluvia, sucedieron dos cosas: Elías confrontó a los profetas de Baal, demostrando la impotencia de su dios y oró al Señor. Esta oración proporciona principios de oración eficaz.

Primero, fue una oración que estaba basada en las promesas de Dios. Pedro nos dice:

> Como todas las cosas que pertenecen a la vida y a la piedad nos han sido dadas por su divino poder, mediante el conocimiento de aquel que nos llamó por su gloria y excelencia, por medio de las cuales nos ha dado preciosas y grandísimas promesas, para que por ellas llegaseis a ser participantes de la naturaleza divina, habiendo huido de la corrupción que hay en el mundo a causa de la concupiscencia. (2 P. 1:3-4)

¿Toda promesa me ha sido hecha a mí?

Ahora debemos hacer una advertencia de no aplicar de manera errónea las promesas de Dios. Alguien ha dicho que la Biblia contiene más de siete mil promesas, pero no todas esas promesas son para cristianos. Es importante hacer una distinción entre las promesas a individuos específicos, las promesas a la nación de Israel, las promesas a los discípulos y las promesas a la iglesia.

Algunas promesas son específicas en cuanto a naturaleza. Por ejemplo, Dios hizo promesas a David, Moisés, Elías, María y a los discípulos. Estas promesas estaban condicionadas por ciertos hechos históricos y no deben aplicarse a nadie más, como veremos a continuación. Un ejemplo de una promesa específica que a menudo se usa en los contextos de las luchas espirituales contemporáneas para justificar la práctica de echar fuera demonios es el planteamiento de Jesús a sus discípulos en Mateo 10:7-8: "Y yendo, predicad, diciendo: El reino de los cielos se ha acercado. Sanad enfermos, limpiad leprosos, resucitad muertos, echad fuera demonios; de gracia recibisteis, dad de gracia".

Basado en solo estos dos versículos, parecería justificable sugerir, como hacen algunas personas, que estas cuatro actividades deben acompañar la proclamación del evangelio. Este criterio ha llegado a conocerse como "evangelismo de poder". Echar fuera demonios, se sugiere, debe ser algo que acompañe la verdadera predicación del evangelio. Pero antes de decidir si esto es verdad, debemos considerar todo el planteamiento de Jesús. Estos dos versículos no deben retirarse ni aislarse de todo el cometido que Jesús dio a sus discípulos en aquel momento. Por ejemplo, no solo les mandó sanar enfermos y echar fuera demonios sino también les prohibió ir donde los gentiles, limitándolos solo a la casa de Israel (Mt. 10:5-6). Inmediatamente después de sus instrucciones con respecto al mensaje que debían proclamar, Jesús también les prohibió a sus discípulos que aceptaran dinero o que llevaran consigo suministros ni equipaje, ni siquiera una muda de ropa o zapatos extra. Sugerimos que si esta promesa de Jesús de echar fuera demonios es válida para la actualidad, entonces estas otras condiciones deben cumplirse también. Este es el tipo de problemas que trae como resultado aplicar de forma incorrecta las Escrituras y tomar versículos fuera de contexto.

Otras promesas

Otro tipo de promesa es la que se le dio exclusivamente a la nación de Israel. El Antiguo Testamento está lleno de promesas que eran solo para Israel y están relacionadas de forma explícita con su obediencia a la ley mosaica. Aún así, con frecuencia se sacan de contexto estos versículos y se quiere que Dios cumpla promesas a la iglesia o a una nación específica, que eran solo para Israel.

Un ejemplo de este error es el uso de 2 Crónicas 7:14: "Si se humillare mi pueblo, sobre el cual mi nombre es invocado y oraren y buscaren mi rostro y se convirtieren de sus malos caminos; entonces yo oiré desde los cielos y perdonaré sus pecados y sanaré su tierra".

Incluso una ojeada superficial a los versículos que lo rodean demuestra que este es un planteamiento hecho a Salomón con respecto al pueblo de Dios Israel en la dedicación del templo. La frase "sanaré su tierra" es una referencia al castigo de la sequía mencionado en el versículo anterior, el cual es en sí una reafirmación a Salomón del pasaje citado con anterioridad (Dt. 11:16-17). En 2 Crónicas 7, Dios reafirma las promesas de su pacto a Israel con Salomón. Porque el pacto mosaico se hizo con Israel, la promesa del versículo 14 debe entenderse en ese contexto y debe aplicarse solamente a Israel.

Aún así otro tipo de promesa es general o universal. Aunque muchas promesas del Antiguo Testamento están dirigidas de manera específica a ciertos individuos o a Israel, muchas otras son generales. De cierto no tratamos de dar a entender que el Antiguo Testamento no tiene relevancia para los cristianos en la actualidad; sencillamente deseamos aconsejarle que si exige a Dios el cumplimiento de una promesa se asegure que tal promesa no estaba dirigida a otra persona.

Aquí aparecen algunas promesas generales del Nuevo Testamento a los cristianos:

> Todo lo puedo en Cristo que me fortalece. (Fil. 4:13)
>
> Porque no nos ha puesto Dios para ira, sino para alcanzar salvación por medio de nuestro Señor Jesucristo. (1 Ts. 5:9)
>
> Y sabemos que a los que aman a Dios, todas las cosas les ayudan a bien, esto es, a los que conforme a su propósito son llamados. (Ro. 8:28-29)
>
> Por lo cual estoy seguro de que ni la muerte, ni la vida, ni ángeles, ni principados, ni potestades, ni lo presente, ni lo por venir, ni lo alto, ni lo profundo, ni ninguna otra cosa creada nos podrá separar del amor de Dios, que es en Cristo Jesús Señor nuestro. (Ro. 8:38-39)

Cómo usar las promesas de Dios correctamente

Todas las promesas, incluso las generales, deben usarse correctamente. Una promesa que a menudo se usa de forma incorrecta se encuentra en Mateo 18:19, inmediatamente después del planteamiento de Jesús de que "todo lo que atéis en la tierra, será atado en el cielo; y todo lo que desatéis en la tierra, será desatado en el cielo" (v. 18). En el capítulo 6, analizamos el significado de este pasaje. El contexto es el de la disciplina de la iglesia y el lenguaje es el de un juicio. Sucede lo mismo con Mateo 18:19: "Otra vez os digo, que si dos de vosotros se pusieren de acuerdo en la tierra acerca de cualquiera cosa que pidieren, les será hecho por mi Padre que está en los cielos".

Con frecuencia, este pasaje se aplica a cualquier tipo de oración: siempre que dos cristianos cualquiera se pongan de acuerdo en oración, Dios está obligado a contestar esa oración. Pero el contexto demuestra que esta es una promesa relacionada con la ejecución de la disciplina de la iglesia o la excomunión. Los "dos" mencionados en el versículo 19 y los "dos o tres" mencionados en el versículo 20 son los mismos dos o tres testigos que testifican contra el acusado en el versículo 16. Los cristianos deben tener cuidado de no descarriarse en métodos de oración equivocados aplicando de forma incorrecta este versículo.

Elías pudo tener la osadía de confrontar a Acab y anunciar la sequía porque comprendió y aplicó de forma correcta la promesa de Dios en Deuteronomio 11. Como esta era una promesa nacional de disciplina divina a Israel por idolatría, Elías pudo esperar con toda confianza que Dios cumpliera su promesa. Después de tres años de sequía, Dios mandó a Elías a ir donde Acab y anunciarle el regreso de las lluvias. Esta fue una promesa específica a Elías, por lo que Elías pudo esperar confiado que Dios trajera agua a la tierra.

Si Dios le hizo esta promesa específica a Elías, ¿por qué Elías aún oraba por lluvia? En 1 Reyes 18:41-42, Elías le anunció la venida de la lluvia a Acab e inmediatamente se dirigió a la cumbre del monte Carmelo y comenzó a orar. A menudo, cometemos el error de confiar en Dios sin respaldarlo con oración, pero Elías continuó humillándose en oración aunque Dios le había prometido la lluvia de modo específico. Con frecuencia, nuestra confianza general en Dios sin oración específica revela una sutil influencia de orgullo. Pero Elías nos demuestra que aunque contemos con una promesa específica de Dios, debemos continuar orando a Dios. La perseverancia en la oración es de vital importancia.

Quédese a solas con Dios

Con mucha frecuencia en nuestra vida ocupadas, presionados como estamos por las exigencias de las personas y la sobrecarga de nuestras agendas, algo que se pierde es nuestro tiempo personal a solas con Dios. Aún así las vidas de oración de los grandes santos de las Escrituras revelan cómo pasaban tiempo a solas con Dios. Luego de anunciar la lluvia que se aproximaba a Acab, Elías se alejó de las multitudes para orar. Él reconoció que aplastantes multitudes y aplastantes agendas podrían destruir la comunión y relación con Dios. Sencillamente debemos retirarnos y quedarnos a solas con Dios.

Cuando nuestro Señor estuvo en la tierra, Él reconoció esta misma verdad. Varias veces menciona la Biblia que luego de períodos muy atareados de ministerio, cuando la presión de las multitudes y las exigencias del ministerio le afectaban, Jesús se retiraba para estar a solas con Dios. Un día muy atareado comenzó con la noticia de que habían ejecutado a Juan el Bautista. En respuesta a la noticia, Jesús se retiró para estar a solas (Mt. 14:13). Pero sus discípulos le hallaron, las multitudes le siguieron y Él pasó el resto del día sanando a los enfermos. Cuando llegó la tarde, de forma milagrosa multiplicó cinco panes y dos pescados para darles de comer. Después de un día atareado como ese, muchos de nosotros nos dormiríamos en el sofá frente al televisor o nos acostaríamos temprano, pero nuestro Señor no. Él se dio cuenta de que necesitaba revitalización espiritual, así que "despedida la multitud, subió al monte a orar aparte; y cuando llegó la noche, estaba allí solo" (Mt. 14:23). Jesús reconoció la importancia del tiempo en comunión con el Padre. Si Él que era uno con el Padre necesitaba estar tiempo en oración a solas con el Padre, ¿cuánto más necesitaremos nosotros que somos sus hijos, aún pecadores, estar a solas revelándole nuestros corazones al Padre?

Como las noticias del ministerio de sanidad y enseñanza de Jesús viajaban por el territorio, las personas salían de las aldeas para escucharlo y ser sanados. Imaginemos cuánto le exigía esto a Jesús de su tiempo. Aún así, a pesar de ello, Él nunca dejó de estar a solas con el Padre y orar. "Pero su fama se extendía más y más; y se reunía mucha gente para oírle y para que los sanase de sus enfermedades. Mas él se apartaba a lugares desiertos y oraba" (Lc. 5:15-16).

Otro tiempo importante para la oración es durante los momentos de toma de decisiones. Jesús lo ejemplificó antes de elegir a sus discípulos. No se nos dice por qué oró sino sencillamente que oró. Y Él no oró solo quince o veinte minutos; "Y pasó la noche orando a Dios" (Lc. 6:12).

Debemos preguntarnos ahora cuán a menudo nos pasamos una mañana en oración. ¿Sabríamos qué hacer durante un período extendido de oración? ¿Nos quedaríamos dormidos o nos aburriríamos y soñaríamos despiertos o utilizaríamos el tiempo para pensar en otras cosas o planear nuestra próxima semana? Con demasiada frecuencia, pensamos en la oración solo como una comunicación unilateral con Dios y que no tenemos tanto que decir, principalmente porque de todas maneras Dios conoce todas las cosas.

O podríamos darnos cuenta de que la oración es una comunicación bilateral con Dios pero caemos en la falacia de que Dios nos habla de manera directa durante la oración, así que nos sentamos y esperamos que Dios nos hable. Entonces nos aburrimos en silencio y nos dormimos o confundimos nuestros propios pensamientos con las palabras de Dios.

Cómo Dios nos habla en la actualidad

Está claro que la oración es una comunicación bilateral con Dios, pero hoy día Dios nos habla a través de su Palabra. Incluso en los días en que Dios hablaba de manera directa a las personas, su comunicación de este tipo era poco común y solo a unos pocos elegidos, por tanto las personas estaban alentadas a meditar y memorizar cualquier cosa que ya se hubiera revelado en las Escrituras. En repetidas ocasiones, el salmista expresó la importancia de meditar sobre la Palabra de Dios al orar. El Salmo 5:1-2 demuestra con claridad la relación: "Escucha, oh Jehová, mis palabras; considera mi gemir. Está atento a la voz de mi clamor, Rey mío y Dios mío, porque a ti oraré". La palabra usada aquí por gemir es una palabra que da la idea de murmurar o mascullar. El objeto del gemido es la persona y obra de Dios y su Palabra.

La ilustración vívida de esta palabra nos recuerda nuestros días en el seminario cuando los estudiantes aprendían las formas verbales y sustantivas básicas del griego. Escribíamos estas palabras en fichas y las llevábamos en nuestros bolsillos de modo que pudiéramos revisarlas en cualquier oportunidad. Las sacábamos del bolsillo para mirarlas y luego las repetíamos una y otra vez para nosotros mismos mientras caminábamos. ¡Siempre se pueden reconocer a los estudiantes de primer año en el seminario porque andan mascullando formas verbales!

Esto es lo que debemos hacer los creyentes. Cuando oramos sin cesar (1 Ts. 5:17), también estamos meditando día y noche (Sal. 1:2), orándole a Dios su Palabra y dándole las herramientas que Él usa para obrar en nuestra vida. El resultado de esta meditación produce sabiduría que nos guía a través de la vida (Sal. 119:99). Cuando la Palabra entra en nuestras almas, el Espíritu Santo la usa para condenarnos por el pecado y nos muestra cómo aplicar las Escrituras a nuestra vida. La meditación también nos proporciona un conocimiento de las promesas de Dios, que, a su vez, refuerza y fortalece nuestra vida de oración a medida que aprendemos más acerca de aquello por lo que debemos orar. Si nosotros, como Elías, vamos a ser eficaces en nuestras oraciones, con bastante frecuencia debemos quedarnos a solas con Dios en oración y meditación.

Persistencia en la oración

Ya hemos visto que Elías no solo descansó en la promesa de Dios de dar lluvia, sino que cuando llegó el momento, él oró para que viniera la lluvia. Pero cuando nos fijamos en esa oración, vemos que él oró de modo continuo hasta que por fin la lluvia llegase. Él comenzó a orar, luego envió a su siervo a ver si la lluvia venía. Cuando no venía, oraba de nuevo. Así fue siete veces, hasta que comenzó a aparecer una nube. Elías era eficaz en su oración porque, conociendo la voluntad de Dios, fue persistente.

Jesús enfatizó esto mismo a sus discípulos cuando le pidieron que los enseñase a orar. En Lucas 11:5-10, Él relató la siguiente ilustración:

> ¿Quién de vosotros que tenga un amigo, va a él a medianoche y le dice: Amigo, préstame tres panes, porque un amigo mío ha venido a mí de viaje y no tengo qué ponerle delante; y aquél, respondiendo desde adentro, le dice: No me molestes; la puerta ya está cerrada y mis niños están conmigo en cama; no puedo levantarme y dártelos? Os digo que aunque no se levante a dárselos por ser su amigo, sin embargo por su importunidad se levantará y le dará todo lo que necesite. Y yo os digo: Pedid y se os dará; buscad y hallaréis; llamad y se os abrirá. Porque todo aquel que pide, recibe; y el que busca, halla; y al que llama, se le abrirá.

Jesús de nuevo enfatiza esto en Lucas 18:1-8. En ese momento, Él usó la ilustración de una viuda que viene en busca de protección donde un juez que ni temía ni respetaba a Dios. Al principio, él no quería, pero finalmente cedió por la persistencia de la viuda. Luego Jesús señaló: "¿Y acaso Dios no hará justicia a sus escogidos, que claman a él día y noche? ¿Se tardará en responderles?" (Lc. 18:7). El objetivo de ambos pasajes es que si los hombres pecaminosos ceden ante la persistencia, cuánto más no cederá Dios.

Sin embargo, mera persistencia no es necesariamente el fundamento para que Dios conteste nuestras oraciones. Si algo no es la voluntad de Dios para nosotros, no importa cuán persistente podamos ser, Él será aún más persistente en decir que no. Un ejemplo de esto se encuentra en la vida del apóstol Pablo. En 2 Corintios 12, Pablo le dice a los lectores que le fue dado un "aguijón en su carne, un mensajero de Satanás que me abofetee" (v. 7). ¡Inclusive Pablo estuvo sujeto a ataques demoníacos! ¿Cómo respondió él? Él no ató ni reprendió a Satanás. ¡En cambio él oró! "Respecto a lo cual tres veces he rogado al Señor, que lo quite de mí" (v. 8). Aunque Pablo oró, la respuesta de Dios fue no porque Él tenía motivos para permitir el ataque: mantendría a Pablo humillado, para enseñarle que la gracia de Dios era suficiente y para enseñarle a perseverar. Vemos de nuevo que la oración y la perseverancia están ligadas.

¿Fortalecer a Dios y a los ángeles?

Algunas personas afirman que nuestra persistencia o falta de ella fortalece o debilita la capacidad de Dios para contestar. Enseñanzas recientes entre algunos grupos de cristianos argumentan que los ángeles que Dios usa para contestar nuestras oraciones se fortalecen para cumplir sus misiones mediante las oraciones de los santos y si no hay oraciones entonces los ángeles se debilitan y son derrotados en su combate con los demonios. Este enfoque analiza la oración como un gran cargador de batería que energiza a los ángeles para la acción. Aunque es cierto que Dios usa a los ángeles para dar sus respuestas a las súplicas, en ninguna parte de la Biblia hay indicación alguna de que las respuestas de Dios están determinadas por las oraciones de los santos.

Esta falsa enseñanza es el mismo error básico que predomina entre los defensores de la confesión positiva, que ubica a Dios en una posición de obligación con el hombre y ubica a la criatura en una posición de control sobre el Creador. Este error niega la clara enseñanza bíblica de la soberanía de Dios. Dios con toda certeza llevará a cabo sus propósitos y los planes con el hombre y no está limitado por las oraciones de los santos.

El único pasaje que podemos encontrar que alguien podría usar para sugerir que los ángeles se fortalecen de las oraciones de los santos es Daniel 10:12-21. Daniel había estado orando durante tres semanas a Dios por entendimiento, pero no había recibido contestación. Durante ese tiempo, él continuó orando y ayunando, pero aún no recibía respuesta. Finalmente, al final de la tercera semana, apareció un ángel en respuesta a su oración. Tardó tres semanas recibir respuesta porque el ángel había estado en combate con el "príncipe del reino de Persia" , una referencia clara al demonio principal que obra para influir al gobierno de Persia. Algunas personas podrían estar tentadas a pensar que fueron las oraciones y el ayuno de Daniel las que permitieron que el ángel perseverara, pero eso no es lo que dicen las Escrituras. El pasaje no tiene una relación de causa / efecto entre la oración de Daniel y la acción angélica. El ángel que vino a interpretar la visión de Daniel fue enviado desde el primer día en respuesta a la oración, pero la demora fue porque un ángel maligno se le opuso. Él pudo vencer al demonio no por el ayuno y oración continuos de Daniel, sino por Miguel: "uno de los principales príncipes de Dios", que lo ayudó a ganar la batalla. En ninguna parte de este conflicto Daniel y su oración están relacionados con ayudar a un ángel a comunicarse con Daniel. Todo cuanto vemos es el conflicto y oposición visto desde abajo. Inferir que la oración de Daniel ayudó al ángel a comunicarse es una especulación ilógica.

Respuestas a esperar

No había duda en la mente de Elías de que Dios traería la lluvia. Porque Elías oró sobre la promesa de Dios, pues él conocía el Dios de las promesas (porque había pasado mucho tiempo a solas con Dios beneficiándose de su gracia) y porque era persistente, él tenía total confianza en la respuesta de Dios. Cuando Elías vio la pequeña nube en el cielo al borde del horizonte, se volvió a Acab y le advirtió que fuese rápido a casa para que no quedase atrapado en lluvia torrencial. ¡Que tremendo ejemplo de confianza!

Esta es la misma actitud que debe tener el creyente en su vida de oración. Jesús le dijo a los discípulos: "Todo lo que pidiereis en oración, creyendo, lo recibiréis" (Mt. 21:22). Sabemos por las Escrituras que sin fe es imposible agradar a Dios (He. 11:6). Sin embargo, esto no quiere decir que Dios esté obligado por nuestra fe sino que en esas áreas donde Dios desea darnos ciertas cosas, Él las retiene porque no confiamos en Él. Por eso Santiago dice: "No tenéis lo que deseáis, porque no pedís" (4:2).

Estos cuatro principios deben regir nuestra vida de oración: debemos orar sobre las promesas, debemos guardar un tiempo para estar a solas con Dios, debemos ser persistentes y debemos esperar con confianza.

La oración es el medio de comunicación del creyente. Tal como un soldado tras las líneas enemigas confía de manera decidida en su radio para comunicarse con su equipo de apoyo, el creyente viviendo en el mundo de Satanás debe confiar de manera decidida en la oración por su equipo de apoyo. Si vamos a ser soldados eficaces en nuestra defensa contra Satanás, no debemos permitir que se nos corte la comunicación.

10

GUERREROS TRIUNFANTES

Por tanto, nosotros también, teniendo en derredor nuestro tan grande nube de testigos, despojémonos de todo peso y del pecado que nos asedia y corramos con paciencia la carrera que tenemos por delante, puestos los ojos en Jesús, el autor y consumador de la fe.

—Hebreos 12:1-2

Yo (Thomas) recuerdo el sábado en la tarde como si fuera ayer. Cuando el teléfono sonó, era uno de mis mejores amigos, Gary. Durante los dos últimos años, habíamos hecho mucho juntos: estudiado la Biblia, orado, trabajado, evangelizado, viajado y confraternizado. Gary era la clase de persona que se quitaba su camisa si la necesitabas, es probable que sin tener que pedírselo.

Saludé a Gary y le pregunté cómo iban las cosas. Gary me informó que solo quería hacerme saber que renunciaba a la vida cristiana.

—¿Qué? —pregunté yo— . ¿Renunciando a la vida cristiana? ¿Por qué?

—Estoy cansado de confesar mi pecado — contestó Gary.

—Pero uno no renuncia así al cristianismo. ¡Eso no funciona así! —respondí yo.

Lamentablemente, Gary es solo un ejemplo de muchos creyentes que comienzan con éxito pero luego se apartan del camino. Algunas personas, como Gary, renuncian por completo a la carrera mientras otros solo vagan en un estado de confusión espiritual. Es probable que usted también tenga un amigo que haya seguido un camino semejante. ¿Por qué algunos cristianos no terminan la carrera?

Por otra parte, también conozco cristianos que han resistido incluso bajo grandes presiones. Algunos de ellos lo han tenido todo en su contra, hablando humanamente, aún así continuaron mostrando una fe firme en el Señor Jesucristo.

Cualquiera que sea aficionado a las carreras sabe que la velocidad sola no es suficiente para ganar consecuentemente las carreras. Los adversarios eficaces también deben tener resistencia. Muchas carreras de autos se resumen a una competencia de quién puede mantenerse en la carrera hasta el final. Durante una carrera, por varias razones un auto puede salir golpeado de la competencia. Algunos conductores podrían fundir el motor; otros podrían estrellarse contra una pared o colisionar con otros autos. Fuego en el motor, un fallo eléctrico o un neumático ponchado pueden provocar una salida temprana para algún competidor específico, aunque lleve la delantera en la carrera en ese momento. La resistencia es un ingrediente primordial para cualquier corredor.

La resistencia también es un ingrediente primordial en la vida del cristiano. ¿Cuáles son, entonces, algunos de los controles de carreteras que un creyente que está creciendo se encontrará en el maratón de la vida cristiana?

El sufrimiento en una sociedad de satisfacción

No podemos pensar en un solo caso de creyentes que quieran renunciar a la vida cristiana en el que no exista en cierta manera relación con el sufrimiento. Esto es en realidad cierto en nuestra sociedad moderna de satisfacción. Una persona se cansa o se decepciona por lo que se exige de ella. La resistencia, la perseverancia, la paciencia todas requieren que la persona sufra en algún momento, pero con toda certeza no nos gusta el sufrimiento. Como dijo el autor de Hebreos: "Ninguna disciplina al presente parece ser causa de gozo, sino de tristeza" (He. 12:11). Por ende, muchos cristianos quieren renunciar a la carrera cuando comienzan a experimentar cierto dolor o incomodidad. La segunda mitad de Hebreos 12:11 continúa diciendo:

"Pero después da fruto apacible de justicia a los que en ella han sido ejercitados [disciplina]". El sufrimiento es una parte inevitable (aunque no toda) de la vida cristiana. Si el sufrimiento no se maneja con resistencia y fe, el creyente será tentado a salirse de la carrera.

Dado que el sufrimiento, si no se maneja y comprende de la manera apropiada, con frecuencia provoca una retirada prematura de la carrera, debemos analizar el sufrimiento desde la perspectiva de la Palabra de Dios. La Biblia dice que Dios, por ser bueno, no creó el mal directamente. En cambio, el mal entró al universo por medio de las criaturas rebeldes de Dios. Sin embargo, ya que el mal ha entrado en la creación de Dios, Él lo usa de manera soberana para sus propios buenos propósitos (Gn. 50:20; Éx. 3:18-20; Pr. 16:4; Ro. 8:28).[1] Dios controla todo el mal y el sufrimiento que experimentamos en esta vida Él lo usará para ayudarnos a madurar en el cristianismo.

El bien máximo

El mejor ejemplo de cómo Dios convierte el mal en bien se ve en la muerte de Cristo. Primera Corintios 2:6-9 nos dice que aquellas personas que participaron en la crucifixión de Cristo lo hicieron por un mal motivo. Sin embargo, las Escrituras también nos informan que esto fue una cosa "la cual Dios predestinó antes de los siglos para nuestra gloria" (1 Co. 2:7). La muerte de Cristo trajo como resultado la más grande de las bendiciones para la humanidad: nuestra salvación del pecado. Pablo continúa explicando que Dios mantuvo ciertos aspectos de su plan en secreto porque si los príncipes de este siglo lo hubieran conocido: "nunca habrían crucificado al Señor de gloria" (v. 8). Este pasaje explica más adelante que las bendiciones futuras están incluidas en el plan de Dios que Él no ha revelado aún pero que valdrá la pena esperar por ellas. Esto implica que no poder entender todo lo que Dios hace en nuestra vida en el presente, inclusive el sufrimiento, no quiere decir que Dios no tiene un propósito glorioso guardado para nosotros. La Biblia nos enseña que existe un propósito divino detrás de todo el sufrimiento que el mal pone sobre los hijos de Dios.

No resulta tan importante conocer en cuál de las categorías anteriores caemos en cada caso de sufrimiento como lo es soportar el sufrimiento con gozo, esperanza y resistencia. Pese al propósito que Dios pueda tener para casos específicos de sufrimiento en nuestra vida, debemos manejar cada situación con el mismo carácter cristiano. El futuro revelará muchas de las razones específicas de por qué hemos sufrido, como puede verse en la vida de Job, pero nuestro llamado actual es a confiar en Dios para saber lo que Él está haciendo en nuestra vida.

Las Escrituras revelan al menos cuatro razones de por qué los cristianos sufren.

1. *Los cristianos sufren por la maldición resultante de la caída de Adán.* Los cristianos, como el resto de la humanidad, sufren bajo la maldición de Dios sobre la creación como resultado de la caída de Adán en pecado (Gn. 3:8-24; Ro. 5:12-21). Este es el propósito más general del mal físico y moral y del sufrimiento. Aquellos que han sufrido la pérdida de un ser querido (fundamentalmente si fue de manera repentina e inesperada) o han estado asociados con alguien con defectos congénitos, han experimentado de primera mano los efectos resultantes de la caída de Adán. Este tipo de sufrimiento y dolor no es parte de la creación original de Dios, sino algo que es producto del propio hombre. Algunas veces los cristianos se dan cuenta de esto pero aún así reaccionan con amargura hacia Dios porque Él podía haber evitado la pérdida de un ser querido pero no lo hizo en su caso específico. Aunque Dios es misericordioso, debiéramos darnos cuenta de que Dios también es justo cuando lidia con nosotros. Sencillamente tenemos que confiar en Él en estos tipos de asuntos. Las Escrituras reconocen la anomalía que el pecado de Adán ha provocado para la raza humana y nos enseñan que nuestra única esperanza está en el plan de Dios.

El dolor relacionado con la maldición aparece en Romanos 8:18-25. Pablo compara "las aflicciones del tiempo presente" con "la gloria venidera que en nosotros ha de manifestarse" en el futuro (v. 18). ¿Por qué la humanidad experimenta las aflicciones del presente? Pablo explica que por la caída de Adán (vv. 20-21). El objetivo de este pasaje es hacerle saber a los creyentes que tenemos una esperanza para el futuro que un día nos libertará del dolor de la aflicción del presente. Esto no es una esperanza para los incrédulos porque su destino es el sufrimiento eterno en el lago de fuego. Como contamos con la esperanza de una gloria futura y sabemos que el sufrimiento y el dolor son solo una característica temporal del cristiano: "con paciencia lo aguardamos" (v. 25). Pablo dice que la futura esperanza de gloria produce perseverancia en la vida actual de un cristiano.

2. *Dios disciplina a sus hijos y usa la adversidad para producir madurez espiritual.* Esta es probablemente una de las razones primordiales para el sufrimiento del cristiano (He. 12:3-15). Cuando respondemos a estas experiencias con paciencia, aprendemos lo que quiere decir conformarse a Cristo (Col. 1:24; Stg. 1:2-4; 2 P. 1:5-8). Cualquiera que ha practicado deportes sabe que se requiere de ejercicios disciplinados, no porque el entrenador esté molesto con sus jugadores sino porque los jugadores deben tener un nivel competente de resistencia para competir en un juego. Sucede lo mismo con un soldado que se prepara para el combate. De la misma manera, el entrenamiento en la justicia requiere de ejercicios duros y una disciplina de aprendizaje para seguir la voluntad de Dios en vez de seguir nuestros propios sentimientos egoístas y a menudo lujuriosos, a pesar del dolor que pueda comprender la crucifixión de la carne. Pero este tipo de disciplina produce la característica piadosa de perseverancia necesitada para terminar la carrera.

3. *Algunos cristianos sufren en un mundo hostil porque nos identificamos con Cristo.* Jesús les aclaró esta verdad a sus discípulos en su despedida en el Aposento Alto: "Si el mundo os aborrece, sabed que a mí ha aborrecido antes que a vosotros. Si fuerais del mundo, el mundo amaría lo suyo; pero porque no sois del mundo, antes yo os elegí del mundo, por eso el mundo os aborrece" (Jn. 15:18-19). Las personas que no han confiado en Cristo como el Salvador de sus pecados tienen una animosidad innata hacia Cristo y su pueblo cuando se les pregunta sobre su relación con Dios. Con frecuencia, ellos exteriorizan su odio hacia Cristo con sus mensajeros. Cristo le dice a cada creyente que puede esperar este tipo de respuesta. En un sentido, esta conducta es normal, así que no debiéramos sorprendernos cuando ocurre. Nuestro objetivo debe ser responder a este tipo de sufrimiento de la manera que lo hicieron los discípulos según se registra en Hechos 5:41: "Y ellos salieron de la presencia del

concilio, gozosos de haber sido tenidos por dignos de padecer afrenta por causa del Nombre".

4. *En ocasiones los cristianos sufren para que puedan ser un testimonio de la gracia de Dios para toda la creación.* Son un testimonio para los ángeles (Ef. 3:10), para otros cristianos (2 Co. 1:3-6; 4:8-12) y no cristianos (1 P. 2:12-20; 3:13-17). Cuando respondemos de un modo apropiado al sufrimiento y las dificultades, esa respuesta puede ser un aliento de la gracia de Dios para otros creyentes. Podemos ser un aliento y no un detrimento para otros, como explica Pablo: "Si somos atribulados, es para vuestra consolación y salvación; o si somos consolados, es para vuestra consolación y salvación, la cual se opera en el sufrir las mismas aflicciones que nosotros también padecemos" (2 Co. 1:6).

Además de alentar a otros creyentes, aprendemos de Efesios 3:10 que los ángeles ("los principados y potestades en los lugares celestiales") aprenden lecciones "por medio de la iglesia". ¿Qué lecciones aprenden? Efesios 3:4-7 demuestra que a medida que la historia se desenvuelve ellos aprenden sobre la gracia de Dios expresada en Cristo. El reino angelical no puede experimentar de manera personal una gracia salvadora, así que deben aprenderlo de los creyentes en Cristo.

Los no cristianos son parte de "toda la creación" citada en esta razón. Cuando los no cristianos observan la manera en que los cristianos manejan el sufrimiento, pueden ver un testimonio de Jesucristo obrando en nuestra vida. Primera Pedro 3:17 dice: "Porque mejor es que padezcáis haciendo el bien, si la voluntad de Dios así lo quiere, que haciendo el mal". Para que así: "sean avergonzados los que calumnian vuestra buena conducta en Cristo" (3:16). Con frecuencia, los incrédulos nos observan a los creyentes que hemos defendido a Cristo para ver cómo Él ha afectado nuestra vida. ¿Qué mejor testimonio para el mundo que la manera de manejar la adversidad y el sufrimiento? La perseverancia, la resistencia y la paciencia son la respuesta bíblica del cristiano al sufrimiento.

El sufrimiento a la manera de Dios

Los cristianos pueden aprender mucho acerca de la naturaleza de la perseverancia entendiendo la palabra griega equivalente a perseverancia en el Nuevo Testamento. El verbo *hupomeno* se compone de dos palabras griegas más pequeñas: *hupo*, que significa "bajo" y *meno*, que significa "permanecer". Unidas, significan "permanecer bajo". ¿Permanecer bajo qué? Depende de a qué se refiere la palabra. Si se refiere a los sufrimientos relacionados con pruebas, como en 1 Pedro 2:20 ("Mas si haciendo lo bueno sufrís y lo soportáis, esto ciertamente es aprobado delante de Dios"), entonces perseverancia, resistencia o paciencia se refieren a la capacidad de permanecer bajo la presión de una situación dada en vez de escapar de ella buscando un alivio temporal del dolor y el sufrimiento.

¿Cómo se aplica esto al problema de la lucha espiritual? Algunos maestros de liberación dicen que muchos de nuestros problemas y pruebas se pueden solucionar sencillamente reprendiendo a Satanás y que entonces estas pruebas desaparecerán de forma instantánea de la vida de un creyente. Muchos cristianos modernos gustan de esta idea, cristianos que han crecido en una sociedad donde no tenemos que esperar mucho para nada. Sin embargo, esta no es la manera en que Dios obra normalmente. En primer lugar, muchos de nuestros problemas parten de la carne. Por tanto, Dios quiere que aprendamos a resistirnos al pecado en nuestra vida mediante el proceso, con frecuencia doloroso, de aprender a confiar en Él para superar estos problemas. La falsedad del alivio instantáneo de nuestras pruebas no se presta para el desarrollo de la paciencia en nuestras pruebas. Son las lecciones aprendidas a partir de "permanecer bajo" la presión de una situación dada la que produce el carácter cristiano de nuestra vida. Esto es lo que Pablo quiere decir en Romanos 5:3-4 cuando nos dice que también nos gloriamos en las tribulaciones, sabiendo que la tribulación produce paciencia; y la paciencia, prueba; y la prueba, esperanza".

¿Reprender al diablo?

Muchas personas se descarrían por las enseñanzas de liberación que prometen la victoria instantánea sobre nuestros problemas por medio de una reprensión oportuna del diablo. Esta enseñanza aleja a las personas del camino bíblico de ejercitar la resistencia o la paciencia al enfrentar sus pruebas. Como resultado, muchos creyentes no desarrollan el tipo de carácter demostrado que necesitan para manejar las pruebas.

Este enfoque a la formación del carácter se ilustra por medio del aguijón de Pablo en su carne (2 Co. 12:7-10). El aguijón se traduce como "un mensajero de Satanás que me abofetee, para que no me enaltezca sobremanera" (v. 7). Es posible que este mensajero fuese un demonio. El equivalente griego de "mensajero" es *angelos*, la palabra para "ángel". Hoy día los maestros de liberación ven este tipo de situación como algo que desentona por completo con la voluntad de Dios y ellos tratarían de reprender a este "mensajero de Satanás" y sacarlo del pueblo dándole un puñetazo en cada ojo en el proceso. Pero esta no fue la respuesta de Pablo. En cambio, dice él "tres veces he rogado al Señor, que lo quite de mí" (v. 8). Aún así, Dios no le dio respuesta a Pablo. ¿Pero no tenemos poder en el nombre de Jesús? Sí, lo tenemos, pero debe ejecutarse por voluntad de Dios. Al Señor le interesaba más formar un carácter cristiano en Pablo como una verdadera exhibición de su poder (v. 9) que hacer uno de los espectáculos de fuegos artificiales que muchas personas denominan hoy día "encuentros de poder".

En ciertos círculos en la actualidad, resulta común oír a un orador dar un sermón en contra de Satanás con varias reprensiones. Con frecuencia, el orador reprenderá a Satanás en el área de la salud, las riquezas y la paz espiritual. No resulta nada inusual oír más predicaciones contra Satanás y las potestades demoníacas que predicaciones sobre Cristo y sus recursos. Muchas personas se preocupan tanto con lo que el diablo hace que no le prestan atención al Señor.

Debemos darnos cuenta de que a los creyentes nunca se les ordena reprender al diablo o a sus demonios. El Nuevo Testamento ve la reprensión como prerrogativa única de Jesús como una expresión de su señorío y soberanía sobre el reino espiritual.[2] La única condición aceptable de un creyente para reprender es cuando con amor corrige a un hermano que ha caído en pecado (Lc. 17:3; 1 Ti. 5:20). En todo el Nuevo Testamento, la reprensión se entiende como la única prerrogativa del Señor y es por eso que Miguel dijo cuando Satanás contendía con él: "El Señor te reprenda" (Jud. 9).

Marcas de un falso profeta

Segunda Pedro 2:1-9 describe y denuncia falsos profetas que estarán activos dentro de la iglesia hasta la segunda venida de Cristo. Pedro expone sus motivos y conducta egocéntricos en los primeros tres versículos y luego pronuncia su condenación en los próximos seis versículos. El resto del capítulo concluye con una descripción de sus características. Una característica que la iglesia contemporánea haría bien en notar se encuentra en el versículo 10: "Mayormente a aquellos que, siguiendo la carne, andan en concupiscencia e inmundicia y desprecian el señorío. Atrevidos y contumaces, no temen decir mal de las potestades superiores". El contexto anterior señala que estos falsos profetas obstinados se dedicaban a injuriar potestades angélicas caídas, demonios. Recuerde que esta es la característica de los falsos profetas, así que es una advertencia para que los cristianos no se entreguen a esas prácticas.

Pedro prosigue explicando esta práctica en mayores detalles en los versículos 11 y 12. Él dice que "los ángeles, que son mayores en fuerza y en potencia, no pronuncian juicio de maldición contra ellas delante del Señor" (v. 11). Los ángeles saben lo suficiente como para hacer cosas como reprender o injuriar a otros ángeles. Ellos tienen mucha más fuerza y poder que el ser humano más poderoso, aún así ellos saben lo suficiente como para participar en tales prácticas. Con toda certeza a los ángeles santos de Dios no se les puede acusar justamente de no participar en la lucha espiritual, pero para ellos, como debiera ser para nosotros, es una cuestión de participación apropiada.

Judas 8-9, en una advertencia semejante sobre los falsos maestros, da un ejemplo específico de este tipo de incidente. Judas usa casi el mismo idioma cuando expresa que los falsos maestros "mancillan la carne y rechazan la autoridad y blasfeman de las potestades superiores" (v. 8). ¿Cómo hacen eso? Él nos dice que "Cuando el arcángel Miguel contendía con el diablo, disputando con él por el cuerpo de Moisés, no se atrevió a proferir juicio de maldición contra él, sino que dijo: El Señor te reprenda" (v. 9). Este pasaje nos dice que ni siquiera Miguel, el ángel elegido de más alto rango, no reprendería al diablo; aún así muchos cristianos hoy día lo hacen sistemáticamente. El texto dice "no se atrevió", lo que significa que hacer algo así era tan inconcebible para Miguel que ni siquiera contemplaría una idea semejante. Miguel ni siquiera dijo lo que escuchamos decir a muchas personas hoy día: "¡Te reprendo, diablo, en el nombre del Señor!" Miguel sencillamente dijo: "El Señor te reprenda". A diferencia de muchos cristianos modernos, ¡Miguel supo que la reprensión era prerrogativa del Señor solamente!

Con no solo una sino dos advertencias en las Escrituras contra tales prácticas, tenemos que preguntar: "¿Por qué tantos cristianos y líderes cristianos participan en estas prácticas?" Ambos pasajes nos proporcionan la respuesta: Actúan por ignorancia. "Pero éstos, hablando mal de cosas que no entienden, como animales irracionales, . . ." (2 P. 2:12). "Pero éstos blasfeman de cuantas cosas no conocen. . ." (Jud. 10).

Este versículo es un ejemplo de ignorancia de la Palabra de Dios que conlleva a la práctica errónea en el área de la lucha espiritual. ¡No en balde muchos cristianos se están cansando se salen de la batalla! Muchos de ellos siguen a líderes que los guían hacia una pérdida de tiempo mediante las creencias y las prácticas que les abren las puertas a los ataques del enemigo en vez de la anunciada protección del enemigo. Un creyente en Cristo puede desarrollar una verdadera madurez solo a través del adiestramiento bíblico genuino, lo que nos enseña a mantener nuestros ojos puestos en Cristo y a no preocuparnos con las potestades demoníacas.

Entrenamiento para el gran juego

La epístola a los hebreos se escribió a los creyentes judíos que habían confiado en Cristo como su Salvador. A medida que pasó el tiempo, algunos comenzaron a "deslizarse" (2:1) de Cristo a la comodidad y familiaridad del judaísmo. El escritor de Hebreos demuestra el error de este pensamiento al demostrar que lo antiguo (judaísmo) era solamente temporal y deseaba el cumplimiento de la promesa en Jesús el Mesías. Jesús el Mesías llevó a cabo en su ministerio las sombras del ritual del Antiguo Testamento; por lo tanto, se escriben cinco pasajes de advertencia para los lectores judíos, demostrándoles que si se impacientan con Cristo y su obra, un regreso al antiguo camino los conducirá solo al castigo porque ya no tendrán al Mesías quien en realidad limpió el pecado. Después de demostrar que lo nuevo en Cristo es superior a lo antiguo del judaísmo, el escritor de Hebreos expresa cómo los santos del Antiguo Testamento nunca recibieron estas promesas en sus vidas pero continuaron confiando fielmente en Dios (He. 11). En el momento en que el escritor llega a Hebreos 12, él les dice a los hebreos y a nosotros, que si sus hermanos mostraron tal fe y resistencia sin haber visto a Jesús el Mesías, su fe debería ser aún mayor porque ellos y nosotros, somos capaces de mirar a Jesús como nuestro ejemplo. Esto conforma el contexto para comprender Hebreos 12.

Un buen amigo nuestro era jugador profesional de fútbol americano y era quien abría el juego en un equipo ganador del *Super Bowl*. Nos explicó cómo esto es la prueba máxima para un deportista profesional porque la importancia y el interés nacional de un juego de esa envergadura proporciona un incentivo poderoso para cualquier jugador se prepare y de lo mejor de sí. Una ilustración semejante se muestra en los dos primeros versículos de Hebreos 12. Las gradas están atestadas con "tan grande nube de testigos en derredor nuestro" (12:1), que son los santos del Antiguo Testamento del capítulo 11. Los jugadores se preparan despojándonos "de todo peso y del pecado que nos asedia" (12:1). Se dice que los obstáculos de la carrera son el pecado generado por el creyente, no los ataques demoníacos externos. La determinación puesta en la competencia consiste en correr la carrera "con resistencia" (12:1). La vida cristiana no es una carrera corta, sino un maratón que requiere resistencia y que, a su vez, requiere de adiestramiento y determinación.

El ejemplo adecuado

Hebreos 12:2 ilustra al corredor en la salida fijando sus ojos en Jesús. ¡En Jesús, no en Satanás ni las potestades demoníacas! Cristo es nuestro ejemplo porque Él ha corrido esa carrera antes que nosotros y es el modelo de cómo correr la carrera de un modo apropiado. Tres elementos proporcionaron la motivación de Cristo y debe ser la nuestra también. Primero, Él hizo hincapié en "el gozo puesto delante de él". Su orientación no se encontraba en el dolor actual de la carrera sino en el gozo que traería como resultado terminar la carrera. Estaba orientado hacia el futuro, no hacia el presente. Segundo, Él "sufrió la cruz". Él no dejó que el aspecto del sufrimiento de su misión lo sacase de la carrera por su orientación hacia el futuro. Tercero, Él estaba "menospreciando el oprobio". El mundo vio su muerte como un oprobio, una vergüenza. Pero Cristo menospreció eso. Cuando Él resistió y terminó la carrera, Él "se sentó a la diestra del trono de Dios". La gloria viene después de que hemos sufrido el dolor de la carrera; entonces podemos sentarnos y recibir la gloria.

Después, se nos dice "considerad a aquel que sufrió tal contradicción de pecadores contra sí mismo, para que vuestro ánimo no se canse hasta desmayar" (12:3). Considerar quiere decir "contemplar, pensar en". En contexto, implica que debemos sentarnos a idear una estrategia que nos permita correr la carrera de resistencia con éxito. ¿Cómo vamos a desarrollar el carácter y la fortaleza interna para completar tal carrera? Modelando nuestra propia estrategia de carrera según la que corrió Cristo. Hay dos propósitos para este plan. El primer propósito es que "no nos cansemos" o nos desalentemos. Esto le sucede con frecuencia a un corredor que comienza una carrera larga. Al principio de la carrera, comienza a darse cuenta de que será un trayecto largo y difícil y pronto se siente desalentado y comienza a pensar en salirse de la carrera. El segundo propósito es que no desmayemos ni nos sintamos avergonzados, lo que también podría hacernos salir de la carrera.

Durante los últimos años, hemos hablado con muchos cristianos que se han desalentado con los métodos de "solución rápida" para la lucha espiritual en que los enseñaban a reprender a Satanás en vez de resistirse a él para manejar sus problemas. Cuando esta estrategia no funcionó, se desalentaron y se quedaron a mitad de camino. Con frecuencia, estas personas en realidad no querían renunciar a la carrera; sencillamente no habían recibido el adiestramiento apropiado ni desarrollado el tipo de madurez y carácter necesario para resistir las fuertes batallas. Su problema básico era que habían estado haciendo una dieta espiritual de helado y galletitas y su programa de ejercicios ahora consistía en ver juegos por televisión mientras se relajaba en su sillón.

Hebreos 12 prosigue hablando de la necesidad de desarrollar

disciplina y madurez en nuestra vida para completar la carrera apropiadamente, como han hecho todos aquellos de las gradas. Este adiestramiento "da fruto apacible de justicia" (12:11). El carácter cristiano tarda en desarrollarse mediante la práctica y la disciplina.

Cómo ayudar al débil

Cuando yo (Thomas) estuve en el campamento de reclutas de la Marina con frecuencia marchábamos mucho. Nuestro objetivo era que toda la compañía completara la marcha con éxito. Si alguien se salía, entonces no cumplíamos nuestra misión; por lo tanto, a los fuertes se les alentaba a ayudar a los débiles cargando sus bultos o ayudándolos a llegar hasta el final para que la compañía como un todo pudiera llegar a la línea de llegada. Asimismo, algunos cristianos son más fuertes que otros y se nos amonesta en el Nuevo Testamento a que ayudemos a aquellos que son débiles dentro del cuerpo de Cristo. En repetidas ocasiones, el Nuevo Testamento dice que la causa de su debilidad es el pecado que hay en la vida de la persona con el que no han lidiado de la manera indicada. Ese pecado entorpece el desarrollo espiritual del cristiano, lo que lo deja espiritualmente débil (He. 12:1).

El peligro a que nos enfrentamos se cansa en la batalla. El autor de la carta a los hebreos nos exhorta a considerar a Jesús para que no nos cansemos ni desmayemos. El equivalente griego para cansarse aquí aparece en dos pasajes importantes, Apocalipsis 2:3 y Santiago 5:15. Tanto en los pasajes de Hebreos como en Apocalipsis, la palabra se usa de manera clara en comparación con resistencia. Sucede lo mismo en el pasaje de Santiago. Lamentablemente, el pasaje se ha entendido de forma tradicional como si enseñase algo sobre la curación de una enfermedad física. Reconocemos que este es un pasaje debatido, pero creemos que –cuando se entiende y aplica de forma correcta– le ofrece gran esperanza al creyente a quien le falla su resistencia.

¿Se pueden sanar todas las enfermedades?

Muchas personas han luchado con la explicación tradicional de Santiago 5:13-16, la cual se centra en la enfermedad física. La razón para esta lucha es que el versículo 15: "la oración de fe salvará al enfermo", parece ser una promesa incondicional pero al parecer con frecuencia no se cumple.

El 7 de julio de 1952, a mi (Robert) madre la azotó la polio. Yo nací menos de un mes después y nunca he visto a mi madre caminar. Cuando era niño, con la fe de un niño, oraba de forma sistemática que Dios la sanara para que pudiera caminar de nuevo. Esta oración nunca fue contestada. Luego, me di cuenta de que Dios no siempre responde una oración por sanidad. Sin embargo, Santiago 5:15, si está hablando sobre enfermedad física, indica que Dios siempre curará. Otro caso bien conocido en el que Dios no sanó a alguien es el de Joni Earickson Tada. Ella escribe que muchos cristianos han orado por ella, la han ungido con aceite y han puesto las manos sobre ella, aún así ella sigue siendo una cuadriplégica para la gloria de Dios. A la luz de esta y muchas otras situaciones en las que Dios no ha sanado, debemos dejar abierta la posibilidad de que este pasaje no esté hablando sobre sanar físicamente en lo más mínimo, sino sobre sanar espiritualmente. Todos reconocemos que muchos enfermos por los que oramos nunca se recuperan y hasta mueren. ¿Esto es cierto porque nos falta fe o porque Dios no es fiel? ¿O podría ser que la enfermedad mencionada aquí sea otra cosa y no la enfermedad física?

La palabra traducida "enfermo" en el versículo 14 ("¿Está alguno enfermo entre vosotros?") tiene dos significados en griego. Originalmente es la idea de debilidad. En algunos lugares, la debilidad es física (Mt. 10:8; Lc. 4:40; Jn. 4:46) y en otros lugares la debilidad es espiritual (Ro. 6:19; 8:26; 2 Co. 12:5, 9-10). El contexto determina si el significado es espiritual o físico. En Santiago 5, se traducen dos palabras griegas diferentes como "enfermo". La primera palabra se encuentra en el versículo 14 y se traduce del griego *asthenes*. El próximo versículo se traduce de la palabra griega *kamno* como "enfermo". Como *kamno* significa estar espiritualmente cansado (He. 12:3; Ap. 2:3), aprendemos que Santiago no tenía en mente la debilidad física sino la debilidad espiritual.

Esto lo sustenta aún más el hecho de que toda la idea central de Santiago, fundamentalmente en este último capítulo, es la paciencia (5:7-8, 10) y el sufrimiento (5:11). El ejemplo que Santiago usó para ilustrar esto es del Antiguo Testamento, donde Elías perseveró en su confrontación con Acab (1 R. 17:1). Si Santiago hablaba de sanar una enfermedad física, ese mismo capítulo en 1Reyes proporciona una ilustración mucho mejor: Elías le devolvió la vida al hijo de la viuda.

Existen fundamentos bíblicos excelentes para entender que este pasaje habla sobre qué hacer si y cuando un creyente se cansa. Primero, debe apoyarse en creyentes mucho más maduros y en sus oraciones. Él debe recurrir a los ancianos para que oren por él. Además, si hay pecado en su vida, pecado que lo asedia y destruye su resistencia, debe confesar ese pecado (Stg. 5:16). El resultado es que será "sanado". De nuevo vemos que la palabra griega original usada aquí se encuentra en nuestro pasaje de la resistencia, Hebreos 12, donde vemos que el escritor concluye su exhortación a la resistencia diciendo: "Por lo cual, levantad las manos caídas y las rodillas paralizadas; y haced sendas derechas para vuestros pies, para que lo cojo no se salga del camino, sino que sea sanado" (vv. 12, 13). El contexto esclarece que el escritor usa una frase en sentido figurado de sanar físicamente para describir lo que debe suceder en el cuerpo de Cristo cuando un hermano o hermana se cansa de la lucha: Debe ser exaltado, debe apoyarse en el cristiano más fuerte y debe fortalecerse en su fe.

Las Escrituras son consecuentes al plantear que la solución para la lucha en la vida cristiana se basa en la oración: un reconocimiento de nuestra sumisión a Dios y confianza en su fuerza más que en nuestra propia fuerza. Debemos confesar y alejarnos del pecado en nuestra vida a medida que nos acercamos a la obediencia a la verdad. Cuando somos débiles, debemos gritar a Dios, como hizo David muchas veces según se encuentra registrado en los Salmos. También deberíamos buscar el consejo de cristianos más maduros para que nos alienten y nos ayuden sobre la marcha, como hemos visto en Santiago 5.

Paciencia en acción

Como ya hemos visto, la epístola de Santiago tiene mucho que decir sobre la paciencia y la resistencia. Santiago comienza su epístola con una amonestación a gozarse en las pruebas porque esto produce paciencia en la vida del creyente fiel (1:2-4). Hacia el final de la epístola, Santiago regresa al tema de la resistencia o la paciencia y cita tres ejemplos de la resistencia paciente que se necesita para manejar nuestras pruebas (5:7-11). Algunos de nosotros podemos estar felices de saber que hay límites sobre cuánto deben resistir pacientemente los creyentes; solo debemos ser pacientes "hasta la venida [rapto] del Señor" (5:7). Después de eso termina la carrera y los cristianos no requerirán más de paciencia y resistencia.

El primer ejemplo de resistencia paciente se ilustra mediante el labrador que tiene que aguardar a que llegue la lluvia para que su cultivo se vuelva cosecha (Stg. 5:7-8). Luego se presentan los profetas del Antiguo Testamento como "un ejemplo, hermanos, de aflicción y de paciencia . . . que hablaron en nombre del Señor" (5:10). Estos hombres tuvieron que sufrir durante su vida para hacer una profecía que no se cumpliría en su vida. Este acto requirió de resistencia paciente.

Santiago también nos recuerda: "Habéis oído de la paciencia de Job y habéis visto el fin del Señor, que el Señor es muy misericordioso y compasivo" (5:11). Job tuvo que confiar en Dios para que lo vindicara y bendijera aunque se encontraba en uno de los ataques más severos de Satanás en la historia del mundo. Por lo tanto, la vida de Job es un modelo de un creyente que maneja un ataque satánico con resistencia y paciencia. Ahora veamos lo que ocasionó el encuentro de Satanás con Job.

La paciencia de Job

Cuando yo (Thomas) era un adolescente, un grupo de nosotros nos montábamos en un auto y nos íbamos de paseo. Esta actividad aún resulta común para muchos jóvenes que buscan una gran emoción. En el primer capítulo de Job, la Biblia narra que Satanás se le ocurre dar un paseo y que Dios da acceso a su presencia incluso a Satanás (Job 1:6). Una gran parte del tiempo de Satanás lo pasa andando alrededor de la tierra buscando cristianos que no sepan resistírsele sometiéndose a autoridad divina.

Cuando Dios le preguntó a Satanás: "¿De dónde vienes?" Satanás respondió: "De rodear la tierra y de andar por ella" (1:7). La palabra hebrea traducida "rodear" se usa para describir la forma en que un león rodea un área buscando su presa. Cuando el león ubica una víctima en potencia, él asecha a su víctima y, en ese mismo instante, se dispone a matarla. Esto es la misma descripción usada para explicar las actividades de Satanás cuando el Señor le preguntó sobre un cierto individuo, Job. "¿No has considerado a mi siervo Job?", el Señor preguntó. Al parecer Satanás lo había considerado, porque respondió: "¿Acaso teme Job a Dios de balde?" Hoy podríamos decir algo así: "A él solo le interesa el dinero". Pero para demostrar que Job servía a Dios porque él amaba a Dios por quién Él es y no solo por los beneficios que le proporcionaba, Dios permitió que Satanás atacara a Job con tanta severidad que el nombre mismo de Job se ha convertido en un sinónimo de sufrimiento inmerecido.

El apóstol Pedro debe haber tenido en mente el pasaje de Job cuando el Espíritu Santo le inspiró a ilustrar a Satanás, el diablo, como alguien que "como león rugiente, anda alrededor buscando a quien devorar" (1 P. 5:8). ¿Qué le recetó Pedro al creyente para los hostigamientos persistentes de Satanás? Debemos ser persistentes en nuestra lucha contra él. Pedro dice que las adversidades en las que Satanás nos pone no resultan de ayuda para su causa; en cambio, la resistencia piadosa a Satanás produce el carácter y la madurez cristiana, lo que le confiere una estabilidad a prueba de guerra a nuestra vida (vv. 9-11).

Respuesta para creyentes perseverantes

¿Cómo Pedro le enseña a reaccionar a un cristiano ante los ataques de Satanás? No lo hace hablando de cómo vamos a expulsar al diablo del pueblo o darle un puñetazo. Más bien, las escrituras dicen que debemos resistirlo (1 P. 5:9). Santiago 4:7 y Efesios 6:11, 13-14 repiten este mandato. Esto es lo que dice la Biblia de forma específica y repetidas veces que debe ser nuestra estrategia cuando Satanás nos ataca. Las Escrituras no nos dicen que desarrollemos a partir de la experiencia una fórmula para reprender, atar, insultar o discutir con Satanás y las potestades demoníacas. En cambio, debemos seguir las instrucciones explícitas de Dios para este problema. Al seguir de forma consecuente la Palabra de Dios, veremos al Señor traer estabilidad y carácter a nuestra vida, incluso el tipo de resistencia que necesitamos tener en la lucha espiritual sin desmayar en el día de la batalla.

11

FIN DE LA GUERRA

Vi a un ángel que descendía del cielo, con la llave del abismo y una gran cadena en la mano. Y prendió al dragón, la serpiente antigua, que es el diablo y Satanás y lo ató por mil años; y lo arrojó al abismo y lo encerró y puso su sello sobre él, para que no engañase más a las naciones, hasta que fuesen cumplidos mil años.

—*Apocalipsis 20:1-3*

Después que Satanás dirigió la rebelión contra Dios, durante la cual reclutó un tercio de los ángeles y toda la humanidad, Dios lanzó un contraataque. Él reclutó creyentes de la descendencia de Adán, aquellos que ha llamado a salir de la oscuridad del pecado para formar parte de su reino venidero. La batalla, que implica el destino eterno de la humanidad, se mueve a gran velocidad hacia su gran clímax. Aunque Satanás y sus subalternos son un enemigo derrotado como resultado de la obra de Cristo en la cruz, la guerra aún continúa. Aún faltan algunas de las batallas más violentas. ¿Cómo terminará la guerra y qué significado tiene eso para los creyentes de hoy día?

La victoria en dos etapas

La victoria de Dios sobre Satanás se viene llevando a cabo históricamente en dos etapas. La primera etapa se llevó a cabo en la cruz. En ese momento, la derrota de Satanás se garantizó, se aseguró su destino. Pero aún derrotado, todavía él tiene poder para obrar, tanto que aún se le denomina el "dios de este siglo" (2 Co. 4:4). Su máxima derrota se llevará a cabo en la etapa dos, durante la segunda venida de Cristo. En ese momento, Satanás será derrotado y atado en el abismo por mil años, después de lo cual será desatado por un poco de tiempo, solo para ser derrotado de nuevo y lanzado al lago de fuego y azufre por los siglos de los siglos (Ap. 20:1-3, 10).

Como vivimos en el intermedio de las etapas uno y dos denominada la era de la iglesia, debemos determinar cuál debe ser nuestra estrategia contra Satanás. Hemos visto que en la era actual de la iglesia nosotros, como creyentes, debemos entablar una lucha espiritual a la defensiva oponiéndonos a Satanás. Solo lo hacemos sobre la base de nuestra posición en Cristo, la cual Cristo ganó para nosotros en su primera venida, cuando su humillación nos proporcionó el perdón por nuestros pecados. La victoria máxima se llevará a cabo en su Segunda Venida, cuando, en gloria, Él arrasará con Satanás y sus demonios del campo de batalla y los eliminará del reino de la actividad humana. Mientras tanto, los cristianos deben permanecer fieles en su posición defensiva, estando firmes en la fe.

La posición defensiva contra Satanás y sus demonios parece haber sido parte del plan de Dios para sus criaturas inclusive antes de la caída del hombre. Dios dijo a Adán que dominara y señoreara la tierra (Gn. 1:26), no los cielos. Cuando Dios puso al hombre en el huerto, Él le dijo que lo labrara y lo guardase (2:15). Muchos eruditos de la Biblia han señalado que el equivalente de "guardar" (*shamar*) incluye la idea de custodiarlo. La implicación es que Adán debía custodiarlo para que no hubiera intrusión alguna, la que conocemos de Génesis 3 que era Satanás. Como criatura de Dios, el hombre siempre ha estado en la posición de defenderse a sí mismo con la Palabra de Dios. Al parecer, que una criatura se lance a la ofensiva contra Satanás es usurpar una prerrogativa divina que se reserva para Dios solamente. La posición de la criatura es confianza en Dios asumiendo una posición defensiva.

La estrategia equivocada

La década pasada ha visto levantarse a muchas personas que enseñan que la iglesia de Jesucristo debe asumir una estrategia ofensiva contra Satanás y las potestades demoníacas antes que Cristo regrese. Este error es el resultado de una comprensión pobre del propósito de Dios tanto para esta era como para la era venidera y no nos permite distinguir los tres aspectos de la derrota de Satanás. Desde los inicios de la historia, Satanás ha tratado de engañar al pueblo de Dios para que hagan algo que es bueno (en este caso, lanzar un ataque ofensivo contra Satanás y las potestades demoníacas) pero que lo hagan de la manera equivocada o prematuramente. Satanás tentó a Adán y a Eva con una promesa de conocimiento, algo que habrían recibido de Dios igualmente de no ser arrogantes e impertinentes. Sin embargo, ellos creían que podían obtenerlo con sus propias condiciones y esta suposición trajo como resultado que la humanidad fuera echada al pecado. Después Satanás tentó a Cristo con los reinos de este mundo sin resultado alguno, algo que pertenecería a Cristo de todas maneras (Ap. 11:15).

En una instrucción militar, una vez me dijeron (Thomas) que la estrategia de ofensiva rusa era atacar en tres oleadas. La primera oleada asestaría un golpe, iniciando el ataque. La segunda y tercera oleadas se mantendrían en reserva, esperando el momento en que la batalla se tornara violenta y se lentificara el ataque. Por nuestra inferioridad en número, nosotros los norteamericanos hemos contraatacado con una estrategia que está diseñada para hacer pensar a los rusos de modo prematuro que ya les han hecho mucha resistencia y necesitan desplegar su segunda y tercera oleadas. Esta estrategia de despliegue prematuro está diseñada para engañar a los rusos para que agoten su energía y recursos en pelear contra un enemigo fantasma. Luego, ya agotados, los norteamericanos pueden entrar en acción y asestar un golpe fatal. Esta estrategia es similar a lo que Satanás está tratando de hacerles a los cristianos que tratan de lanzarse en ofensivas antes de que nuestro General –Jesucristo– haya tomado una decisión sobre ese plan.

Cuando Satanás engaña a los cristianos para que malgasten su tiempo y energía en desorientaciones, él ha logrado una victoria temporal y es por eso que es importante saber cómo terminará la batalla. Terminará durante los siete últimos años de la historia (la tribulación) con una serie de hechos que serán los más espectaculares que el mundo presenciará. Parte de esos sucesos incluirá combate directo entre Jesucristo y Satanás y batallas entre los ángeles santos y los demonios. Jesucristo saldrá victorioso. De solo entenderlo podemos vivir con eficacia como cristianos hoy día y evitar ser engañados por Satanás en un despliegue prematuro. Como creyentes, no debemos caer en la trampa (como hacen muchas personas de la iglesia en la actualidad) de sustituir el plan de Dios por la estrategia de Satanás.

Hoy día se defienden dos errores crasos que con frecuencia conducen a estrategias inapropiadas en la lucha espiritual. El primer error está relacionado con los medios de nuestra lucha espiritual, los cuales ya hemos discutido de modo extensivo. El segundo error está relacionado con el momento de la victoria máxima de Cristo, que explicaremos en el resto de este capítulo.

¿Atar a Satanás y a los demonios?

En el capítulo 6, analizamos ampliamente este error, pero lo mencionaremos de nuevo para hacer entender que este es un error que está relacionado tanto con el tiempo como con los medios. Primero, cuando Satanás y los demonios serán atados es en el futuro, no en el presente, según nos dice Apocalipsis 20:2: "Y prendió a . . . Satanás y lo ató por mil años". La Biblia describe nuestra estrategia actual como resistirnos a Satanás (Ef. 6:11; Stg. 4:7; 1 P. 5:9). Segundo, Dios no va a utilizar a los creyentes para rodear a Satanás y ponerlo fuera de combate atándolo. Por el contrario, el medio que Dios usará aparece expresado con claridad en Apocalipsis 20:1, donde dice que "un ángel que descendía del cielo, con la llave del abismo y una gran cadena en su mano" hará los honores. Por lo tanto, la idea de que los creyentes han eliminado a Satanás y sus ejércitos demoníacos de las esferas de influencia porque han orado para atar a Satanás no es bíblica.

¿Maldiciones heredadas?

Este error de tiempo interpreta de forma incorrecta las Escrituras de una era pasada y lo aplica de manera equívoca a las circunstancias actuales. Se trata del criterio de que los poderes o maldiciones ocultistas se pasan de padres a hijos. Aquellos que defienden este criterio por lo general citan Éxodo 20:5: "No te inclinarás a ellas, ni las honrarás; porque yo soy Jehová tu Dios, fuerte, celoso, que visita la maldad de los padres sobre los hijos hasta la tercera y cuarta generación de los que me aborrecen". Los defensores de este criterio creen que si la maldición o poder ocultista de un padre o abuelo no se descubre y elimina específicamente renunciando a ella, un cristiano puede quedar oprimido por una maldición pasada que incluiría el "demonismo".[1]

Al menos por dos razones este criterio es una interpretación y aplicación inexacta del pasaje. Primero, cuando una persona se convierte a Cristo, esa persona es libertada de todos sus pecados, incluso el pecado ocultista, porque un cristiano no puede ser poseído por demonios. La Biblia no reconoce el pecado ocultista como una categoría especial de pecado con la que no se ha lidiado en la cruz. Recuerde, todo el mundo nace bajo la autoridad de Satanás (Col. 1:13) y tiene a Satanás operando dentro de él (Ef. 2:2). Segundo, resulta equivocado suponer que Éxodo 20:5 se refiere a Dios "visitando la maldad de los padres sobre los hijos" por herencia más que porque cada generación sucesiva decide seguir los pasos de sus padres. Ezequiel 18:2-20 dice que Dios maldice a cada israelita por sus propios pecados y no específicamente por algo que sus ancestros puedan haber hecho. Dios plantea de forma específica en el versículo 4 que "todas las almas son mías; como el alma del padre, así el alma del hijo es mía". Dios prosigue planteando que si el hijo hace bien, en comparación con los pecados de los padres, incluso los pecados ocultistas, entonces "de cierto vivirá".

Este tipo de criterio de "yo lo heredé de mis padres" es también una explicación popular para todos los tipos de conductas aberrantes en muchos círculos de psicología cristiana. Se usa para evadir responsabilidades personales y para explicar enfermedades mentales y emocionales, enfermedades crónicas, toda suerte de problemas femeninos desde abortos hasta síndromes premenstruales, problemas matrimoniales y financieros y adolescentes rebeldes. Pero la idea de que un cristiano tenga que ser libertado de manera específica de una maldición o poder ocultistas que la salvación en Cristo no haya cubierto, no se encuentra en las Escrituras. De hecho, *no existe un ejemplo en toda la Biblia de una persona salva que haya estado bajo una maldición satánica que tuvo que destruirse mediante un exorcismo cristiano o una confesión diferente.* Las únicas maldiciones que la Biblia denomina como eficaces son aquellas pronunciadas por Dios. Este intento de poner la responsabilidad por los fracasos actuales en alguien más nos recuerda a Adán cuando trató de culpar a Eva por su pecado.

Los pasajes usados para sustentar que las maldiciones de las generaciones se derivan del Antiguo Testamento (Éx. 20:4-7; 34:6-7; Nm. 14:17-19; Dt. 5:7-10) y todas están dirigidas a Israel. En el contexto, estas maldiciones son parte de los pronunciamientos de maldición y bendición en el pacto mosaico dirigido a Israel. Aquellos que obedecían a Dios eran bendecidos; aquellos que violaban el pacto eran disciplinados o "maldecidos". Como estos planteamientos solo se aplican a Israel bajo el antiguo pacto, estas maldiciones no tienen aplicación alguna en la actualidad (Ro. 7:1-6; 10:4; Gá. 3:19; 3:24–4:7). Además, como estas maldiciones se derivan de Dios como disciplina para los desobedientes, sabemos que la manera de evadir la ira de Dios es tener fe en Cristo (Ro. 5:8).

La naturaleza de las maldiciones en la ley mosaica era reconocer que los padres les transmiten ciertos rasgos y les enseñan patrones de vida a sus hijos. Cuando los padres rechazan a Cristo y se entregan al paganismo, la idolatría y al ocultismo, ellos les enseñan estos pecados a sus hijos. El resultado es la transmisión de la rebelión de una generación a otra. Pero esto no le quita a la generación subsiguiente su propia responsabilidad por el pecado. De hecho, la Biblia predica todo lo contrario. No importa qué religión falsa se transmita de una generación a otra, los hijos deciden aceptarla o rechazarla. Se les castiga ("maldice") por su decisión de seguir el camino rebelde de sus padres. El expositor judío Umberto Cassuto denuncia de manera decidida la posibilidad de la interpretación de este "principio ancestral".

> Con respecto a la amenaza espantosa del castigo que se impondrá en los hijos y los hijos de los hijos, se han realizado

> varias interpretaciones apologéticas, lo que no es posible aceptar. *Se ha sugerido*, por ejemplo, que aquí debiéramos ver una alusión a la transmisión de las cualidades paternas al carácter de los hijos y de los hijos de los hijos, pero esto no es más que una modernización del versículo; . . . Sin embargo, existe una dificultad para aquellos que pasan por alto el hecho de que el versículo, en su significado simple, está dirigido a toda la nación como una sola entidad en el tiempo a través de sus generaciones. Como un hombre y en particular un israelita, sufre por la tribulación de sus hijos y nietos ¿no menos? Mejor dicho, ¿incluso más? que por su propio padecimiento, la Biblia hace una advertencia, para mantener al hombre alejado del pecado, que en el transcurso de la vida de la nación es posible que los hijos y los nietos sufran las consecuencias de la maldad de sus padres y sus abuelos. (cursivas añadidas)[2]

Este concepto de la transmisión de maldiciones o demonios predomina en religiones animistas pero no en el cristianismo bíblico.

> Esta doctrina. . . está basada en la suposición de que nuestra susceptibilidad a la influencia demoníaca se deriva de la contigüidad o contactos simbólicos o físicos con algún objeto, palabra o persona más que basada en fundamentos doctrinales, espirituales y morales —una suposición que se encuentra en el centro de la magia y el animismo— pero que el cristianismo bíblico no propaga en ninguna parte.[3]

Otros maestros de liberación argumentan que cualquier cristiano con un pasado ocultista tiene de forma específica que renunciar a esos pecados o nunca será libre. Es decir, la salvación no es suficiente, también tiene que haber una liberación pos-salvación y por separada de los pecados ocultistas previos a la salvación. Aún así, si esto es cierto, entonces la obra de Cristo no es suficiente y la salvación no rompe en realidad la tiranía de la naturaleza pecadora (Ro. 6:6-7; 17-18). Si su posición fuera cierta, entonces necesitaríamos volver a atrás y nombrar todos nuestros pecados con el fin de ser salvos. Pero esto se opone por completo a toda la enseñanza de las Escrituras de que Cristo murió por nuestros pecados —pasados, presentes y futuros— y que todo creyente es libertado de todos sus pecados en el momento de la salvación.

Los que enseñan el principio de la herencia ancestral, muy natural y lógicamente también enseñan que es necesaria una liberación posterior a la salvación para que el creyente sea en realidad libre de la afectación del pasado ancestral. Sin embargo, la idea de que un cristiano deba ser libertado de una maldición o poder ocultista específicos de los que la salvación en Cristo no se haya ocupado no se encuentra ni se implica en ninguna parte de las Escrituras. Esta teoría se vuelve aún más exagerada cuando se considera el hecho de que el individuo ni siquiera cometió el pecado. De hecho, no hay ni un solo ejemplo en toda la Biblia de una persona salva sujeta a una maldición satánica, que haya tenido que "romperse" por un exorcismo cristiano o una confesión diferente. Por otra parte, un ejemplo de liberación demoníaca por Cristo en el Nuevo Testamento parece implicar que el principio de herencia ancestral está equivocado por completo.

Juan 9 relata el incidente en que Jesús sana a un hombre ciego de nacimiento. Al parecer, los discípulos de Cristo creían que la ceguera del hombre era producto del pecado de sus padres, como piensan de manera equivocada hoy día muchas personas. Quizás aquellos judíos de hace dos mil años interpretaron de forma incorrecta los mismos pasajes que se citan hoy en nuestra época para llegar a su falsa conclusión. Nótese el diálogo en Juan 9:2-3: "Y le preguntaron sus discípulos, diciendo: Rabí, ¿quién pecó, éste o sus padres, para que haya nacido ciego? Respondió Jesús: No es que pecó éste, ni sus padres, sino para que las obras de Dios se manifiesten en él".

Con respecto a este enfoque de "maldiciones", el Dr. John Hannah hace el siguiente comentario perceptivo:

> Los cristianos sí se enfrentan a oposición demoníaca, para la cual Dios ha proporcionado la armadura espiritual apropiada (Ef. 6:10ss). Debemos ponérnosla y utilizarla al máximo. Sin embargo, no necesitamos un procedimiento

adicional para manejar las maldiciones malignas, de las que no hay ninguna garantía bíblica. Eso es una mezcla de cristianismo con zoroastrismo, misticismo oriental y magia negra de vudú). ¡Hacemos bien en recordar la antigua fábula de "la chica sucia y el conejo"![4]

Teología del dominio

La década de los años 80 presenció el surgimiento de la idea de que como ahora nos encontramos en el reino, debemos tomar dominio de los enemigos de Cristo, en esencia echarlos fuera del pueblo.[5] Este pensamiento se viene escuchando desde hace mucho tiempo, pero en la actualidad se ha vuelto predominante en muchos círculos. Este error parte del criterio erróneo de que en la actualidad nos encontramos en el reino / milenio en vez de estar en la era de la iglesia. Una vez más, los defensores de este criterio confunden las características del futuro con las del presente. Aquellos que sostienen este criterio sugieren que como Satanás y los demonios han de desaparecer durante el reino, la responsabilidad de la iglesia es tomar la ofensiva y "echarlos fuera del pueblo". Nos dicen que si hacemos esto, los territorios que han estado bajo el control de los demonios y los espíritus malignos serán liberados y este resultado facilitará grandemente el evangelismo, la reforma social y el progreso político religioso.

Este criterio se podría ver como algo similar a los cazafantasmas cristianos. Si hay algo extraño en su vecindario y sabe cuál es el grupo indicado al que debe llamar, usted puede exterminar a los demonios y espíritus malignos de su vecindario. Con el diablo y sus secuaces fuera del pueblo, entonces usted puede atender el importante negocio de solucionar los problemas del mundo. ¿Qué sucedió con solamente predicar el evangelio y confiar en Dios Espíritu Santo para que haga su obra?

El tema de cómo derrotar a los "espíritus territoriales" figuró en las historias de cubierta de la revista Carisma de abril de 1990. John Dawson, autor de un nuevo libro, *Cómo arrebatar nuestras ciudades para Dios*, contribuyó con un artículo titulado "Cómo ganar la batalla de su vecindario: Cómo puede ahuyentar las fuerzas demoníacas que ahora dominan las calles donde vive".[6] Steven Lawson escribió sobre el tema "Cómo derrotar a los espíritus territoriales: Las batallas contra las fuerzas espirituales malignas que controlan nuestras ciudades pueden llevarse a cabo y ganarse".[7] Lawson dio muchos ejemplos de cómo lidiar con espíritus territoriales, por lo general partiendo de que el ministerio cristiano era ineficaz en un área particular hasta que los cristianos se dieron cuenta de que los demonios territoriales se encontraban al mando. Cuando llevaron una batalla de oración, pudieron identificar estos bastiones y obligar a los demonios a entregar su territorio. Alegan ellos que esta acción trajo como resultado un brote de renacimiento espiritual.

C. Peter Wagner de la Facultad de Misiones Mundiales del Seminario Fuller ve la derrota de los espíritus territoriales como fundamental para lograr la Gran Comisión de Cristo. Wagner sugiere que ciertos países, como Japón, que han tenido un índice bajo de respuestas al evangelio en comparación con países similares podrían estar atados por espíritus territoriales. Si alguna alma valiente pudiera discernir la ubicación y naturaleza de estos espíritus y destruir su fortaleza, entonces esa acción podría provocar una cosecha de almas en Japón.[8]

Aunque sí es cierto que el reino demoníaco cuenta con una forma de organización (Ef. 6:12), no se deduce de esta ni de ninguna otra evidencia bíblica que los demonios puedan interferir con la obra de evangelismo de nuestro Dios soberano. Dios puede salvar a sus elegidos mediante la predicación del evangelio sin tener en cuenta el clima espiritual. ¡Él es soberano! Además, la idea de que podemos echar fuera estos denominados "demonios territoriales" fuera del pueblo se basa en un error de tiempo. Este tipo de táctica ofensiva no es válida durante la era de la iglesia, que es un tiempo en que Dios está "arrebatando de entre los gentiles un pueblo para su nombre" (Hch. 15:14). La derrota ofensiva de Satanás y las potestades demoníacas es algo que aguarda al fin de los tiempos y no la llevarán a cabo los cristianos sino el propio Cristo y sus ángeles santos. Este tipo de enseñanza del dominio confunde la estrategia defensiva de Dios para los creyentes durante esta era con la estrategia ofensiva de Cristo y sus ángeles durante la era venidera.

Enseñanza de restauración

Otra enseñanza derivada de la teología del dominio es la idea de que el Señor no puede y no regresará hasta que el cuerpo de Cristo haya alcanzado algún tipo de unidad, que contribuirá a un poder incrementado dentro de la iglesia, provocando así el renacimiento más grande que el mundo haya visto. En ocasiones se encuentra relacionada con estos criterios la idea de que los cristianos deben someterse a ciertos líderes y a sus enseñanzas de modo que tendrán poder e influencia fenomenales cuando se restaure el cristianismo apostólico y comience el renacimiento de la "última lluvia", probablemente en la primera década del nuevo siglo.

Muchas de estas enseñanzas surgieron a finales de la década del 40 por medio de pentecostales como Franklin Hall y William Branham y se diseminaron en encuentros efectuados en el Orfanato Sharon y escuelas en North Battleford, Saskatchewan, a principios de 1948. La denominación pentecostal principal, las Asambleas de Dios, declaró que estas y otras enseñanzas que parten de ese origen son herejías y el movimiento se calmó por un tiempo. Pero últimamente muchos retazos de estas enseñanzas están subiendo a la superficie como una capa de verdín en el estanque.[9]

Muchas de las enseñanzas están basadas en supuestas revelaciones recibidas por varios líderes del movimiento que se consideran profetas y apóstoles. Lamentablemente, cuando tratan de sustentar sus criterios con las Escrituras, en repetidas ocasiones toman pasajes que se refieren a la restauración y bendición futura de Israel en los últimos días la cual Dios no cumplió y de forma equivocada lo aplican a la iglesia. Hechos 3:19-21 es un ejemplo de una interpretación incorrecta del tiempo de cumplimiento de ese pasaje. Poco después del Día de Pentecostés, Pedro predicó un segundo gran sermón a los judíos en Jerusalén, demostrando que Jesús era el Mesías prometido. Él concluyó con una explicación de que solo cuando Israel (no la iglesia) recibiera a Jesús como su Mesías vendría el reino prometido:

> Así que, arrepentíos y convertíos, para que sean borrados vuestros pecados; para que vengan de la presencia del Señor tiempos de refrigerio y él envíe a Jesucristo, que os fue antes

> anunciado; a quien de cierto es necesario que el cielo reciba hasta los tiempos de la restauración de todas las cosas, de que habló Dios por boca de sus santos profetas que han sido desde tiempo antiguo. (Hch. 3:19-21)

Ciertas frases clave deben entenderse de forma correcta en el contexto en que Pedro las habló. "Tiempos de refrigerio" (v. 19) es una descripción del reino milenario prometido a Israel en el Antiguo Testamento. Este tiempo vendría cuando Israel aceptase al Mesías (Mt. 23:37-39; Zac. 12:10). El "período de restauración de todas las cosas" (v. 21) es un término usado por los profetas del Antiguo Testamento para referirse a la restauración de Israel en los tiempos finales (Jer. 15:19; 16:15; 24:6; 50:19; Ez. 16:55; Os. 11:11). En ninguna parte la Biblia habla de restaurar la iglesia. La Biblia no revela nada sobre un gran renacimiento, una lluvia de días postreros que producirá un cuerpo "perfeccionado" de Cristo ni de ningún tipo de restauración de una marca "superespiritual" de cristianismo poco antes de la segunda venida de Cristo. El Nuevo Testamento no comenta directa ni indirectamente sobre una tasa aumentada o disminuida de conversión en algún momento de la era de la iglesia. Sin embargo, sí enseña que habrá una creciente apostasía a medida que pasen los años (2 Ti. 3:1-17), ¡no un ambiente producido por una iglesia en renacimiento!

Gran parte de la falsa enseñanza relacionada con los conceptos de la restauración y el vencedor yace en la enseñanza contemporánea de la lucha espiritual. Con frecuencia esta enseñanza gira alrededor del tema de que usted necesita el criterio especial que un maestro o ministro dado defiende para derrotar a Satanás y las potestades demoníacas de modo que usted se pueda convertir en uno de los guerreros especiales de Dios del fin del tiempo.

Colosenses 2:18 advierte a los creyentes para que no participen en "el culto de los ángeles, entremetiéndose en lo que no ha visto, vanamente hinchado por su propia mente carnal". Como estamos en lucha espiritual con las potestades demoníacas, debemos tomar en serio las sobrias advertencias de la Biblia para no ser presa de falsas doctrinas que están propagando "falsos apóstoles", obreros fraudulentos, que se disfrazan como apóstoles de Cristo" (2 Co. 11:13). El discernimiento bíblico verdadero es un ingrediente esencial para los cristianos que desean alcanzar la madurez espiritual y ser campeones para Jesucristo.

Doctrinas de demonios

Pablo advierte a los creyentes en 1 Timoteo 4:1,

> El Espíritu dice claramente que en los postreros tiempos algunos apostarán de la fe, escuchando a espíritus engañadores y a doctrinas de demonios.

¿Qué significa el término "postreros tiempos"? Es muy probable que se refiera a los "postreros tiempos" de la era actual de la iglesia. Nótese que Pablo no dijo "en estos postreros días", como el escritor de Hebreos hizo para referirse a toda la era de la iglesia (1:2). Pablo usó una expresión diferente para dar a entender la idea clara de que el Espíritu Santo habla de los "postreros tiempos" de la era actual de la iglesia. Por lo tanto, el Espíritu Santo está haciendo una advertencia dual para la iglesia en nuestros días: primero, no "apostatar de la fe" y segundo, no "escuchar a espíritus engañadores y a doctrinas de demonios". Ya hemos llamado la atención al problema de la apostasía hoy día en la iglesia. La segunda advertencia es fundamentalmente interesante a la luz del hecho de que se dice que aquellos dentro de la iglesia que apostatan de la fe se encuentran expuestos a las enseñanzas demoníacas.

Creemos que resulta significativo que ambos términos bíblicos para el reino demoníaco se usen en este versículo: espíritus y demonios. Se hace una comparación clara entre lo que dice el Espíritu Santo de forma explícita y lo que dicen "los espíritus engañadores" y los "demonios". La enseñanza del Espíritu Santo de que los "postreros tiempos" estarán caracterizados por la apostasía en la iglesia se fortalece por la adición del término explícitamente, de modo que no se tergiverse lo que Él trata de decir. Sin embargo, a muchas personas en la actualidad en estos "postreros tiempos" que repiten esta advertencia inspirada por el Espíritu sobre el incremento en la apostasía las acusan de negativas, polémicas y divisivas y de obstruir la obra del Espíritu Santo. Así y todo, estos críticos están enseñando, simultáneamente, conceptos que pueden demostrarse como errores a partir de la Biblia. Este pasaje nos llevaría a creer que están "escuchando a espíritus engañadores y a doctrinas falsas". Los "espíritus engañadores" son los agentes que Satanás usa para generar estas enseñanzas, que se describen luego como "doctrinas de demonios", es decir, doctrinas que provienen de demonios.

La tragedia del espiritismo

Este problema se ilustra en la vida del rey Saúl en el Antiguo Testamento (1 S. 28). A principios de su reinado como rey de Israel, Saúl desobedeció a Dios y abandonó la fe. Dios retiró el ministerio del Espíritu Santo, que le proporcionaba guía y dirección al rey de Israel para conocer la voluntad de Dios en asuntos importantes de gobernación de la nación. Cuando Samuel murió, Saúl ya no tenía acceso a la guía de Dios para su nación. Hacia el final de la vida de Saúl, él quería saber si él podía entablar combate con uno de los enemigos de Israel, pero Dios no le habló. En su condición de distracción, Saúl rechazó a Dios y su clara advertencia en la Ley de no consultar a los médiums (Dt. 18:10-12) y él visitó a una médium en Endor para poder consultar a Samuel. Al siguiente día, Dios mató a Saúl y a sus hijos en batalla por haber recurrido Saúl al espiritismo.

Hoy día demasiadas personas participan en una forma de "lucha espiritual" que incluye realizar conversaciones y discusiones con demonios. De hecho, algunas personas como estas enseñan como información verídica que ellos han aprendido de fuentes demoníacas, sea de forma explícita de un planteamiento demoníaco o de manera implícita de la forma que ellos operaban. A algunas personas se les llama por los nombres de demonios, el orden jerárquico de los demonios y cuántos y cuáles demonios al parecer gobiernan ciertos territorios.[10] Otros ejemplos de información aprendidas de demonios a veces incluyen lo que el demonio hace, por qué habita en una persona en particular, sus intentos y propósitos y conversaciones generales. Como los demonios son mentirosos y engañadores, ¿cómo puede alguien confiar en algo que diga un demonio? Participar de tal práctica es acercarse a involucrarse en el espiritismo.

Walter Martin describió el espiritismo como "el baile de máscaras de las fuerzas demoníacas, que fingen ser espíritus difuntos con la intención de engañar por medio del poder de Satanás a aquellos lo bastante tontos como para creer el testimonio de los demonios antes que la autoridad de la Palabra de Dios mismo".[11] Como el espiritismo comprende la comunicación no autorizada con los demonios, esta abominación es una posibilidad muy real para aquellos que participan en la nueva lucha espiritual. Este método parece doblemente riesgoso a la luz de muchas advertencias bíblicas para que los creyentes se alejen de tales cosas (Éx. 22:18; Lv. 19:26, 31; 20:6, 27; Dt. 18:9-12; Is. 8:19).

Peligros demoníacos

Muchas de las enseñanzas actuales sobre la lucha espiritual prometen grandes beneficios para la iglesia si las siguen. Prometen una gran esperanza en el área del evangelismo: la mayor reunión de almas en la historia de la iglesia. También les prometen a los creyentes mayor libertad y poder espiritual incrementado. Lamentable y trágicamente, cuando estas enseñanzas se analizan a la luz de las Escrituras, esta nueva lucha espiritual parece más apropiada según la descripción de la apostasía final durante los últimos tiempos de la era de la iglesia. Además, la teología de la nueva lucha espiritual parece ajustarse cada vez más a la descripción del sistema religioso falso encabezado por el falso profeta en la tribulación venidera. Al parecer, Satanás y sus demonios les están concediendo a muchos defensores de la nueva lucha espiritual los tipos de experiencias de "poder" que persiguen como medio para engañarlos. Como estos defensores tienden a enfatizar solo el reino demoníaco (y eso desde una perspectiva falsa), se encuentran expuestos a los ataques de Satanás en la esfera de la carne y, fundamentalmente por la carencia de discernimiento, a la influencia del sistema del mundo y a sus falsas enseñanzas.

La apostasía de los postreros tiempos durante la era de la iglesia nos conduce y nos ayuda a preparar al mundo para la venida de una falsa religión durante la tribulación. Cuando analizamos algunos pasajes que describen las características de este engaño final, al parecer muchos aspectos de la nueva lucha espiritual cada vez más se asemejan a las características de esta religión falsa venidera. Nótese que estos atributos que estamos a punto de enumerar podrían denominarse "pecados ocultistas". A los falsos maestros no se les señala que quieran restarle a la Palabra de Dios negando la Palabra de Dios, por malo que sea ese error, sino por querer añadirle a las Escrituras en el nombre del Señor.

En Mateo 7:21-23 nuestro Señor dice: "No todo el que me dice: Señor, Señor, entrará en el reino de los cielos" (v. 21a). A este planteamiento le sigue la respuesta de las personas que son condenadas, que alardeaban de tres actividades que creían debían calificarlos para ir al cielo: "¿No profetizamos en tu nombre y en tu nombre echamos fuera demonios y en tu nombre hicimos muchos milagros?" (v. 22). Estas son las mismas áreas en que la nueva lucha espiritual asegura tener logros y enfatiza muchas de las enseñanzas encontradas en el movimiento de la nueva lucha espiritual. Sin embargo, la respuesta sobria de nuestro Señor fue un mandato a apartarse de Él porque "Nunca os conocí" (v. 23). Según Cristo, la verdadera espiritualidad se evidencia no por las señales de poder sino por el carácter cristiano genuino (v. 20).

En 2 Corintios 11:13-15, Pablo advierte a los creyentes que Satanás y sus demonios son sutiles y seductores en su lidiar con los cristianos. Los demonios pueden disfrazarse como ángeles de luz y siervos de justicia. Muchas personas que se encuentran inmersos en el movimiento de la nueva lucha espiritual solo reconocen esto de dientes afuera, pero parecen receptivos a la información aprendida a partir de cualquier experiencia con el reino sobrenatural o cualquier persona que afirme hablar en nombre del Señor sin importar cuánto sus enseñanzas y estilo de vida difieran de los de la Biblia.

La apostasía final

La apostasía de los postreros días no es un fracaso en creer en los milagros. En cambio, la apostasía estará caracterizada por un énfasis bíblico en lo milagroso y lo sobrenatural. Un pasaje que describe este fenómeno es 2 Tesalonicenses 2:1-12. Pablo plantea que el engaño futuro incluirá las siguientes actividades demoníacas. Habrá falsos espíritus o mensajeros o cartas (v. 2); habrá engaño (vv. 3, 10); el engaño será persuasivo por la actividad de Satanás, que incluye gran poder (milagros) y señales y prodigios mentirosos (v. 9); y Dios les envía un poder engañoso (v. 11).

Mateo 24:24 describe la tribulación como un período para estar alerta por "falsos Cristos y falsos profetas", que "se levantarán y harán grandes señales y prodigios, de tal manera que engañarán, si fuese posible, aun a los escogidos". Nótese que a estas señales y prodigios mentirosos se les llaman "grandes", lo que quiere decir que son exhibiciones muy impresionantes. Sin embargo, su propósito es confundir, no edificar.

Apocalipsis 13 incluye una descripción del falso profeta religioso que hace "grandes señales" (v. 13), que incluyen la capacidad de engañar a "los moradores de la tierra con las señales que se le ha permitido hacer en presencia de la bestia" (v. 14). Este tipo de poder ocultista será impresionante para aquellos que bíblicamente no tienen criterio y que piensan que solo porque algo es milagroso debe ser de Dios.

El libro de Apocalipsis describe que la razón principal para rechazar a Cristo durante la tribulación venidera está mayormente compuesta de pecados ocultistas, inclusive la adoración de demonios e ídolos así como de hechicería (9:20-21). En 16:14, vemos "espíritus de demonios, que hacen señales y van a los reyes de la tierra en todo el mundo". Se dice que la gran Babilonia es "habitación de demonios y guarida de todo espíritu inmundo" en 18:2. El mundo durante la tribulación se preocupará con Satanás y el reino demoníaco, pero los creyentes deberán estar preocupados con nuestro Salvador, el Señor Jesucristo.

Victoria con Cristo

La Biblia enseña que el propio Cristo obtendrá la victoria final sobre Satanás en su Segunda Venida. Las Escrituras también nos dicen que cuando regrese, los santos reinarán con Él victoriosos. Esto se esclarece en los siete mensajes a las iglesias en Apocalipsis capítulos 2 y 3. Estos mensajes se escriben a los creyentes de la era de la iglesia y contienen menciones específicas que constituirán el fundamento para recompensas futuras. Incluso aquí al cristiano se le ve resistiéndose al mal generado por Satanás y las potestades demoníacas al permanecer fiel al Señor en una posición defensiva. La espiritualidad ante los ojos de Dios se mide según el carácter y pensamiento transformado, no por el poder metafísico. Las recompensas y posiciones de liderazgo eternas se conceden sobre la base de lograr una verdadera victoria sobre el enemigo al permanecer fieles a la Palabra del Señor.

Apocalipsis 2:25-27 es característico de lo que el Señor espera de sus hijos. En Tiatira, se les pide a los creyentes "retenedlo hasta que yo venga" (v. 25). Cuando Cristo regrese, Él se llevará a los creyentes para que gobiernen las naciones con Él (v. 26). Este suceso aún se encuentra en el futuro, pero el estado futuro se obtiene mediante la fidelidad actual a Dios y su Palabra. Apocalipsis 3:21 ofrece una promesa semejante a los cristianos.

La guerra terminará con Cristo mismo ejecutando la victoria sobre Satanás y las potestades demoníacas. ¡Qué victoria más gloriosa será! Pero no debemos quedar atrapados en el pensamiento de que podemos experimentar la victoria en esta era. En la era actual de la iglesia, al creyente se le llama al evangelismo y la lucha espiritual en los tres frentes: el mundo, la carne y el diablo. No debemos tomar dominio sino mantenernos firmes. No debemos echar al diablo fuera del pueblo sino resistirlo. Como creyentes en Cristo, se nos llama a resistir al diablo centrándonos en Cristo hasta que regrese del cielo para llevarnos a casa.

12

SANTOS DE ÉXITO

Fortaleceos en el Señor y en el poder de su fuerza. Vestíos de toda la armadura de Dios, para que podáis estar firmes contra las asechanzas del diablo. Porque no tenemos lucha contra sangre y carne, sino contra principados, contra potestades, contra los gobernadores de las tinieblas de este siglo, contra huestes espirituales de maldad en las regiones celestes.

—Efesios 6:10-12

Hace poco yo (Thomas) escuché a un televangelista conocido a escala nacional predicar un sermón. Él comenzó mirando fieramente a la cámara y diciendo: "¡Te reprendo, Satanás y te ato por la sangre!" Saqué un papel y lo dividí a la mitad. Cada vez que el televangelista hacía referencia a Satanás y a los demonios, yo lo anotaba; cada vez que hablaba de Cristo, yo lo anotaba, también. Resultó que su sermón no debía ser sobre Satanás sino sobre la vida cristiana, ¡aún así el televangelista mencionó a Satanás y al reino demoníaco cerca de dos veces por cada vez que mencionaba a nuestro Señor Jesucristo!

Este tipo de preocupación por Satanás se está volviendo demasiado común en los círculos cristianos de hoy. En realidad creemos que la actividad demoníaca es real y debe tomarse en serio. De hecho, hemos escrito este libro precisamente porque la Biblia toma en serio este tema y proporciona instrucciones específicas para lidiar con el diablo. Nuestro objetivo es ayudar a la iglesia de Jesucristo a analizar la lucha espiritual desde la perspectiva de la Palabra infalible de Dios y no desde la perspectiva del racionalismo o la experiencia.

La Biblia ve la lucha espiritual como un conflicto que se combate en tres frentes: el mundo, la carne y el diablo. Lamentablemente, hoy día la práctica común es especializarse en Satanás y en los demonios mientras que se descuidan en los otros dos frentes. Hemos visto que el enemigo interno —la carne, la naturaleza pecadora— es tan malo y debe tomarse tan en serio como al peor demonio del infierno. Los cristianos tienden a ser muy débiles en el entendimiento de cómo Satanás los influye a través del uso del sistema de pensamiento del mundo. Es en esta área de confrontación que los creyentes deben mantenerse en guardia.

El Nuevo Testamento nos proporciona una estrategia específica para manejar los ataques del diablo, ya sea por tierra (la carne), por mar (el reino demoníaco) o por aire (el mundo). Este marco bíblico es más que suficiente para prepararnos para resistir a Satanás y estar firmes mientras resistimos de forma paciente por medio de la oración.

Según este fundamento, podemos entender cómo manejar algunas situaciones que vimos en el capítulo inicial. Usted podría querer leerlas de nuevo para refrescar la memoria en cuanto a los detalles de cada una y las interrogantes que surgieron.

Respuestas a las preguntas

En respuesta a la primera pregunta, las presiones en la vida se deben manejar dándose cuenta de que los cristianos deben actuar de forma responsable en cada situación. Si sucumbimos a las presiones del momento por el ensimismamiento, el capricho, la autocompasión u otras razones no válidas, jamás desarrollaremos el tipo de resistencia a las tentaciones de la naturaleza pecadora y a los sistemas de pensamiento del mundo que necesitamos para agradar al Señor. Primera Corintios 10:13 nos afirma:

> No os ha sobrevenido ninguna tentación que no sea humana; pero fiel es Dios, que no os dejará ser tentados más de lo que podéis resistir, sino que dará también juntamente con la tentación la salida, para que podáis soportar.

Susana no le pedía a Dios que la liberara de la situación. Ella había adoptado el pensamiento mundano de la arrogancia de que ella tenía derecho a ciertos placeres aunque significara una irresponsabilidad financiera. Demasiadas personas han perpetuado hábitos impíos al siempre decir: "La última vez y ya".

En el segundo ejemplo, a José y María se les debe elogiar por querer ver a sus familiares y amigos recurrir a la fe en Cristo. No se puede orar demasiado, pero es posible orar de forma equivocada y por las cosas equivocadas. Dios ha dejado claro en su Palabra que Satanás y los demonios no serán echados fuera del pueblo ni fuera de la tierra hasta que Cristo y sus ángeles hagan esta hazaña en la Segunda Venida. José y María no debieran confundirse al pensar que tenemos que esterilizar un medio de potestades demoníacas para que Dios pueda salvar a las personas o para que se produzca un renacimiento. Las palabras fortísimas de Cristo durante su ministerio terrenal estaban dirigidas contra las "buenas personas que asistían a la iglesia" que estaban tan cegados por Satanás como las personas poseídas por demonios. Jesús le dijo a los líderes religiosos de su época: "Vosotros sois de vuestro padre el diablo y los deseos de vuestro padre queréis hacer" (Jn. 8:44). Todas las personas no salvas en un sentido se encuentra igualmente cegadas por Satanás (Ef. 2:2). Dios utiliza la misma dinámica para salvar a todas las que se encuentran arraigadas en el pecado; Él no cuenta con un evangelio especial ni con un método único para aquellas que están poseídas por demonios.

Como Julia era cristiana, no podía quedar poseída por demonios. Satanás y los demonios pueden influir a un creyente pero no la voluntad de un individuo. Los demonios pueden tentar o ejercer influencia, pero cada cristiano toma finalmente su propia decisión: ya sea pecar o resistirse. El famoso planteamiento de Flip Wilson "El diablo me obligó" es incorrecto desde el punto de vista bíblico cuando se aplica a los creyentes. Las soluciones rápidas que ofrecen los practicantes de la liberación parecen atrayentes, fundamentalmente si llevamos mucho tiempo luchando con un pecado específico. Sin embargo, esta no es la manera bíblica de resolver los problemas. Un creyente en esta situación por lo general solo necesita seguir aprendiendo principios espirituales, aplicarlos consecuentemente andando en el Espíritu Santo y creciendo en su vida cristiana, porque la madurez espiritual prepara al cristiano para manejar sus problemas de manera piadosa.

La Biblia no contiene ninguna indicación de que un creyente pueda quedar atado por maldiciones ocultistas. Al igual que el amigo de Frank, hoy día muchas personas interpretan los sucesos de sus vidas como el resultado de una maldición. Aún así, si eso fuese posible, el Nuevo Testamento nos habría proporcionado advertencias e instrucciones claras sobre cómo lidiar con esas maldiciones. De un modo muy interesante, las maldiciones son temores comunes de aquellos que transitan dentro del mundo ocultista. La superstición de que un cristiano puede ser maldecido y se le debe descubrir y romper la maldición para que pueda tener victoria espiritual, se enseña ahora en muchos círculos cristianos, pero la Biblia enseña claramente que porque estamos en Cristo Él nos protege. Los creyentes deberían estar preocupados por la influencia de las enseñanzas y creencias de lo oculto pero no en sus hechizos. Se aplicaría el mismo principio a la situación de Alfredo y Beatriz con respecto a la preocupación de la señora de atraer un demonio a la iglesia.

En el quinto ejemplo, Carlos no debe participar en prácticas ocultistas no importa cuánto se diga que son científicas o neutrales porque están basadas en aceptar falsos criterios de Dios, el hombre y el cambio. Muchos cristianos necesitan que se les advierta en esta área. Muchos seminarios de motivación y técnicas psicológicas tienen su fundamento en lo oculto. Estos métodos a menudo se encubren usando terminología neutral, pero esta cubierta no cambia su naturaleza básica.

Las únicas veces que el Nuevo Testamento habla de la concupiscencia, el asesinato y la ira, es siempre como un producto de la carne o de nuestra naturaleza pecadora. Roberto y Alberto se equivocarían al interpretar sus problemas como efectos de espíritus malignos. Las Escrituras hablan por lo claro de que “cada uno es tentado, cuando de su propia concupiscencia es atraído y seducido” (Stg. 1:14). Los demonios podrían participar en el proceso de tentación de la misma manera que un amplificador proyecta una voz, pero la Biblia enseña claramente que la carne es nuestro culpable primordial.

El pago de Cristo por el pecado limpia de modo eficaz todo el pecado de la vida de una persona cuando se convierte en creyente. Decir que una persona debe someterse a una liberación por los pecados ocultistas independiente de su profesión de fe, como se le dijo a Sandra, no aparece en la Biblia. Una vez más, la superstición podría sugerir una teoría así, pero la Biblia no.

La segura Palabra de Dios

Recurrimos al cuerpo de Cristo para rechazar las supersticiones proliferantes de la cristiandad. Estas creencias son producto de creencias y experiencias humanas, pero no se pueden verificar a partir de la Biblia. Posiblemente el hecho de que tantas personas se hayan convertido de lo oculto al cristianismo explique porque en muchos círculos la lucha espiritual parezca cada vez más una batalla de "asesinatos en represalia" entre dos hechiceros. Pero la Biblia dice que nuestras mentes serán renovadas por la propia Palabra de Dios, no por la Palabra de Dios interpretada desde un marco no cristiano, fundamentalmente un marco que tiene mucho en común con el ocultismo.

Como creyentes en Jesucristo se nos ha llamado a combatir a Satanás y a los demonios mediante la lucha espiritual, pero nuestras misiones y órdenes provienen solamente de las Sagradas Escrituras. El Espíritu Santo, quien inspiró la Biblia a través de sus autores humanos, no dice una cosa en su Palabra escrita y luego se contradice Él mismo mediante una nueva enseñanza que afirme haber provenido del Espíritu Santo. Según señaló Pedro: "Tenemos también la palabra profética más segura, a la que hacéis bien en estar atentos. . ." (2 P. 1:19). Cuando ocurre una contradicción entre las enseñanzas humanas y la Biblia, no tenemos alternativa como miembros de la familia de Dios que hemos jurado lealtad a nuestro Señor solo para seguir la segura Palabra de Dios. ¿No nos acompañará a servirle fielmente a nuestro Señor y Salvador Jesucristo hasta que regrese?

Hemos escuchado el llamado
De nuestro Señor de huestes:
Pelead la buena batalla de fe.
Fortaleceos en el Señor.
Vestíos de vuestra armadura
Cuando vuestros enemigos os ataquen,
Pues Él es un gran libertador
Todo poder a Él es concedido.
¡Id y pelead! ¡Id y pelead!
Pelead la buena batalla de fe.
—Autor desconocido

NOTAS

Capítulo 2

1. C. Pedro Wagner y F. Douglas Pennoger, eds., *Wrestling with Dark Angels* [Lucha con los ángeles de las tinieblas] (Ventura, Calif.: Regal Books, 1990), 84-85.
2. *Ibíd.*, 85.
3. *Ibíd.*, 76.

Capítulo 3

1. Vea D. R. McConnell, *A Different Gospel* [Un evangelio diferente] (Peabody, Mass.: Hendrickson, 1988), para un análisis detallado de cómo estas ideas metafísicas y científicas han infiltrado el cristianismo. Cuando los cristianos cuentan con un entendimiento empobrecido y no bíblico del sufrimiento, se vuelven susceptibles a falsas doctrinas que alejan la responsabilidad del individuo o disminuyen la realidad del padecimiento, sufrimiento y desespero en esta vida porque vivimos en un mundo caído. Una consecuencia de este tipo de pensamiento es culpar a alguien o algo (como los demonios) por el sufrimiento, las adicciones y el pesar.
2. Citado por Cyril Bibbly, *T. H. Huxley* (Nueva York: Horizon Press, 1960), 84.
3. Job 38:4-7.
4. Gordon Wenham, *Genesis* [Génesis], tomo 1 del *Word Biblical Commentary* [Comentario bíblico de la Palabra] (Waco: Word, 1987), 136ss; Umberto Cassuto, *Genesis* [Génesis], tomo 1 (Jerusalén: Magnes Press), 291-292; y Stephen C. Lovelady: "The bene-ha'elohim Pericope: A Biblical and Theological Study" ["El pericope bene-ha'elohim: Un estudio bíblico y teológico"] (Tesis de maestría, *Trinity Evangelical Divinity School*, 1986).
5. Algunas personas han predicado que son los espíritus de una raza preadámica o las almas de los malvados que han muerto, pero en las Escrituras no existe fundamento para esta opinión.
6. Allan Ross, *Creation and Blessing: A Guide to the Study and Exposition of Genesis* [Creación y bendición: Una guía para el estudio y exposición de Génesis] (Grand Rapids: Baker, 1988), 132.

Capítulo 4

1. Lewis Sperry Chafer, *Systematic Theology* [Teología sistemática] (Dallas Seminary Press, 1948), 2:77.
2. *Ibíd.*, 47-48.
3. Mucha de la información sobre Babilonia es tomada de Charles A. Clough, *Dawn of the Kingdom* [Albores del reino] (Lubbock, Tex.: impreso personalmente, 1974), 14-16.
4. Dave Hunt y T. A. McMahon, *America: The Sorcerer's New Apprentice* [Norteamérica: El nuevo aprendiz del hechicero] (Eugene, Ore.: Harvest House, 1988), 107-245.
5. Paul B. Clingen, "A Portrait of Satan in Ezekiel Twenty-Eight" ["Una retrato de Satanás en Ezequiel veintiocho"] (Tesis de maestría, Seminario Teológico de Dallas, 1954), 39.
6. Para esta sección se recibió mucha ayuda de Allan S. Maitha, "The World: Enemy of the Believer" ["El mundo: Enemigo del creyente"] (Tesis de maestría, Seminario Teológico de Dallas, 1970).
7. *Ibíd.*, 99-100.
8. *Ibíd.*, 81.

Capítulo 5

1. Robin Bruce Lockhart, Reilly, *Ace of Spies* [El As de los espías] (Nueva York: Penguin, 1984).
2. Ernest De Witt Burton, *A Critical and Exegetical Commentary on the Epistle to the Galatians* [Un comentario crítico y exegético sobre la carta a los gálatas], en *The International Critical Commentary* [El comentario crítico internacional] (Edinburgh: T & T Clark, 1977), 306.

Capítulo 6

1. Eugene Merrill: "Theology of the Pentateuch" ["Teología del Pentateuco"], en *Biblical Theology of the Old Testament* [Teología bíblica del Antiguo Testamento], ed. Roy B. Zuck (Chicago: Moody, 1991), 17-18.
2. Sidney Page, *Powers of Evil: A Biblical Study of Satan and Demons* [Potestades del mal: Un estudio bíblico de Satanás y los demonios] (Grand Rapids: Baker, 1995), 270.
3. Friedrich Buchsel, *Theological Dictionary of the New Testament* [Diccionario teológico del Nuevo Testamento] (Grand Rapids: Eerdmans, 1964), 2:60.

Capítulo 7

1. Mateo 4:24; 8:16, 28, 33; 9:32; 12:22; 15:22; Marcos 1:32; 5:15-16, 18; Lucas 8:36; Juan 10:21.
2. C. Fred Dickason, *Demon Possession and the Christian* [La posesión demoníaca y el cristiano] (Chicago: Moody, 1987), 37-35; y Clinton E.

Arnold, *Three Crucial Questions About Spiritual Warfare* [Tres preguntas cruciales sobre la lucha espiritual] (Grand Rapids: Baker, 1995), 75-79.

3. Mateo 11:18; Lucas 7:33; 8:27; Juan 7:20; 8:48-49 ("Yo no tengo demonio"), 52; 10:20.
4. Merrill F. Unger, *Demons in the World Today* [Los demonios en el mundo hoy día] (Wheaton: Tyndale House, 1971), 102.
5. John Wimber, *Spiritual Warfare* [Lucha espiritual] (Anaheim, Calif.: Mercy Publishing / Vineyard Ministries International, 1989), 98.
6. Citado por Willem Berends: "The Biblical Criteria for Demon-Possession" ["Los criterios bíblicos para la posesión demoníaca"], en la revista *Westminister Theological Journal* 37, no. 3 (primavera de 1975): 342. Publicada por primera vez en R. H. Robbins, *The Encyclopedia of Witchcraft and Demonology* [La enciclopedia de brujería y demonología] (Nueva York: Crown Publishers, 1959), 395.
7. Neil T. Anderson, *The Bondage Breaker* [El libertador de la esclavitud] (Eugene, Ore.: Harvest House, 1990), 174.
8. Unger, *Demons* [Los demonios], 102.
9. Dickason, *Demon Possession* [La posesión demoníaca], 89.
10. I. Howard Marshall, *The Epistles of John* [Las epístolas de Juan] (Grand Rapids: Eerdmans, 1984), 251-52; Stephen S. Smalley, 1, 2, 3 John [1, 2, 3 Juan], tomo 51 de *Word Biblical Commentary* [Comentario bíblico de la Palabra] (Waco, Tex.: Word Books, 1984), 302-3; y John R. W. Stott, *The Epistles of John* [Las epístolas de Juan] (Grand Rapids: Eerdmans, 1964), 191-93.
11. Dickason, *Demon Possession* [La posesión demoníaca], 94. Dickason trata de confundir el pasaje ofreciendo varias interpretaciones y luego concluye que el pasaje no está claro. Si esta misma metodología se aplica al resto de las Escrituras, entonces no se puede saber nada porque hay una plétora de interpretaciones contradictorias de casi cada versículo de la Biblia. En nuestra opinión, la confusión exegética está predeterminada por suponer la validez de las observaciones clínicas.
12. Zane Hodges: "1 John" ["1 Juan"], en *The Bible Knowledge Commentary* [El comentario del conocimiento bíblico], ed. Roy B. Zuck, John F. Walvoord (Wheaton: Scripture Press, 1983), 903.
13. Walter Bauer, William F. Arndt y F. Wilbur Gingrich: "*hapto*", en *A Greek-English Lexicon of the New Testament and Other Early Christian Literature* [Un léxico griego-inglés del Nuevo Testamento y otra literatura cristiana primitiva], 2ª ed., ed. F. Wilbur Gingrich y Frederick W. Danker (Chicago: Univ. of Chicago Press, 1979), 102-3. Esta fuente sugiere que el matiz es tocar con el propósito de dañar; también es probable que el verbo sea un sinónimo de *echo*, otra palabra común en la narrativa de posesión.
14. Smalley, *1, 2, 3 John* [1, 2, 3 Juan], 303.

15. Bauer, Arndt y Gingrich, *Greek-English Lexicon* [Léxico giego-inglés], 102-3.
16. Dickason, *Demon Possession* [La posesión demoníaca], 147.
17. *Ibíd.*, 186.
18. *Ibíd.*, 175.
19. Merrill F. Unger, *Biblical Demonology* [Demonología bíblica] (Wheaton: Scripture Press, 1952), 100.
20. *Ibíd.*, 117.
21. Unger, *Demons* [Los demonios], 113.
22. Unger, *Biblical Demonology* [Demonología bíblica], 100.
23. *Ibíd.*
24. Wimber, *Spiritual Warfare* [Lucha espiritual], 100.
25. El uso sin artículo de *diabolos* aquí es comparable con el uso sin artículo de *theos* en Juan 1:1 y enfatiza la cualidad del sustantivo, su esencia o atributo. Por esto, Jesús tempranamente plantea que en Judas ya moraba Satanás.
26. En el griego, se usan dos palabras distintas para lavar. La primera palabra, *luow*, es la misma palabra que la LXX usa para describir el baño de pie a cabeza del sumo sacerdote en su consagración, que es análoga a la salvación del creyente. Este baño simboliza la limpieza judicial del pecado que ocurre en la salvación del creyente. El sustantivo análogo describe el "lavamiento de la regeneración" en Tito 3:5.

Capítulo 8

1. Ed Murphy: "My Daughter Demonized" ["Mi hija endemoniada"], en *Equipping the Saints* [Preparando a los santos] 4 (invierno de 1990): 27-29. La historia es un resumen de este artículo y todas las citas son tomadas de él.
2. Esto no es una evasión. Sucede mucho en esta vida que no podemos explicar porque no tenemos todos los datos. Por ende, los creyentes deben confiar exclusivamente en la veracidad de la Palabra de Dios y no en la experiencia. Sabemos poco, si es que sabemos algo, sobre lo que sucede tanto en la lucha espiritual invisible a nuestro alrededor como en los lugares más recónditos de las almas humanas carnales y pecaminosas. Sacar conclusiones dogmáticas basadas en experiencia limitada da paso a la calamidad. Solo cuando la verdad de la Palabra de Dios se vuelve más real para nosotros que nuestras experiencias, emociones, circunstancias y situaciones, ya que "por fe andamos, no por vista" (2 Co. 5:7). Esta fe no es una fe en la fe, una fe en los sentimientos, ni una fe en la intuición, sino una confianza inquebrantable en la verdad expresada solamente por las Escrituras.

Capítulo 9

1. Santiago 5:16. Vea Pedro Davids, Commentary on James [Comentario sobre Santiago], en *New International Greek Testament Commentary* [El nuevo comentario del Nuevo Testamento griego internacional] (Grand Rapids: Eerdmans, 1983), 196-97.

Capítulo 10

1. Algunos de los materiales de esta sección, inclusive las razones de por qué los cristianos sufren, es adaptado de Charles Clough, *Laying the Foundation* [Cómo echar el fundamento] (Lubbock, Tex.: Lubbock Bible Church, 1973), 64-66.
2. Gerhard Kittle, ed., *Theological Dictionary of the New Testament* [Diccionario teológico del Nuevo Testamento] (Grand Rapids: Eerdmans, 1964), 2:625-26.

Capítulo 11

1. C. Fred Dickason, *Demon Possession and the Christian* [La posesión demoníaca y el cristiano] (Chicago: Moody, 1987), 162-63.
2. Umberto Cassuto, *A Commentary on the Book of Exodus* [Un comentario sobre el libro de Éxodo] (Jerusalén: Magnes Press, 1967), 243. Vea también C. F. Keil y Franz Delitsch, "The Pentateuch" ["El Pentateuco"], tomo 1 de *Commentary on the Old Testament* [Comentario sobre el Antiguo Testamento] (1875; reimpresión, Grand Rapids: Eerdmans, 1975), 116-17.
3. Robert J. Priest, Thomas Campbell y Bradford A. Mullen, "Missiological Syncretism: The New Animistic Paradigm" ["Sincretismo misiológico: El nuevo paradigma animista"] (artículo leído en el encuentro anual de la Sociedad Misiológica Evangélica, Chicago, Ill.: noviembre 17-19, 1994), 22. Citado en David G. Moore y Robert A. Pyne, "Neil Anderson's Approach to the Spiritual Life" ["El enfoque de Neil Anderson de la vida espiritual"], *Bibliotheca Sacra* 153, no. 609 (enero de 1996): 82.
4. John David Hannah, "The 'Curses' Syndrome—An Evaluation" ["El síndrome de las 'maldiciones': evaluación"], artículo no publicado que se entregó en *Evangelical Minister's Fellowship*, Houston, Texas, primavera, 1985, p. 3.
5. Para las críticas de estos movimientos, vea H. Wayne House y Thomas Ice, *Dominion Theology: Blessing or Curse?* [Teología del dominio: ¿Bendición o maldición?] (Portland: Multnomah, 1988); Hal Lindsey, *The Road to Holocaust* [El camino al holocausto] (Nueva York: Bantam Books, 1989); Dave Hunt, *Whatever Happened to Heaven?* [¿Qué le sucedió al cielo?] (Eugene, Ore.: Harvest House, 1988); y Albert James Dager, *Vengeance Is Ours: The Church in Dominion* [La venganza es nuestra: La iglesia tiene el dominio] (Sword Publishers, 1990).

6. John Dawson, "Winning the Battle for Your Neighborhood: How you can drive away the demon forces now dominating the streets where you live" ["Cómo ganar la batalla de su vecindario: Cómo puede ahuyentar las fuerzas demoníacas que ahora dominan las calles donde vive"], *Charisma*, abril de 1990, 57.
7. Steven Lawson, "Defeating Territorial Spirits: Battles against evil spiritual forces controlling our cities can be waged and won" ["Cómo derrotar a los espíritus territoriales: Las batallas contra las fuerzas espirituales malignas que controlan nuestras ciudades pueden llevarse a cabo y ganarse"], *Charisma*, abril de 1990, 47.
8. C. Peter Wagner y F. Douglas Pennoger, eds., *Wrestling with Dark Angels* [Lucha con los ángeles de las tinieblas] (Ventura, Calif.: Regal Books, 1990), 89.
9. Vea Albert James Dager, "Latter-Day Prophets: The Kansas City Connection" ["Profetas de días postreros: La relación con Kansas City"], *Media Spotlight* (1990). Vea también Thomas Ice, "What is Dominion Theology?" ["¿Qué es la teología del dominio?"], *Biblical Perspectives* [Perspectivas bíblicas] 1, no. 3 (mayo-junio de 1988).
10. Wagner y Pennoger, *Wrestling with Dark Angels* [Lucha con los ángeles de las tinieblas], 76, 84-5.
11. Walter Martin, *The Kingdom of the Cults* [El reino de los cultos] (Minneapolis: Bethany Fellowship, 1965), 199-200.

NUESTRA VISIÓN

Maximizar el efecto de recursos cristianos de calidad que transforman vidas.

NUESTRA MISIÓN

Desarrollar y distribuir productos de calidad —con integridad y excelencia—, desde una perspectiva bíblica y confiable, que animen a las personas a conocer y servir a Jesucristo.

NUESTROS VALORES

Nuestros valores se encuentran fundamentados en la Biblia, fuente de toda verdad para hoy y para siempre. Nosotros ponemos en práctica estas verdades bíblicas como fundamento para las decisiones, normas y productos de nuestra compañía.

Valoramos la excelencia y la calidad
Valoramos la integridad y la confianza
Valoramos el mérito y la dignidad de los individuos y las relaciones
Valoramos el servicio
Valoramos la administración de los recursos

Para más información acerca de nuestra editorial y los productos que publicamos visite nuestra página en la red: www.portavoz.com